Zu diesem Buch

«Dynamische Spitzenkraft gesucht»: hinter solchen Anzeigen verbirgt sich selten die Bereitschaft, noch seltener der Wunsch, eine Frau für die vakante Stelle in Erwägung zu ziehen. In Führungspositionen sind die Männer nach wie vor so gut wie unter sich.
Woran liegt das?

Sind Frauen weniger intelligent?
Haben Frauen keine Führungsqualitäten?
Mangelt es ihnen wirklich an Sachlichkeit und Organisationstalent?
Sind sie zu emotional?
Oder – und dieses Argument wird immer wieder verwandt – fürchten die Männer gar die Konkurrenz und blocken rechtzeitig weiblichen Ehrgeiz ab?

Die Autorinnen haben sich mit einfachen Antworten nicht zufriedengegeben, sondern empirisch untersucht, warum junge Frauen im Vergleich zu ihren männlichen Konkurrenten sehr viel häufiger Mißerfolge erleben, wenn es darum geht, auf der Karriereleiter eine Stufe weiterzukommen. 25 Frauen, die es «dennoch» geschafft haben, berichten von ihrem persönlichen Werdegang, privat und beruflich, von Schwierigkeiten und Lernprozessen, Entbehrungen und Erfolgserlebnissen.

Auch eine Frau kann Führungspositionen, die bisher Männern vorbehalten waren, einnehmen und ausfüllen, nur muß sie bereit sein, sich von anerzogenen Verhaltensmustern zu lösen und ihr Ziel mit hartnäckiger Konsequenz verfolgen.

Die bereits 1977 erstellte profunde Studie der beiden Harvard-Absolventinnen hat von ihrer Aktualität nichts eingebüßt, sondern ist heute noch Analyse und Anregung zugleich für Frauen, die sich entschlossen haben, den Weg zur Spitze zu gehen.

Dr. Margaret Hennig und Dr. Anne Jardim promovierten an der Harvard Business School. Beide sind beratend für einige Großunternehmen tätig und leiten seit 1973 das Graduate Program of Management am Simmons College.

Margaret Hennig / Anne Jardim

Frau und Karriere

Erwartungen, Vorstellungen, Verhaltensweisen

Aus dem Amerikanischen von Jürgen Abel
Mit einem Vorwort von Sonja Bischoff

rororo
Rowohlt

Die Originalausgabe erschien 1977 unter dem Titel
«The Managerial Woman» bei Anchor Press / Doubleday, New York
Redaktion Beate Laura Menzel
Umschlaggestaltung Annette Brodda
Deutsche Erstausgabe

25.–27. Tausend November 1991

Veröffentlicht im Rowohlt Taschenbuch Verlag GmbH,
Reinbek bei Hamburg, Juli 1978

Satz Garamond (Linotron 202)
Gesamtherstellung Clausen & Bosse, Leck
Printed in Germany
980-ISBN 3 499 18376 5

Inhaltsverzeichnis

Vorwort

Wenn dieses Buch 1987 in Deutschland zum zweitenmal aufgelegt wird, dann werden diejenigen, die es schon 1978 gelesen haben, feststellen müssen, daß zwar die in den Untersuchungen von Margaret Hennig und Anne Jardim herausgearbeiteten Probleme von Frauen in Führungspositionen inzwischen auch hierzulande zur Kenntnis genommen und diskutiert werden, sie sich jedoch 1987 in keiner Weise unterscheiden von denen in den USA Anfang der siebziger Jahre.

Immer noch sind Frauen kaum in wirklichen Spitzenpositionen anzutreffen, schon gar nicht als angestellte Führungskräfte, und nur wenig häufiger in der mittleren Führungsebene. Außerdem wissen wir heute auf Grund eigener repräsentativer Untersuchungen, daß Frauen in Führungspositionen von Unternehmen selbst bei gleichen Qualifikationen wie sie Männer haben und in gleichen Tätigkeitsbereichen seltener als Männer in die oberen Führungsetagen gelangen; und wenn sie es schaffen, z. B. Hauptabteilungsleiter zu werden, verdienen sie meistens wesentlich weniger als Männer auf gleicher Ebene. Und das, obwohl im Vergleich zu den Männern ein großer Teil dieser Frauen zugunsten ihrer Karriere auf Partnerschaft und Kinder verzichtet.

Die Gründe hierfür liegen sowohl im gesellschaftlich-historischen Bereich ebenso wie in der individuellen Entwicklung, die maßgeblich von der Erziehung bestimmt wird. Ausdruck solcher Einflüsse ist z. B. die Tatsache, daß Frauen sich nur dann über ihr im Vergleich zu den Männern niedrigeres Einkommen beschweren, wenn sie als alleinstehende Frauen darauf angewiesen sind. Sollten Frauen ihre Ansprüche vielleicht zu sehr aus dem ableiten, was sie zu brauchen glauben statt aus dem, was sie tatsächlich leisten? Oder setzen Frauen zu sehr auf die falsche Erfolgsschiene, wenn sie – wesentlich häufiger als Männer, und das selbst noch in Toppositionen – ihre fachliche Qualifikation und nicht ihre Persönlichkeit als entscheidend für ihren Erfolg ansehen? Darauf gibt dieses Buch Antworten.

Es ist bekannt, daß Frauen gerade karriereorientierte Ausbildungen häufig mit besseren Noten abschließen als Männer; doch dann verliert sich die Spur der meisten dieser Frauen, ihr Aufstiegswille nimmt gegenüber dem der Männer in den ranghöheren Positionen deutlich ab. Ist es Resignation, und wenn ja, warum? Wer steht ihnen im Weg, oder stehen sie sich vielleicht selbst im Weg? Auch darauf gibt die vorliegende Untersuchung eine Antwort.

Daß es anders geht und vor allen Dingen, unter welchen Bedingungen es anders geht, und wie eine Frau die Bedingungen ihrer Arbeitsumwelt positiv für ihre Karriere nutzen kann, zeigen die Schlußfolgerungen aus den hier präsentierten 25 Erfolgsgeschichten. Dabei vermeiden die Verfasserinnen den über die wirklichen Probleme hinwegtäuschenden Optimismus so mancher Ratgeberliteratur, sondern sie stellen die Konflikte in deutlicher Sprache nüchtern dar. Wenn eine Frau sich in der Welt von heute auf den Weg zu einer Spitzenposition von morgen macht, dann bleibt ihr die konkrete Auseinandersetzung mit sich selbst und ihrer Umwelt um das Selbstverständnis ihrer Rolle nicht erspart; und diese Auseinandersetzung muß zu Entscheidungen führen, mit denen Prioritäten gesetzt werden, denn die Konkurrenz ist männlich und verheiratet.

Frauen, denen beruflicher Erfolg durch eigene Leistung Selbstverwirklichung bedeutet, finden in diesem Buch eine sachliche, nüchterne, klar analysierende und doch engagierte Unterstützung. Sie sollten Gebrauch davon machen. Denn: Es kann und darf nicht sein, daß sich als Klischee der Karrierefrau die hart arbeitende, auf Partnerschaft und Familie verzichtende Frau herausbildet, während der Mann – sicher nicht weniger hart arbeitend – mit dem strahlenden Erfolg identifiziert wird! Frauen haben gleiche Rechte und können diese auf Basis ihrer fachlichen und persönlichen Qualifikation in beruflichen Erfolg umsetzen, das zeigt dieses Buch!

Hamburg, März 1987

Prof. Dr. Sonja Bischoff
Hochschule für Wirtschaft
und Politik

Einleitung

Dieses Buch ist das Ergebnis von Forschungsarbeiten, mit denen die Verfasserinnen 1973 begannen. Ausgehend von den Untersuchungsresultaten über weibliche Führungskräfte, die Margaret Hennig 1970 in ihrer Doktorarbeit vorlegte, umfaßte das Vorhaben bald ein breiteres Spektrum der mit berufstätigen Frauen verbundenen Phänomene – ihre Erwartungen, Vorstellungen und Verhaltensweisen, Männer in leitenden Positionen und in der betrieblichen Umwelt, reale und potentielle Karriereziele von Männern und Frauen.

Für den ersten Teil des Buches ist Anne Jardim, für den dritten Margaret Hennig verantwortlich. Der zweite Teil beruht auf Margaret Hennigs Doktorarbeit, die von den Autorinnen zur Veröffentlichung eingerichtet wurde. Die theoretischen Probleme und Neuformulierungen, die im vierten und elften Kapitel aufgeworfen bzw. vorgelegt werden, stützen sich auf Anne Jardims frühere Arbeit über psychoanalytische Ansätze bei der Untersuchung des Verhaltens von Führungskräften.

Die Verfasserinnen sind vor allem Patricia Kosinar und Catherine Campbell Bradley, mit denen sie von Anfang an zusammengearbeitet haben, zu großem Dank für ihre Hilfe bei der Realisierung dieses Buches verpflichtet. Besonders danken sie auch Bonnie Marett und Jeanne Deschamps Stanton, außerdem Mary Ann Chase-Borden, Gretchen Gerzina, Jenny Bedlund, Jennie King und Verwaltungsangestellten beiderlei Geschlechts aus Unternehmen in allen Teilen der USA, deren Erfahrungen die Einsichten ermöglichten und die Schlußfolgerungen finden halfen.

Worum es in diesem Buch geht

Viele Leser werden nach den ersten Seiten sagen: «Na ja, ein ganz interessantes Thema, aber die Dinge haben sich geändert. Die Frauen sind jetzt gleichberechtigt, und wozu soll man das noch in einem Buch ausführlich darlegen? Wir stecken schließlich schon seit fast zehn Jahren in der Frauenbewegung. Das Gesetz über die Bürgerrechte ist vor über einem Jahrzehnt verabschiedet worden, und die damit zusammenhängenden Verordnungen der Exekutive befassen sich unmittelbar mit der Chancengleichheit der Frau im Beruf und setzen sie durch. Die Frau von heute kann zweifellos viel besser mit den Problemen fertig werden, vor denen die Frau der Vergangenheit stand. Außerdem hat das Gesetz ihr weitestgehende Möglichkeiten gegeben, das zu tun, was sie wirklich möchte.»

Wenn wir diese pauschale Beurteilung der jetzigen Situation akzeptieren, werden wir nicht sehen, worum es in diesem Buch wirklich geht, weil die Probleme nicht so einfach liegen, die Dinge haben sich im Grunde nicht so sehr geändert.

Es bestehen kaum Zweifel, daß die gesetzgeberischen Bemühungen um Chancengleichheit das Bewußtsein amerikanischer Unternehmen für Frauen an Fließbändern und Schreibtischen geweckt haben. Gleichzeitig hat die Frauenbewegung dazu geführt, daß die Frauen sich, ihre Rechte und ihre Situation am Arbeitsplatz klarer sehen. Einige Anhaltspunkte sprechen sogar dafür, daß heute mehr Frauen in leitenden Positionen beschäftigt sind als vor zehn Jahren, doch die neuesten Statistiken ergeben ein weniger optimistisches Bild. Danach stellen die Frauen zwar 39 % der Berufstätigen, aber weniger als 5 % der Beamten, leitenden Angestellten und Eigner* mit einem Jahresgehalt von über 10000 Dollar sind Frauen. Anders ausgedrückt: Männer stellen 61 % der Berufstätigen und besetzen 95 % der Positionen, die mehr als 10000 Dollar im Jahr einbringen. Auf den höheren Gehaltsniveaus – jährlich 25 000 Dollar und mehr – sind die Frauen noch schwächer vertreten, nämlich mit 2,3 %, während der Anteil der Männer hier auf 97,7 % steigt. In absoluten Zahlen gesehen, verdienen in den USA nur 11 000 weibliche Führungskräfte mehr als 25 000 Dollar im Jahr – verglichen mit 449 000 Männern.[1] Wenn das alles ist,

* Kategorie des US-Amtes für Volkszählungen.

was man mit den Maßnahmen zur Durchsetzung der Chancengleichheit am Arbeitsplatz erreicht hat, dann ist das, vorsichtig ausgedrückt, enttäuschend. Warum dieses magere Ergebnis?

Die Erklärung liegt wenigstens teilweise in den Konzepten, auf denen die Gesetze zur Chancengleichheit beruhen. Die Gesetze sorgen für Chancengleichheit. Sie sorgen jedoch nicht dafür, daß diese Chancen gleich genutzt werden können und können es auch nicht. Vor allem können sie nicht dafür sorgen, daß Menschen, die von jeher diskriminiert wurden, unverzüglich und automatisch die Fähigkeit besitzen, die eventuell bestehenden gleichen Chancen zu ergreifen.

Gleichzeitig ist eine reale und wachsende Reaktion gegen die Durchsetzung der Chancengleichheit zu beachten. Sie kommt von den Leuten, deren Chancen beschnitten wurden, um Platz zu schaffen für die Aufnahme der Außenseiter, die nun mit neuen Rechten ausgestattet wurden. Diese Leute, die den Neulingen weichen müssen, fühlen sich verletzt, geraten in Zorn und entwickeln Ressentiments. Das Gesetz kontrolliert zwar die offizielle Einhaltung der Verordnung, seine guten Absichten können jedoch nur mit den Mechanismen der inoffiziellen Organisation durchgesetzt werden. Und in der Wirtschaft werden diese inoffiziellen Organisationsstrukturen fast ausschließlich von Männern besetzt – von den Männern, deren Chancen nun beschnitten worden sind.

In den meisten Unternehmen sind Ursprung und Funktion des inoffiziellen Systems von Beziehungen traditionell in männlichen Verhaltensweisen und männlichen Erfahrungen begründet. Seine Formen, seine Regeln, sein Kommunikationsstil und seine Umgangsweise erwachsen unmittelbar aus den Erfahrungen während der Entwicklung der Männer. Diese Tatsache ist weder gut noch schlecht. Sie ist vorhanden. Männer gründeten und entwickelten die meisten Organisationen, die wir kennen. Männer machten sie zu Stätten, wo sie arbeiten und leben konnten, und bemühten sich, eine behagliche und ihnen vertraute Umgebung zu schaffen. Und wenn Organisationen im allgemeinen von traditionell männlichen Verhaltensweisen beherrscht werden, muß das inoffizielle System auf der Managementebene und insbesondere auf deren oberen Rängen eine wahre Bastion männlichen Lebensstils sein.

Wir halten die Männer, die zu diesen inoffiziellen Systemen gehören, für Eingeweihte: Menschen, die einander verstehen und unterstützen; Menschen, die die Regeln und die Struktur verstehen und durchsetzen bzw. mit Leben erfüllen; Menschen mit gemeinsamen Wünschen und Träumen; Menschen mit ähnlicher Vergangenheit; Menschen, die in der Gemeinschaft von ihresgleichen gespielt, gelernt und miteinander konkurriert haben. Wie anders wachsen Frauen auf, wie unterschiedlich sind ihre Ausrichtungen, ihre Erwartungen, Wünsche und Erfahrungen. Wir verstehen allmählich, warum sich trotz der Gesetze in Wirklichkeit vielleicht nur sehr wenig für die Frauen geändert hat.

Uns wird auch folgendes Phänomen klar: Wenn die Eingeweihten vom Gesetz bei Strafandrohung gezwungen werden, die Außenseiter aufzunehmen, sind sie imstande, ihr System so umzufunktionieren, daß überhaupt nichts passiert.

Besonders gefährlich ist diese Erfahrungstatsache für die berufliche Zukunft der in der Wirtschaft tätigen Frauen, weil das inoffizielle System den Funktionskern des mittleren Managements bildet und mit jeder höheren Stufe an Bedeutung zunimmt. Nur wenige Frauen gehören zu dem System, und die meisten Frauen erkennen noch nicht einmal, daß es existiert. So entsteht die Situation, daß Menschen, die wir als Eingeweihte bezeichnet haben, geschickt und vorsichtig in einem System taktieren, zu dessen typischen Merkmalen gehört, Frauen nicht einzubeziehen; in einem System, von dem nur wenige Frauen Genaueres wissen; und in einem System, das auf eine Bedrohung seiner Mitglieder damit reagiert, daß Frauen der Zugang noch mehr erschwert wird.

Einen anderen Ansatz, mit dem man das vielschichtige Problem in den Griff bekommen kann, liefert das vielzitierte Statement der Bewegung der Schwarzen: «Man kann die Rassentrennung gesetzlich verbieten, aber man kann die Integration nicht gesetzlich erzwingen.» Die Tatsache, daß jemand nicht ferngehalten werden kann, bedeutet also nicht automatisch, daß er hineinkommen kann und, was noch wichtiger ist, drinnen bleibt. Meinungen, Einstellungen und Erwartungen, die man von sich und anderen hat, sowie die daraus resultierende Bereitschaft, einander zu akzeptieren, bleiben vom Gesetz unberührt. Auf einer nächsten Stufe stellt sich die entscheidende Frage der Tüchtigkeit. Um bereitwillig und erfolgreich mit mächtigeren Individuen zu konkurrieren und sich in Gruppen solcher Individuen zu integrieren, muß man nicht nur konkurrenzfähig sein, sondern auch überzeugt sein, daß man konkurrenzfähig ist.

Um den Vorteil der Chancengleichheit auszunutzen, müssen die

Frauen also genauso tüchtig oder kompetent sein wie ihre männlichen Gegenspieler – und davon überzeugt sein. Sehr große Tüchtigkeit auf einem Spezialgebiet ist von jeher einer der größten Pluspunkte der Frauen, fast ein Beschäftigungskriterium, doch die Kompetenz als Führungskraft setzt Verständnis und Fertigkeit voraus, in und mit dem inoffiziellen System von Beziehungen zu arbeiten, in das leitende Stellungen eingebettet sind. Diese Kompetenz setzt ein Stadium voraus, das die meisten in der Wirtschaft tätigen Frauen noch nicht erreicht haben, und die Garantie der gleichen Chancen ist sinnlos, wenn den Frauen nicht die Chance gegeben wird, Wissen und Fertigkeit zu erwerben, um die inoffiziellen Systeme des mittleren Managements zu verstehen, in sie einzudringen und in ihnen zu konkurrieren. Eine wahre Integration wird erst dann stattfinden, wenn die Außenseitergruppe sich stark und kompetent genug fühlt, das auch zu wollen – und wenn sich das System, das sie aufnimmt, dieser Tatsache genauso bewußt ist wie sie.

Die Gesetze, die Chancengleichheit fordern, waren unbedingt notwendig. Sie lieferten den Anstoß zum Wandel. Im Augenblick stehen wir vor einer zweiten Phase, die zwei Folgen haben kann: Konsolidierung oder Zertrümmerung des bisher Erreichten. Die Zertrümmerung würde einen weit höheren Preis kosten. Gesetze allein können nicht gewährleisten, daß Frauen, die Führungspositionen in der Wirtschaft anstreben – und das Zeug zu tüchtigen Führungskräften haben –, ihre Pläne verwirklichen können. Wenn wir das einsehen, begreifen wir auch, daß noch vieles zu tun ist. Die Fähigkeit, sich die Chancengleichheit zunutze zu machen, ist der entscheidende Ausgangspunkt. Sie hat weniger mit fachlichem Wissen als mit grundlegenden Unterschieden in der Betrachtungsweise zu tun, die dem Erwerb neuer und zwangsläufig ganz anderer Fertigkeiten im Wege stehen – Unterschiede, die dazu führten, daß Frauen in Aufsichtsfunktionen steckenblieben und allzuoft als «untauglich für leitende Positionen» abgestempelt wurden.

Das Hauptziel dieses Buches besteht darin, Männern und Frauen beim Verständnis der grundverschiedenen vorgefaßten Meinungen und stillschweigenden Erwartungen zu helfen, die sie von sich und anderen, von Unternehmen und einer Managementkarriere haben. Diese Unterschiede führen zu verschiedenen Verhaltensstilen, verschiedenen Akzenten und sehr verschiedenen Reaktionen in typischen Managementsituationen. Männer verstehen zwar die eigene

Geisteshaltung, nicht aber die der Frauen. Umgekehrt ist es ebenso, und das Ergebnis ist nur zu oft Verwirrung, Mißverständnisse und Fehldeutungen.

Als Kontrapunkt enthält dieses Buch eine Untersuchung über Leben und beruflichen Werdegang von fünfundzwanzig Frauen, die 1970 hohe Managementpositionen in Wirtschaft und Industrie innehatten. Ihre Geschichte zeigt auf den ersten Blick, daß Frauen auch ohne den Druck gesetzlicher Maßnahmen sehr weit kommen können. Eine gründlichere Analyse offenbart jedoch, welchen Preis sie dafür zahlen mußten – bis Mitte Dreißig belasteten sie ihr Privatleben sehr.

Diese Frauen haben alle einen ungewöhnlichen familiären Hintergrund und wurden in einem ungewöhnlichen Jahrzehnt, nämlich den dreißiger Jahren, berufstätig. Sie erreichten das mittlere Management in den Wirren des Zweiten Weltkriegs. Sie waren imstande, eine Männerwelt zu verstehen und in einer Männerwelt zurechtzukommen, und sie waren imstande, es mit einem Instinkt für ihren eigenen Wert und ihren persönlichen Erfolg zu tun. Wir können viel von ihnen lernen – nicht zuletzt, daß der Preis, den sie zahlten, vielleicht für Frauen *und* Männer zu hoch ist.

Wie soll man von ihnen lernen und sich ändern? Wie soll man versuchen, die Erwartungen und Einstellungen der Männer zu ändern, wie die Strukturen der Organisationen in den Aspekten ändern, in denen die Frauen sich nicht ändern können?

Die Zahl der berufstätigen Frauen nimmt jährlich zu. Die Zahl der Frauen, die Haushalten vorstehen, nimmt ebenfalls zu. Die Zahl der Frauen, die von ihrem Beruf mehr erwarten als einen Job zum Überleben, vergrößert sich bemerkenswert. Doch die Änderung tief wurzelnder und nicht mehr in Frage gestellter Erwartungen, herrschender Meinungen und bestehender Verhaltensweisen ist keine leichte Aufgabe. Wie soll man beginnen?

Im letzten Abschnitt dieses Buches haben wir uns bemüht, möglichst spezifisch zu sein. Es gibt eine Menge Probleme, die Frauen in Managementpositionen anders sehen und deuten als Männer. Es gibt zahlreiche Probleme, auf die sie anders reagieren als Männer. Alle diese Probleme hängen irgendwie mit der Laufbahn zusammen und ergeben sich aus Organisationen, sprich Unternehmen, die von Männern aufgebaut und traditionell von Männern geleitet wurden. Sie ergeben sich aus der Kultur, dem System von Beziehungen, der Ausdrucksweise. Und wenn wir Prioritäten setzen, sollten die Frauen sie zuerst und vor allem kennenlernen. Wenn sie sie kennengelernt haben, liegt es bei ihnen, sich danach zu richten oder nicht.

In den letzten drei Jahren reisten wir über hundertfünfzigtausend Kilometer durch die Vereinigten Staaten. In dieser Zeit haben wir Kurse für Frauen mit und ohne Collegebildung gegeben, und wir haben Interviews mit mehr als hundert weiblichen Führungskräften aus Dienstleistungs-, Bank- und Kommunikationsunternehmen durchgeführt. Wir haben über hundert anderthalbstündige Seminare in Karriereplanung mit Gruppen von bis zu dreißig Frauen geleitet oder mit organisiert. Diese Erfahrungen lieferten uns ein breites Datenfundament über dreitausend Frauen. Wir haben auch Kurse für über tausend männliche Führungskräfte veranstaltet, die für die Beobachtung und Beförderung der in ihren Firmen beschäftigten Frauen verantwortlich waren. Wir haben als Unternehmensberater mit Männern aus den Direktionsetagen zusammengearbeitet, um Richtlinien und Strategien für die Durchsetzung der Chancengleichheit am Arbeitsplatz zu entwerfen, und wir haben umfassende Betriebsprogramme entwickelt, die für gleiche Beförderungschancen der weiblichen Mitarbeiter sorgen sollten. Bei diesen Programmen berücksichtigten wir insbesondere die Notwendigkeit, Männer aus dem mittleren Management umfassend in die Bemühungen des Unternehmens einzubeziehen.

Die Einblicke, die wir dabei – oft leidvoll – gewannen, werden in diesem Buch veröffentlicht.

Teil I

I
Männer und Frauen in Verwaltungspositionen

Im Frühjahr 1973 begannen die Verfasserinnen dieses Buches mit Interviews von Frauen in Verwaltungspositionen eines großen öffentlichen Dienstleistungsunternehmens im Nordosten der USA. Wir befragten die fünfundvierzig ranghöchsten Mitarbeiterinnen, und im Herbst jenes Jahres hatten wir das Projekt auf dreiundsechzig Frauen ausgedehnt, die im mittleren Management verschiedener Banken arbeiteten. Dazu gehörten die geschäftsführende Präsidentin einer mittelgroßen Bank im Westen, die Mitgründerin und Mitbesitzerin einer Bank im Mittelwesten, Vizepräsidentinnen, stellvertretende Vizepräsidentinnen und weibliche Schalterbeamte großer städtischer und kleiner ländlicher Bankunternehmen im Westen, Mittelwesten und Osten der Vereinigten Staaten. Die Frauen waren siebenundzwanzig bis achtundfünfzig Jahre alt und hatten mit einer Ausnahme seit dem Schul- oder Collegeabgang fast ununterbrochen im Berufsleben gestanden. Die Ausnahme war eine Frau, die eine Familie zu versorgen hatte und im Alter von fünfzig Jahren in den Managementkurs einer großen Bank des Mittleren Westens aufgenommen wurde, das auf anderthalb Jahre angelegte Programm in acht Monaten absolvierte und zur Zeit des Interviews als Vizepräsidentin für die Abteilung Öffentlichkeitsarbeit verantwortlich war.

Als wir mit den Interviews begannen, gehörten wir beide zum Lehrkörper der Harvard Business School: Margaret Hennig war vom Simmons College beurlaubt worden und hatte eine Gastprofessur, um einen selbst ausgearbeiteten Kurs über Frauen in der Industrie zu halten, während Anne Jardim Geschäftspolitik unterrichtete.

In den ersten Wochen jenes Jahres wurden wir Berater des Studentinnenverbandes der Business School. Im Verlauf der Zusammenarbeit mit diesen Frauen wuchs unsere Besorgnis über ihre Lage, auch die mangelhaften Reaktionen der Universitätsverwaltung beunruhigten uns. Von vielen hundert Fallgeschichten, die jeder Student während des zweijährigen Lehrprogramms analysieren muß, um seinen

Master in Betriebswirtschaft zu machen, befaßten sich zum Beispiel nur verschwindend wenige mit Frauen. Und wenn Frauen tatsächlich eine Rolle spielten, dann sehr häufig als «Problem», mit dem sich der vielbeschäftigte männliche Angestellte leider herumplagen mußte. Um etwas gegen diese ziemlich offensichtliche Diskriminierung zu unternehmen, schlugen die Studentinnen vor, die Namen in den Fallgeschichten zu ändern, damit die männlichen und die weiblichen Studenten sehen konnten, wie Frauen mit weitgehender Vollmacht und Verantwortung in geschäftlichen Situationen zurechtkommen, die Intelligenz, Kompetenz und Entscheidungsfreude verlangen. Dieser Vorschlag wurde als undurchführbar abgelehnt.

Die Frauen mußten selbst mit den Schwierigkeiten fertig werden, denen sie in den Seminaren begegneten. Vielen Studentinnen fiel es schwer, so uneingeschränkt teilzunehmen, wie es die Unterrichtsmethode anhand von Fallgeschichten verlangt. Das beruhte zu gleichen Teilen auf ihren eigenen Zweifeln, ob sie mit ihren männlichen Kommilitonen konkurrieren konnten oder auch wollten, und auf der Reaktion, die ihnen zuteil wurde, wenn sie uneingeschränkt teilnahmen. Eine Studentin berichtete uns, sie habe bei ihren männlichen Kommilitonen nur deshalb überlebt, weil sie eines Tages folgenden Entschluß faßte: Wenn sie bei einem Kurs etwas Intelligentes sagte, würde sie es ausgleichen, indem sie beim nächsten den Mund hielt, dann beim dritten Fragen stellte und einen unsicheren Eindruck machte und beim vierten schließlich eine weitere intelligente Bemerkung riskierte. Andere Frauen kamen nur schwer mit der Art und Weise zurecht, wie die Männer in ihren Kursen die Erklärungen und Bemerkungen der anderen Männer akzeptierten und darauf aufbauten, während sie die Äußerungen der Studentinnen ignorierten: Eine Studentin, die bei ihrer Kursanalyse eine Reihe kritischer Einwände vorbrachte, mußte nur zu oft feststellen, daß der Student, der nach ihr redete, die Diskussion wieder dort aufnahm, wo der letzte männliche Kommilitone aufgehört hatte, so daß die Dinge, die sie hart erarbeitet hatte, von vornherein irrelevant und wertlos wirkten.

Im Frühling jenes Jahres, als wir die ersten Interviews mit Frauen durchführten, die bereits gehobene Stellungen bekleideten, war uns beiden klar, daß die Frauen etwas für sich tun mußten. Als verschwindende Minderheit in dem männlichen Establishment, das von der Harvard Business School verkörpert wurde, standen sie nämlich unversehens vor Schwierigkeiten, die die gewöhnlichen Alltagsprobleme ihrer männlichen Kommilitonen bei weitem übertrafen. Die Studentinnen der Harvard Business School wurden mit den gleichen studiumbezogenen Problemen konfrontiert wie ihre männlichen Kommilitonen – und hatten außerdem noch eine Reihe anderer.

Wir sahen also, daß etwas geschehen mußte, wußten aber nicht, was das war. Wo lagen die eigentlichen Probleme? Pauschale Erklärungen wie «Mangel an Selbstvertrauen» oder «Leistungsdenken kontra Weiblichkeit» oder «Frauen haben Angst vor dem Erfolg» halfen uns nicht weiter. Man mußte die Probleme viel sorgfältiger herausarbeiten, um sie anpacken zu können. Was bedeutete es in einer solchen Umwelt, eine Frau zu sein? Waren die Voraussetzungen, auf denen der Lernprozeß beruhen sollte, vielleicht so eng mit der männlichen Erfahrung verknüpft, daß eine Frau, der diese Erfahrung fehlte, entscheidend benachteiligt war? *Was* brachte eine Frau mit, und wie würde sie infolgedessen handeln?

Vor diesem Hintergrund begannen im Frühjahr 1973 unsere Interviews mit Frauen in gehobener Position. Am Anfang hofften wir, daß diese älteren und weit erfahreneren Frauen, von denen viele auch nach männlichen Begriffen erfolgreich waren, uns zeigen würden, worin die eigentlichen Probleme bestanden und was man tun konnte, um die Schwierigkeiten zu überwinden, denen wir auf der Harvard Business School begegnet waren.

Wir stimmten die Interviews auf die Laufbahn der jeweils befragten Frau ab – wann und warum sie in das Unternehmen eingetreten war; was sie hatte lernen müssen und wie sie es gelernt hatte; welche Hindernisse sie angetroffen hatte, welche überbrückenden Faktoren sie vorgefunden hatte; wer geholfen hatte, wer ihr Steine in den Weg gelegt hatte und warum; welche bedeutsamen privaten und beruflichen Entscheidungen sie im Verlauf ihrer Karriere hatte treffen müssen.

Nach dem zwanzigsten Interview hatten sich deutliche wiederkehrende Strukturen ergeben, die mit graduellen Verschiebungen auf fast alle Frauen zutrafen. Diese Strukturen hatten wenig mit unseren Fragen zu tun, sondern nur damit, welche Voraussetzungen die Befragten als Frauen für den Arbeitsplatz mitgebracht hatten.

Die Entscheidung für die berufliche Karriere war bezeichnenderweise erst spät getroffen worden, etwa im Alter von dreißig oder dreiunddreißig Jahren, «als ich plötzlich einsah, daß ich wahrscheinlich den Rest meines Lebens würde arbeiten müssen».

In manchen Fällen erkannten die Frauen plötzlich, daß die Arbeit ihnen Spaß machte und mehr für sie war als ein Zeitvertreib bis zu etwas Besserem. In diesen Fällen wirkte die unerwartete Anerkennung eines Vorgesetzten, der sich lobend über die Qualität ihrer Arbeit aussprach, häufig als Karrierekatalysator. Unvermittelt wurde der betreffenden Frau klar, daß sie zwar arbeitete, weil es sein mußte, aber mehr noch deshalb, weil ihr das, was sie tat, gefiel. Sie wollte es als einen wesentlichen Teil ihrer Zukunft sehen.

Das Problem lag darin, daß die überwiegende Mehrheit der befragten Frauen seit Verlassen der Schule oder des Colleges ununterbrochen gearbeitet hatte, und unsere wesentlichen Fragen mußten sein: Was hatten sie in den vorangegangenen zehn Jahren nicht beachtet, woran hatten sie in diesem Zeitraum nicht gedacht, und wonach hatten sie nicht gehandelt? In diesem entscheidenden Abschnitt zwischen dem zwanzigsten und dreißigsten Lebensjahr versuchen Männer meist, das Fundament ihrer beruflichen Laufbahn zu legen. Doch wenn diese Frauen überhaupt nicht langfristig gedacht hatten, was hatten sie dann versäumt? Wie hatten sie es trotzdem geschafft, dorthin zu kommen, wo sie waren? Wir erhielten Antworten wie «Ich war gut bei meiner Arbeit, und es passierte einfach», «Ich hatte Glück – im richtigen Augenblick kündigte jemand, und man bat mich einzuspringen», «Mein Chef glaubte, ich könne es schaffen», und in verschiedenen Variationen: «Ich wurde die Leiter hochgezogen, obgleich ich mich mit Händen und Füßen dagegen wehrte.»

Irgendwie geschah es. Selbst als wir die Frauen baten, sich möglichst genau an jene Zeit zu erinnern, fiel ihnen kaum etwas ein, was dieser im wesentlichen passiven Haltung widersprach. Sie hatten hart gearbeitet, und sie hatten das Glück gehabt, daß die Wahl auf sie fiel.

Trotzdem hatten alle diese Frauen eine gewisse Vorstellung davon, was sie in fünf Jahren erreichen wollten. Einige konnten dieses Ziel als bestimmte Position, andere als Aufgabengebiet oder Abteilung, wieder andere als Verantwortungsbereich oder Gehaltsniveau definieren. Bei der Frage, was ihrer Meinung nach entscheidend für die Verwirklichung ihrer Wünsche sein würde, wurde jedoch eine andere Verhaltensstruktur deutlich. Die entscheidenden Faktoren, die sie nannten, hingen alle eng mit ihren individuellen Fähigkeiten zusammen und waren ausnahmslos Faktoren, die sie selbst kontrollieren oder wenigstens zu kontrollieren versuchen konnten. Sie nannten beispielsweise unablässige harte Arbeit, hervorragende Leistungen, wachsende Tüchtigkeit am Arbeitsplatz und Weiterbildung in der Firma oder durch Collegeprogramme und Kurse. Sie gaben auch Verhaltensfaktoren an: mehr Selbstvertrauen entwickeln, aggressiver werden, wirksamer einen Teil der Arbeit delegieren, die sie momentan noch selbst machten. Einige gingen weiter und präzisierten das Bedürfnis nach einem Ersatzmann, der später ihre jetzige Stelle einnehmen könnte.

Keine von ihnen redete von der organisatorischen, sprich betrieblichen Umwelt, ein Gebiet, auf dem die Fähigkeit, Ergebnisse herbeizuführen, nicht klar zu definieren ist. Keine von ihnen sprach von dem Bedürfnis, ihre Wünsche den Leuten nahezubringen, auf die es ankam, von dem Bedürfnis, sich die Unterstützung von Chefs, Kollegen *und* Untergebenen zu sichern, von dem Bedürfnis, möglichst viel über das politische System in Erfahrung zu bringen, von dem Bedürfnis nach Sichtbarmachen und seinen Risiken. Keine schien zu begreifen, daß alle Tüchtigkeit der Welt einem nicht dazu verhilft, eine bestimmte Stelle zu bekommen, wenn man von den anderen nicht als die geeignete Person für diese Stelle eingeschätzt wurde. Wenn also diese Probleme noch nicht einmal aufgeworfen wurden, war es dann wahrscheinlich, daß die Frauen bei ihrer täglichen Arbeit danach handelten? Und *wenn* sie danach handelten, für welches Vorgehen würden sie sich entscheiden? Würden sie sich von langfristigen Erwägungen leiten lassen und sich etwa sagen: «Ich brauche dies, weil es meine Karriere in drei (oder zwei oder vier) Jahren beeinflussen könnte?» Oder würde ihre Reaktion auf das Hier und Jetzt, auf den Bezugsrahmen «Ich muß diese Sache schaffen» beschränkt sein? Und was würde ihnen entgehen, wenn sie nur auf das Hier und Jetzt achteten, was würden sie übersehen, und was würden sie dafür bezahlen müssen?

Wir werden später an vielen Beispielen zeigen, wie teuer es einem zu stehen kommt, seine Umwelt nicht zu erkennen und bei seinen langfristigen Karrierezielen nicht zu berücksichtigen. Diese Frauen halfen uns, das Verhaltensmuster zu sehen und verstehen zu lernen, zum Beispiel: eine weibliche Führungskraft Anfang Dreißig, die in einem großen New Yorker Unternehmen beschäftigt war, verdiente 28000 Dollar im Jahr. Sie war gescheit, tüchtig und energisch. Sie zeigte überall, daß sie wußte, was sie wollte. Sie war Geschäftsführerin für Computersysteme und übernahm auf Bitten des geschäftsführenden Vizepräsidenten ihrer Firma die Entwicklung von Aktionsprogrammen für Frauen, eine Aufgabe, die anderthalb Jahre dauern sollte und folgende Bereiche umfaßte: Karriereberatung, Karriereplanung, Managementtraining, Praktika und Fortbildungsprogramme. Diese Position – und die Art, sie auszufüllen – war ein Mittel, schnell überall bemerkt zu werden und sich bei der Unternehmensleitung als nützliche Mitarbeiterin von wacher Intelligenz einzuführen und konnte einen merklichen Einfluß auf ihre zukünftige Karriere haben.

Nach einem halben Jahr am neuen Arbeitsplatz in einer schwierigen, oft heiklen Situation (ihre Kommunikationskanäle im Haus waren nicht so gut, wie sie hätten sein sollen: Wenn sie sich mit der Geschäftsführung wegen der Probleme in Verbindung setzen mußte, für die sie verantwortlich war, waren diese Kontakte nicht leicht zu schließen) hatte sie trotz allem Beachtliches erreicht. In diesem Stadium hatten wir einen Termin mit ihr und dem geschäftsführenden Vizepräsidenten, einem verbindlichen und außerordentlich einsichtigen Herrn, um die bisherigen Fortschritte zu besprechen. Es war an einem späten Montagnachmittag. Der geschäftsführende Vizepräsident verfolgte die Diskussion aufmerksam, stellte eine Reihe von wichtigen Fragen und war sichtlich daran interessiert, das Vorhaben zu einem Erfolg zu machen. Schließlich sagte er zu ihr: «Ich denke, wir haben jetzt so viel vorzuweisen, daß wir dem Haus ein Grundsatzprogramm vorlegen können, das vom Vorstand getragen wird. Wir können genau sagen, was funktioniert hat, wir können erklären, wie und warum es funktioniert hat, und wir können zeigen, was noch zu tun ist. Wenn Sie mir Freitag einen Entwurf geben, kann ich ihn gleich mit dem Präsidenten durchsprechen, da ich am Wochenende mit ihm zusammen bin.» Sie machte einen verdutzten Eindruck und sagte dann: «Das geht nicht. Ich muß Freitag zu einer Konferenz in einem anderen Bundesstaat.» Er sah sie an und sagte dann sehr bedächtig: «Nun, ich hätte nichts dagegen, wenn Sie mir den Entwurf schon Donnerstag gäben.» Sie antwortete: «Das dumme ist, daß ich bei der Konferenz einen Vortrag halten muß, bei dem sehr viel Anschauungsmaterial gebraucht wird. Ich fliege Donnerstag hin, um die Sache zu proben.» Er sagte: «Dann machen Sie den Entwurf eben bis Mittwoch.» Sie sagte: «Aber morgen ist doch schon Dienstag, und ich muß noch alles erledigen, was auf meinem Schreibtisch liegt, ehe ich fliege.» Er sagte: «Hören Sie, es ist wirklich ganz gleich, *wie* Sie es schaffen, aber ich *wünsche*, daß dieser Entwurf bis Freitag fertig ist.»

Die Besprechung war zu Ende, und wir verließen mit ihr das Zimmer. Sie war außer sich. «Glauben Sie etwa», sagte sie zu uns, «daß diese Firma die Frauenfrage ernst nimmt? Haben Sie ihn gehört? Lassen Sie alles stehen und liegen. Vergessen Sie die Prioritäten. Tun Sie, was ich sage! Und es ist ein wichtiges Exposé, mein Gott!»

Wir fragten sie, ob sie eine Ahnung habe, was ihr soeben angeboten worden sei – und was sie nicht gehört habe. In Wirklichkeit war ihr nämlich gesagt worden, sie habe bisher so gute Arbeit geleistet, daß sie eine Auszeichnung vom Vorstand verdient hätte. In die offizielle Firmenpolitik übersetzt, würde das, was zu erreichen sie sich bemüht hatte, für jeden leitenden Angestellten des Unternehmens zu einem erklärten Ziel werden. Für das nächste Jahr bedeutete das eine Festigung ihrer Position in den Augen der Männer von der Geschäftsleitung, mit denen sie es zu tun hatte, was ihr die Arbeit ungemein erleichtern würde. Es war sogar möglich, daß sie sich mit dem Präsidenten zusammensetzen müßte, um den Entwurf zu besprechen – ihr Name würde in diesem Fall Gewicht bekommen, sie würde zu einer von höchster Stelle anerkannten Kompetenz werden. Sie sah uns verblüfft an. Dann sagte sie: «Mein Gott, ich habe es nicht kapiert.»

In solchen und ähnlichen Interaktionen, bei denen man das Wahrgenommene sofort in Verhalten und Reaktionen umsetzen muß, liegt die Schwierigkeit. Sie hatte «es nicht kapiert». *Es* hängt mit einem Karrierebegriff zusammen, der etwas mit Beförderung, mit wachsendem Ansehen und Einfluß, aber auch mit wachsendem Können und wachsender Sachkenntnis zu tun hat. Dieser viel eher männliche als weibliche Karrierebegriff hat ungeheure Folgen für die täglichen Wahrnehmungen, das tägliche Verhalten und das gegenseitige Verständnis.

2
Typische Unterschiede und ihre Folgen

Wenn wir die Gesamtheit unserer Ergebnisse betrachten, die alle mit dem unterschiedlichen Begriff von Karriere zusammenhängen, ergibt sich ein klares Bild. Erstens: der späte Entschluß zur Karriere, wobei wir darunter eine bewußte Entscheidung für langfristiges Weiterkommen im Beruf verstehen. Es ist ein Entschluß, den Frauen meist zehn Jahre nach dem Beginn ihrer «Karriere» fällen, und bis zu diesem Zeitpunkt haben sie sich – was ebenso typisch ist – auf die Tagesaspekte ihrer Arbeit konzentriert, ohne ein Langzeitkonzept zu entwickeln, das ihnen hilft, sich durchzusetzen, den bisherigen Fortschritt zu messen, sich anzupassen oder ihren Kurs zu ändern. Bei einer Arbeit, die als Anfang einer Karriere betrachtet wird, entwickelt man dagegen automatisch eine solche Betrachtungsweise. «Vielleicht muß ich mit dreißig nicht mehr arbeiten», sagen sich die meisten Frauen, wenn sie berufstätig werden.

Zweitens: eine gewisse Passivität. «Es ist einfach geschehen – irgend jemand hat es für mich gemacht.» Diese Passivität blockiert die Fähigkeit, sich frei zwischen erfolgreichen Erfahrungen der Vergangenheit und den Anforderungen der neuen Situation zu bewegen. Wenn man sich passiv an frühere Erfahrungen erinnert, mindert man seine Stärke und schwächt seine Initiative, die dann mit jeder neu entstehenden Situation neu entwickelt werden muß. Das führt dazu, daß man die Dinge, die man in der Vergangenheit vielleicht gemeistert hat, in der Zukunft nicht mehr unbedingt meistert, das wiederum nährt Zweifel und Ängste, die allmählich zum zentralen Problem werden, das bewältigt werden muß: «Wie kann ich selbstsicherer, energischer werden?»

Drittens wird die individuelle Weiterentwicklung als der Faktor betrachtet, der für das berufliche Fortkommen entscheidend ist. Das hängt wiederum mit Passivität zusammen, mit dem Gefühl, man müsse warten, bis die Welt auf einen fällt. Rational begründet wird diese Einstellung mit dem Glauben an die Wirksamkeit der offiziellen Strukturen, der formalen Erklärungen, Rollen und Richtlinien. Das entscheidende Manko ist das mangelhaft ausgebildete Gespür für das organisatorische Drumherum – das inoffizielle System der Beziehungen und Informationskanäle, die gegenseitigen Loyalitäten und Abhängigkeiten, die erwiesenen und geschuldeten Gefälligkeiten, den gegenseitigen Nutzen, die Protektion –, was Männer immer mehr oder weniger einkalkulieren. Wenn die offizielle Struktur nicht so funktioniert, wie sie sollte, bleibt das Individuum, das sich auf sie verlassen hat, oft hoffnungslos enttäuscht auf der Strecke und kann sich in vielen Fällen nicht damit abfinden, daß der Einfluß des inoffiziellen Systems keineswegs nur zufällig, sondern als ein kontinuierliches Element im organisatorischen Prozeß wirksam ist.

Diese Ergebnisse erhielten wir bei unseren Interviews mit gut hundert weiblichen Führungskräften, und sie lieferten die Grundlagen für einen Fragebogen, den wir seitdem bei zwei der von uns veranstalteten Seminare benutzt haben; einer dieser Kurse richtet sich an weibliche, der andere an männliche Führungskräfte. Inzwischen haben wir gemeinsam mit unseren Mitarbeitern über dreitausend Frauen und mehr als tausend Männer unterrichtet, die alle den Fragebogen ausfüllten und die Antworten auf die einzelnen Fragen anschließend laut vorlasen. Wir schrieben die Antworten auf eine Wandtafel, um typische Muster, die sich eventuell ergaben, sofort erkennen zu können.

Ehe wir diese Muster jedoch diskutieren, möchten wir auf eine wichtige Technik für das Ausfüllen des Fragebogens hinweisen: Die Kursteilnehmer müssen die Antwort hinschreiben, die ihnen zuerst in den Sinn kommt. Es handelt sich also um gewohnheitsmäßige Antworten, die erstarrte Denkgewohnheiten reflektieren, die nicht mehr in Frage gestellt werden, und sie helfen, die Einstellung zur täglichen Arbeit zu identifizieren. Sie helfen – *in bezug auf die jeweilige Vorstellung von Karriere* – das zu verdeutlichen, was man spürt oder nicht spürt, sieht oder nicht sieht, hört oder nicht hört, folglich also auch das, wonach man handelt oder nicht handelt. Die typischen Antworten der Männer unterscheiden sich auffällig von denen der Frauen. Diese Unterschiede sind jedoch keineswegs ein Maßstab für Intelligenz oder tatsächliche Tüchtigkeit am Arbeitsplatz. Wenn man die typischen Muster mit der Zielsetzung interpretiert, Unzulänglichkeiten statt Unterschiede zu beweisen, kann man das natürlich tun, entwertet dann die Interpretation aber von vornherein, weil man die Voraussetzung, unter der die Antworten gegeben wurden, und die relative Aussagekraft der Antworten nicht beachtet.

Richtig gedeutet, ergeben die unterschiedlichen Antworten ein erstaunliches Bild von den getrennten Welten, in denen berufstätige Männer und Frauen leben.

Das beginnt schon bei einer so einfachen Frage wie «Was ist eine Arbeit?» Die typischen Antworten der Frauen: Arbeit ist etwas, was man jeden Tag von neun bis fünf Uhr macht, was meist aus lästiger Routine besteht, was getan werden muß, was ein Mittel zum Überleben, zum Broterwerb ist.

Für Männer handelt es sich um eine Aufgabe, die erledigt werden muß, eine Reihe von Pflichten, die zu erfüllen sind, ein oder mehrere Aufträge, die ausgeführt werden müssen, ein Mittel zum Unterhalt, ein Broterwerb. Bei der ersten Antwort, die ihnen einfällt, fehlen die Elemente Zwang und Langeweile, und die Arbeit wird im wesentlichen als etwas gesehen, was geschafft werden muß, um dann zu einer höherbewerteten Arbeit zu kommen. Bei den Antworten der Frauen fehlt das Gefühl für das Zeitweilige, das Kurzfristige, das Vorübergehende, das Empfinden für einen Anfang *und* ein Ende.

Die Vergleichbarkeit der Aussagen bei der Definition des Karrierebegriffs macht das noch auffälliger. Frauen begreifen eine Karriere als persönliches Wachstum, als Selbstverwirklichung, als Befriedigung, als einen Beitrag für andere, als die Tätigkeit, die man sich wünscht. Männer wollen diese Dinge zweifellos auch, sehen aber eine fortschreitende Reihe von Jobs vor sich, wenn sie sich ihre Karriere vorstellen. Sie sehen dann einen Weg, der nach oben führt, wobei Anerkennung und Belohnung impliziert sind. In allen Kursen, die wir gaben, ist uns kein einziges Mal eine Frau begegnet, die bei ihrer Karrieredefinition auf die Begriffe Anerkennung und Belohnung verwies.

Es bedarf nicht viel, um diese Unterschiede der Denkhaltung in die Bedeutung zu übersetzen, die sie für das Verhalten am Arbeitsplatz haben. Männer beziehen die Arbeiten, die sie verrichten, ausdrücklich auf ihre Vorstellung von der Karriere als Aufstieg, als Weiterkommen. Für sie ist die Arbeit ein Teil der Karriere. Frauen trennen die beiden Phänomene voneinander: Eine Arbeit läuft «hier und jetzt» ab, und eine Karriere ist ein sehr persönliches Ziel, bei dem man nur allein beurteilen kann, ob man es erreicht hat.

Die Reaktion der Frau, die nicht imstande war, den Entwurf für das Grundsatzprogramm bis zum Freitag zu liefern, wird erklärlich: Wenn man die Prioritäten für seine Karriere in einem Kontext setzt, der so vage und schwer meßbar ist wie der Rahmen der Selbstverwirklichung, bezieht man unweigerlich alles auf das augenblickliche Tun. Der punktuelle Erfolg bestimmt das individuelle Leistungsbewußtsein, man wirft sich auf die Sache, die gerade auf dem Schreibtisch liegt, und verliert die wichtigeren Dinge aus den Augen. Bei diesem Prozeß übersieht und überhört man die Hinweise, die auf ein ganz anderes Karrierekonzept gerichtet sind, ein Konzept, das vorsieht, daß man in einer Hierarchie von Pflichten und persönlichem Einfluß immer weiter nach oben klettert. Da sie sich so sehr auf ihre augenblickliche Arbeit konzentrierte, so sehr von dem Bedürfnis beherrscht wurde, sie zu schaffen, sich so sehr mit dem «Hier und Jetzt» befaßte statt mit einer «späteren» Karriere, definiert mit Begriffen, die ein Mann sofort verstehen würde, hörte diese Frau nie, was wirklich zu ihr gesagt wurde.

Die Männer, denen wir von dem Vorfall berichteten, konnten kaum fassen, daß jemand so handeln konnte. Bei einer denkwürdigen Gelegenheit veranstalteten wir ein Seminar für die Vizepräsidenten dieses Unternehmens. Wir schilderten den Vorfall und änderten dabei nur den Namen der Firma. Einer der Herren war besonders skeptisch. Er sagte, die Frauen, die er in seiner Firma kenne, hätten niemals so reagiert. Ihm fiel eine ganze Reihe von Kolleginnen ein, aber er wollte nur ein Beispiel geben... er nannte tatsächlich ihren Namen! In der Kaffeepause ging er hinunter in ihr Büro, erzählte ihr, was er gesagt hatte, wiederholte, daß er es nicht glaube, und fragte sie, was sie getan hätte. Sie berichtete uns, sie habe geschluckt, ihm in die Augen gesehen und geantwortet: «Nun, ich habe so etwas schon einmal miterlebt.»

Es ist, als sähen Frauen einen Job – oder Arbeitsplatz – im Rahmen des Jetzt... Jetzt... Jetzt... und als sähen sie eine Karriere als irgendeine künftige Selbstverwirklichung, die noch in weiter Ferne liegt. Männer sehen einen Job dagegen im Rahmen des Jetzt *und* Später. Sie sehen ihn als Teil ihrer Karriere, und deshalb haben die Hinweise, die sie hören, sehen und nach denen sie handeln, die Beziehungen, die sie entwickeln, und das Bemerktwerden, um das sie sich bemühen, sowohl eine gegenwärtige als auch eine zukünftige Bedeutung.

Männer rechnen von Anfang an damit, daß sie arbeiten werden, um mindestens sich selbst zu ernähren. Nur sehr wenige Frauen werden im Kindesalter mit dieser Frage konfrontiert. Statt dessen liegt die Betonung bei der Frau – ob ausdrücklich oder impliziert – auf dem Bedürfnis, jemanden zu finden, der *sie* ernährt. Der Unterschied in der Denkhaltung, der sich aus diesen unterschiedlichen Erwartungen und Ambitionen der Kindheit ergibt, ist enorm. Die meisten erwachsenen Männer können sich noch nicht einmal daran erinnern, wann ihnen zum erstenmal klar wurde, daß sie eines Tages selbst für sich sorgen müßten, und was das bedeutete. Die Spannungen und Ängste, die damit zusammenhängen, sind für Jungen unmittelbar mit den Schwierigkeiten verknüpft, denen sie in ihrer Umwelt begegnen: Können sie dies tun, können sie jenes meistern, sind sie bei einer anderen Sache gut? Und immer ist die Sicherheit da, daß Männer diese Sachen tun und sie immer getan haben; wenn man eine bestimmte Sache also nicht sehr gut kann, wird es bestimmt etwas anderes geben, was man kann. Der Weg, den ein Mädchen einschlägt, führt zu anderen Ängsten, anderen Spannungen. Wird sie jemanden finden, der sie ernährt und sich um sie kümmert? Ist sie hübsch genug, nett genug, raffiniert genug – oder zu unscheinbar oder zu gescheit?

Kinder beginnen sehr früh, sich ihre Zukunft auszumalen, und für kleine Mädchen existiert in der Zukunft unweigerlich ein Ehemann: In diesem Stadium sind ihre Eltern das einzige Vorbild, das sie haben. Väter ernähren Ehefrauen und Kinder, und selbst dort, wo die Mutter berufstätig ist, wird die Arbeit des Vaters gewöhnlich für wichtiger gehalten. Das kleine Mädchen sieht sich die kleinen Jungen an und fragt sich, ob einer von ihnen ein guter Ehemann sein würde, ob er für sie sorgen würde. Würde er nett zu ihr sein – netter als ihr Vater zu ihrer Mutter oder genauso nett? Und – die wichtigste Frage – würde er sich für sie entscheiden? Die Abhängigkeit davon wird sehr real empfunden, und die mit einem möglichen Scheitern verbundenen Ängste hängen damit zusammen, wie man aussieht, wie man wirkt, wie man erscheint – und nicht damit, was man kann.

So besehen verwundert es nicht, daß die Denkhaltung einer erwachsenen Frau, selbst einer Frau mit einem berechtigten Anspruch auf beruflichen Erfolg, immer noch Spuren einer anderen Wirklichkeit aufweist, und zwar einer Wirklichkeit, die viel mehr mit persönlichen Attributen und deren Wirkung auf andere als mit aktiver Einflußnahme der Umwelt zu tun hat. Die Schwierigkeiten, die der Zusammenprall der beiden unterschiedlichen Realitäten im Berufsleben für Frauen mit sich bringt, werden noch dadurch vergrößert, daß weder Männer noch Frauen sich über die Existenz der Unterschiede im klaren sind.

Ein anderes Verhaltensmuster hängt mit der Fähigkeit zusammen, die berufliche Karriere als wesentlichen Bestandteil des Lebens zu sehen. Männern fällt es schwer, private Ziele von beruflichen zu trennen. Sie finden unwillkürlich, daß diese von jenen abhängen, und sie versuchen, sich zwischen beiden Zielgruppen hindurchzulavieren und einen Kompromiß zu finden, wenn ein Konflikt das Gleichgewicht bedroht. Frauen bemühen sich dagegen aktiv um Trennung. Sie denken die Sache durch und beschließen, folgende Unterscheidung zu treffen: «Mein Privatleben ist etwas völlig anderes als meine Berufstätigkeit, und so möchte ich es auch haben.»

Es gibt zwar reale Gründe für das Bemühen, diese Trennung zu wahren, doch dabei entstehen Nachteile, die nur schwer zu überwinden sind. Die Gründe für die Trennung reichen von dem Bedürfnis, zu Haus ein anderer Mensch zu sein, um seinen Mann nicht zu bedrohen, weil man ihn liebt oder Angst vor ihm hat, bis zu einem bohrenden Schuldgefühl, nicht gleichzeitig auch eine vollkommene Ehefrau, Mutter oder Geliebte sein zu können. Das letzte Phänomen ist mit einem komplizierten psychologischen Manöver verbunden, das sich etwa so schildern läßt: «Angenommen, die Rolle, die ich akzeptieren *sollte*, ist die Rolle einer Frau – dann kann ich die Übernahme einer anderen Rolle nur rechtfertigen, rationalisieren, erklären, indem ich in der Frauenrolle so gut bin, daß niemand mich in dieser Beziehung in Frage stellen kann. Dann steht es mir frei, auch das andere zu machen.»

Diese Art der Motivation läuft letzten Endes immer wieder auf dasselbe hinaus – man lebt zwei Leben. Wie ist aber so noch ein Austausch möglich? Wie laviert man zwischen den beiden Leben, wie gleicht man Konflikte aus? Wenn eine Frau die ihr nahestehenden Menschen zu der Ansicht veranlaßt hat, ihr Berufsleben bedeute ihr nicht viel, *und wenn sie konsequent danach gehandelt hat*, wie bringt sie diese Menschen dann dazu, ihr Glauben zu schenken, falls aus einem ernsthaften Zusammenprall der beiden Leben eine Krise entsteht? Wie veranlaßt sie die anderen, ihr bei der Bewältigung der Krise zu helfen? In den meisten Fällen schafft sie es nicht, und in ihren eigenen Augen scheitert sie oft im Berufsleben und im Privatleben. Wenn die Krise noch nicht da ist, wird ihr Leben insgesamt schwieriger mit jedem Versuch, von dem Menschen, der sie in der einen Umgebung ist, auf den Menschen umzuschalten, der sie in der anderen sein sollte.

Warum Frauen dazu neigen, einen so scharfen Trennungsstrich zu ziehen, ist eine viel umfassendere Frage, deren Antwort in dem sozialen Umfeld liegt. Frauen und Männer erklären es auf eine sehr ähnliche Weise: Männer wachsen in dem Wissen heran, bis ans Ende ihres Lebens arbeiten zu müssen, es wird einfach von ihnen erwartet, und sie bereiten sich darauf vor. Sie treten in eine Firma ein, wo das berufliche Vorankommen der Männer die traditionelle, von der Umwelt sanktionierte Norm ist. Ihr Ehrgeiz mag noch so minimal sein, er wird unterstützt und als legitim betrachtet. Ein aufgeweckter junger Mann ist ein «kommender Mann», und selbst die weniger aufgeweckten müssen durch ihre mangelnde Leistung erst beweisen, daß sie nicht dazugehören. Sie müssen ihr Scheitern unter Beweis stellen.

Frauen wachsen dagegen in Ungewißheit heran: Werden sie berufstätig sein oder nicht? Und wenn ja, für wie lange? Sie treten in eine Firma ein, wo das berufliche Vorankommen für Frauen in den meisten Fällen eine Ausnahme darstellt und wo sie durch ihre Leistung beweisen müssen, daß sie dazugehören, obgleich alle Leute von vornherein annehmen – und dies häufig offen sagen –, daß sie nicht dazugehören. Sie müssen ständig ihren Erfolg nachweisen. Da alle annehmen und viele offen sagen, daß ihre Karriere zweigeteilt, vorübergehend und deshalb von einem Mangel an Engagement gekennzeichnet ist, müssen sie das Gegenteil beweisen. Sie haben also eine Beweislast zu tragen, von der die Männer verschont bleiben. Sie neigen zu der Ansicht, ihr Leben *sei* zweigeteilt, sie könnten keinen Kompromiß zwischen den beiden ihnen aufgezwungenen Leben finden, obgleich die Fähigkeit, dieses zu tun, durchaus zu einer optimalen Gestaltung beider führen könnte. Sie beginnen zu glauben, ihr Überleben hänge von der Trennung ab, die von beiden Seiten ihrer Existenz gefordert würde.

Wie viele Manager aus Ihrem Bekanntenkreis haben ein Familienfoto auf dem Schreibtisch im Büro stehen? Und wie viele «Managerinnen»? Und doch wird die Integration für Frauen wie Männer an diesen Kleinigkeiten deutlich. Männer handeln automatisch so, während Frauen bewußt davon ausgehen, daß sie das Gegenteil wollen. Ein Beispiel. Eine Frau, die in einer Mail-Order-Firma arbeitete, und zwar als einzige Frau in einer Verkaufsgruppe von neunundzwanzig Männern, gewann den Firmenpreis für den höchsten Einzelumsatz des Jahres 1974. Sie war begeistert. Der Gewinner von 1973, ein Herr, den sie recht gut kannte, kam zu ihr und beglückwünschte sie. Er sagte, er habe sich die Urkunde hübsch rahmen lassen und könne ihr den Namen des Einrahmers geben. Sie antwortete: «Könnte ich kurz in Ihr Büro kommen und es mir ansehen?» Er sagte: «Nun, ich habe die Urkunde nicht hier. Sie hängt zu Haus im Wohnzimmer. Ich werde sie bei Gelegenheit mitbringen.» Sie erzählte uns die Geschichte. Er hatte ein überraschtes Gesicht gemacht, und sie hatte gedacht: «Was ist mit ihm los, warum hängt sie nicht in seinem Büro? Er hat sie für das bekommen, was er hier tut. Meine Urkunde wird hier bleiben.»

Wir fragten sie, ob sie uns sagen könne, wie ihr Mann ihre Arbeit sehe. Die Antwort fiel ihr außerordentlich schwer. «Er und mein Sohn wissen, daß ich einen guten Job habe. Die Einzelheiten kennen sie natürlich nicht. Sie wissen, daß ich im Verkauf bin. Sie wissen, daß ich die einzige Frau und die einzige Schwarze in der Gruppe bin.» Sie lächelte. «Und sie wissen, daß wir das Geld brauchen.»

Sie wußte von der Arbeit ihres Mannes viel mehr als er von ihrer. Wir fragten sie, was sie machen würde, wenn ihr Sohn beispielsweise erkrankte. Sie sagte, dann würde sie selbstverständlich zu Haus bleiben. Inzwischen wußten wir, wessen Arbeit nach Ansicht beider Partner mit Abstand die wichtigere war. Unterstützte sie diese Auffassung nicht fortwährend? Wir hatten das Gefühl, daß sie wahrscheinlich genausoviel verdiente wie ihr Mann, und doch hatte sie nur einen Job und er eine Karriere, und so sahen sie es beide. Wir fragten sie, ob sie es sich tatsächlich leisten könne, an einem Tag zu Haus zu bleiben, an dem sie einen Termin mit einem wirklich wichtigen Kunden habe oder an einer wirklich wichtigen Besprechung teilnehmen solle. Das sei bisher noch nicht vorgekommen, antwortete sie. Wenn es jedoch vorkäme? Sie nahm an, sie könne ihren Mann bitten, an ihrer Stelle zu Haus zu bleiben. Ob er es tun würde? Sie würde ihn überreden müssen. Wie? Sie hob die Hände. «Ich glaube, ich müßte ganz von vorn anfangen und ihm erzählen, was bei uns im Büro eigentlich gemacht wird, warum ich zur Arbeit müßte und warum er zu Haus aufpassen müßte.» Würde er leichter zu überzeugen sein, wenn er bereits wüßte, worum es bei ihrer Arbeit gehe und was sie bedeute? Sie sagte sehr langsam und sehr nachdenklich: «Ich denke, ich werde diese Urkunde mit nach Haus nehmen.»

Einige Monate später schrieb sie uns einen Brief. Sie hatte ihre Urkunde mit nach Hause genommen und im Wohnzimmer aufgehängt. Sie konnte gar nicht fassen, was für Fragen man ihr über ihren Beruf, über die Leute, mit denen sie arbeitete, über die Firma stellte. Die

Fragen kamen von ihrem Mann, ihrem Sohn, ihren Bekannten und den Bekannten ihres Mannes.

Ein weiterer typischer Unterschied betrifft den Begriff der persönlichen Strategie. Männer definieren ihn als Gewinnen oder Erreichen eines Ziels. Bei Diskussionen über dieses Problem stellen sie eine Frage, die in vielen Variationen immer auf das eine hinausläuft: «Was liegt für mich drin?» Es ist eine entscheidende Frage, weil sie die Zukunft ins Spiel bringt. Was im Augenblick für mich drinliegt, könnte, so reizvoll es sein mag, das unterminieren, was ich auf lange Sicht erreichen will. Es ist eine Frage, die fast immer ein «Ja, aber» hervorruft, wenn man sie sich selbst stellt, und das Aber veranlaßt einen zu dem Versuch, künftige Folgen und Ergebnisse vorauszusagen und damit vorwegzunehmen.

Die Frauen neigen dagegen zu prozeduralen Definitionen: planen, den besten Weg, die bestmögliche Methode finden. In den Beispielen, die sie nennen, fehlt das zeitliche Element: «Um eine bestimmte Arbeit zu schaffen, tat ich das und das.» Welche Folgen dieses Handeln in einem Jahr haben würde? Die Frau, die das Beispiel nannte, begriff plötzlich, was sie gesagt hatte. Sie hat dargelegt, wie sie am besten ein Problem hier und jetzt lösen könnte, ohne zu berücksichtigen, ob und wie dieser Entschluß sich auf lange Sicht auf sie auswirken könnte.

Warum dies geschieht, ist abermals eine Frage, die in die Vergangenheit reicht. Sie führt uns zu einem Phänomen, das zwar überstrapaziert wird, deshalb aber nicht weniger bedeutsam ist: Sport – die Wettkämpfe, die Jungen veranstalten und Männer verfolgen. Zum Beispiel:

Frauen versuchen zu identifizieren, was dieses Schaubild darstellt. Ist es ein Wettkampf? Wenn ja, ist es Feldhockey, Football, oder könnte es Baseball sein? Bei wie vielen Wettkämpfen ist eine elfköpfige Mannschaft erforderlich? Handelt es sich bei jenen Toren um Pfosten?

Die Kommentare von Männern enthalten unweigerlich Werturteile: «Es ist Football, und es ist ein lausiges Spiel. Trainer wechseln. Anderes Programm anschalten.»

Was hinter dieser unterschiedlichen Reaktion steht, beginnt bei den kleinen Jungen, die sich allmählich mit Mannschaften, mit der Zugehörigkeit zu Mannschaften, mit Gewinnen und Verlieren vertraut machen. Ihr Strategiebegriff mag zunächst sehr einfach sein: Gewinnen bedeutet unter Umständen nur, daß man versuchen muß, die dik-

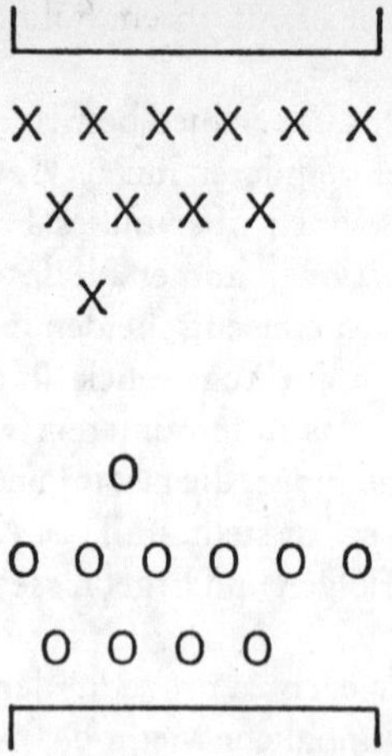

ken Jungen in seine Mannschaft zu bekommen, damit man die dünnen Jungen in der anderen Mannschaft leicht unterkriegt.

Dann wird es aber komplizierter, und die Arbeitsteilung setzt ein. Man sieht, daß Stürmer und Stopper nötig sind. Den Jungen, die genug Phantasie haben, um mögliche Resultate zu planen und herbeizuführen, wird ein besonderer Wert beigemessen. Eine Mannschaft schafft es, Sieger zu werden, und man muß lernen, wie man dies erreichen kann. Eine Mannschaft macht es möglich, vom Glanz eines Siegers zu profitieren, indem man sich ihm irgendwie anschließt und das wiederum kann man lernen. Eine Mannschaft kann sogar ein Ort sein, wo man sich versteckt, ein Ort, wo man das Überleben lernt, lernt, weiterhin dazuzugehören, weitere Chancen zu erhalten. «Er ist doch ein so guter Kumpel, daß wir ihn nicht einfach fallenlassen dürfen» oder «Er leistet zwar noch nicht viel, aber er lernt schnell, und er ist wirklich ein fairer Spieler.» Vor allem herrscht aber jederzeit der Wille zu gewinnen, und zwar als Mannschaft zu gewinnen und nicht als Einzelgänger, der von den anderen unabhängig ist.

Was erfahren und lernen Männer bei einem Spiel wie Football? Welche Konsequenzen lassen sich daraus für den Beruf ziehen? Spielt es eine Rolle, daß die überwiegende Mehrheit der Frauen weder ihre Erfahrung noch deren Konsequenzen teilt?

Machen Sie einfach den Versuch und bitten Sie einen Mann aus

Ihrem Bekanntenkreis, er möge versuchen, sich an die Zeit zu erinnern, in der er ein Spiel wie Football spielte. Wie war es? Was *mußte* er lernen, wenn er in der Mannschaft überleben wollte?

Die Antworten, die man uns immer wieder gab, unterscheiden sich nur in der Form. Hier sind sie:

Wie war es?

Es waren nur Jungen da.
Teamwork.
Harte Arbeit.
Vorbereiten und üben, üben, üben.
Wenn man umgeworfen wurde, mußte man wieder aufstehen.
Es gab einem ein Gefühl der Zugehörigkeit, man meinte, man sei ein Teil von etwas, was größer war als man selbst.
Man lernte, daß eine Mannschaft einen Anführer braucht, weil es von einem Trainer abhängt, ob die Motivation da ist oder nicht.
Man lernte schnell, daß manche Leute besser sind als andere – aber man braucht elf.

Was mußten Sie lernen, wenn Sie in der Mannschaft überleben wollten?

Rivalität, man mußte gewinnen.
Kooperation, um etwas zu schaffen – man mußte mit Jungen arbeiten, die man sich außerhalb der Mannschaft nicht als Freunde ausgesucht hätte.
Wenn man sich etwas darauf einbildete, wie schnell man laufen konnte, stoppten die anderen Jungen nicht mehr für einen.
Verlieren, was für ein Gefühl es war, wenn man verlor.
Daß man manchmal gewinnt und manchmal verliert.
Wie man Kritik einsteckt – vom Trainer, von den Kameraden, von den Zuschauern.
Daß man ohne Planen nirgends hinkommt und daß man Alternativpläne haben muß.
Sobald man die Regeln kannte, konnte man sie hinbiegen – und man konnte den Schiedsrichter beeinflussen.

Man betrachte diese Antworten unter zwei Gesichtspunkten: wie sie eine Umwelt definieren und welche persönlichen Fertigkeiten ihnen zufolge nötig sind, um zu überleben. Schildern sie die Welt der Unternehmensverwaltung einigermaßen treffend? Reflektieren sie Fertigkeiten, über die ein tüchtiger leitender Angestellter jederzeit verfügen sollte?

Neben der harten Arbeit des einzelnen, neben Ausdauer und der Fähigkeit, mit Kritik fertig zu werden, indem man sie weniger auf seine Person als auf die Erfüllung einer Aufgabe bezieht, haben diese Antworten etwas mit Zielvorstellungen zu tun; sie haben etwas damit zu tun, wie man gewinnt und wie man versucht, Niederlagen zu bewältigen, indem man sie relativiert – manchmal gewinnt man, manchmal verliert man; sie haben etwas mit Gruppenbeziehungen zu tun – wie man sie aufrechterhält und mit ihnen arbeitet; sie haben schließlich etwas mit Beziehungen zur Autorität zu tun – ob es sich dabei um Regeln oder um Menschen handelt.

Das sind persönliche Fertigkeiten. Jungen erwerben sie in einem Klassenzimmer unter freiem Himmel, zu dem Mädchen traditionellerweise keinen Zugang haben. Nach einer Praxis von fünf bis fünfzehn Jahren bringen Männer diese Fertigkeiten in den Beruf mit. Es handelt sich um Fertigkeiten, die über die Leistung am Arbeitsplatz entscheiden, sobald die Schwelle zwischen beaufsichtigenden und leitenden Posten einmal überschritten ist.

Aufsicht beinhaltet meist die Verantwortung für routinemäßige, festgelegte und spezifische Tätigkeiten von Untergebenen auf einem Fertigkeitsgebiet, mit dem der oder die Beaufsichtigende ungewöhnlich gut vertraut ist. Er oder sie ist meist in dieser Fertigkeit «großgeworden»: Man hat sie erlernt, als man in den Beruf eintrat, man hat sie zufriedenstellend ausgeübt und ist befördert worden, um andere bei der Tätigkeit zu beaufsichtigen, die man früher selbst verrichtete.

Ziele und Pläne, um diese Ziele zu erreichen, werden der Aufsichtsperson meist vorgeschrieben. Probleme sind Routinesache, voraussehbar und können schon im Entstehen gelöst werden.

Man kann die mehr technischen und fachlichen Aspekte der Arbeit selbst erlernen – in Seminaren und Kursen sowie mit Lehrbüchern.

Das offizielle System der Beziehungen, das für die Arbeit erforderlich ist, läuft meist senkrecht – nach oben zum Chef, nach unten zu den Mitarbeitern.

Um die Schwelle zwischen beaufsichtigenden und leitenden Funktionen zu überschreiten, muß man auf eine Reihe von grundlegenden Änderungen vorbereitet sein, was die Qualifikationen oder Fertigkeiten angeht, die die neue Position voraussetzt. Für diese Änderungen gibt es gewöhnlich keinerlei formale Ausbildung.

In leitenden Stellungen sind die Ziele und die Pläne, die zu ihnen führen, nicht mehr so detailliert vorgeschrieben wie in Aufsichtsfunktionen. Sie fallen zunehmend in den Verantwortungsbereich des Leitenden. Erfolgreiches Planen setzt voraus, daß man sich der Schwächen und Stärken der Gruppe bewußt ist und die Fähigkeit hat, sie ohne destruktive Konflikte auszubalancieren. «Manche Leute sind besser als andere, aber man braucht elf.»

Zielsetzung. Planen. Wie sorgt man aber dafür, daß der Plan durchgeführt wird?

«Die Mannschaft braucht einen Anführer, weil es von einem Trainer abhängt, ob die Motivation da ist oder nicht.» «Die Regeln kennen und sie hinbiegen.» «Den Schiedsrichter beeinflussen.» «Kritik vom (eigenen) Trainer, von den Kameraden, von den Zuschauern einstecken.» «Gewinnen *und* verlieren.» «Manchmal gewinnen und manchmal verlieren.»

Eine andere notwendige Verlagerung in den zu beherrschenden Fertigkeiten hat etwas mit Problemlösung zu tun. Der Beaufsichtigende wird mit mehr oder weniger routinemäßigen, alltäglichen Problemen konfrontiert, für die mehr oder weniger erprobte und richtige Lösungen zur Verfügung stehen. Der Leitende muß Probleme *antizipieren* und möglichst Alternativen parat haben. «Ohne Planen kommt man nirgends hin, und man muß Alternativen haben (wenn Probleme entstehen).»

Eine andere Verlagerung betrifft das Lernsystem. Durch formalen Unterricht kann man sich fachliche Qualifikationen aneignen. Die Qualifikation, mit Menschen in einer Arbeitsgruppe umzugehen, muß unweigerlich informell erworben werden, und Männer haben die Grundregeln über Gruppenbeziehungen bei Männern bereits erlernt, wenn sie in den Beruf gehen. «Kooperation, um etwas zu schaffen – wenn man sich etwas darauf einbildete, wie schnell man laufen konnte, stoppten die anderen Jungen nicht mehr für einen.» «Manche Leute sind besser als andere, aber man braucht elf.»

Eine weitere Verlagerung in den Fertigkeiten hängt mit dem offiziellen System von Beziehungen zusammen. Die einfache senkrechte Linie, die für Aufsichtsfunktionen typisch ist – nach oben zum Chef, nach unten zu Untergebenen –, wird durch ein Netz von lateralen Beziehungen zu Kollegen in anderen Abteilungen kompliziert, deren Vorhandensein sich in budgetärer und produktiver Hinsicht auf die eigene Abteilung oder Gruppe auswirkt. *Ohne* offizielle Autorität, die ein erwünschtes Resultat erzwingen kann, muß man auf Einflußmöglichkeiten zurückgreifen – und Einfluß ist das Ergebnis von

Freundschaft, Überredung, geleisteten und geschuldeten Gefälligkeiten, Versprechen, die man halten muß, wenn man weiterkommen will; Beziehungen zu Leuten, die bereits Einfluß *haben*, die Art, wie andere einen sehen – ist man ein Gewinner, ein Mitglied des «Clubs», oder ist man potentieller Verlierer?

In der Erfahrungswelt der meisten kleinen Mädchen gibt es dazu keine Parallele. Die Prestige-Sportarten für Mädchen werden meist allein oder zu zweit ausgeübt: Tennis, Schwimmen, Golf, Gymnastik, Schlittschuhlaufen. Das alte Sprichwort, dabei komme es nicht auf das Gewinnen oder Verlieren an, sondern nur darauf, *daß* man spiele, ist immer wieder so sehr strapaziert worden, daß langjährige Tennisspielerinnen immer noch spielen, um zu «spielen» – nicht, um zu gewinnen. Das ändert sich zwar langsam, aber nur sehr langsam.

Mannschaftssportarten. Eine Mannschaft gegen die andere. Der Wille zu gewinnen, ein Ziel zu erreichen. Dazu muß man eine Strategie entwickeln, die die Umwelt berücksichtigt. Wer und was kann helfen? Wer und was kann behindern? Wann? Wie sehr? Wie benutze ich dieses oder wehre mich gegen jenes, um dorthin zu kommen, wohin ich will? Und wenn das Ziel berufliches Vorankommen in den oberen Rängen des modernen Unternehmens heißt, wer hat die größte Aussicht zu gewinnen – der Mann, der die Welt sieht, wie sie ist, eine Welt des Gewinnens und Verlierens, der Mannschaften oder Teams, der Stars, der durchschnittlichen und zweitklassigen Spieler, also *seine* Welt, oder die Frau, die sich mit allen Kräften bemüht, eine Welt zu finden, wie sie sein sollte?

Um Mißverständnissen vorzubeugen, möchten wir klarstellen, daß wir kein Werturteil über den Willen zu gewinnen fällen. Wir sagen nicht, er sei gut oder schlecht. Wir sagen nur, daß er vorhanden ist, und daß Männer das weit häufiger spüren und sehen, daß sie weit häufiger danach handeln als Frauen. Der Begriff Strategie hat heute einen üblen Beigeschmack, weil er Erinnerungen an Politiker weckt, die moralische Ziele aus den Augen verloren und sich die fadenscheinige Moral der Spielstrategie und die Sprache des Footballfelds zu eigen machten; Männer, die Gewinnen zum Selbstzweck umfunktionierten, für die es niemals wichtig war, was sie gewannen, da Gewinnen als solches genügte. Wir vermuten, und es ist nicht mehr als eine Vermutung, daß nur sehr wenige Frauen eine solche Geisteshaltung entwickeln können, weil es so wenige Frauen gibt, die selbst gewinnen wollen. Wenn überhaupt, neigen Frauen zum anderen Extrem, nach dem Motto: «Tu dein Bestes und hoffe, daß du jemandem positiv auffällst.» Die Antwort auf dieses Dilemma, das durch die extremen Auffassungen entsteht, liegt für Männer und Frauen wahrscheinlich irgendwo in der Mitte. Wenn Männer den Drang zu gewinnen abschwächen sollten, sollten Frauen ihn entwickeln.

Das bedeutet nicht, daß Frauen mehr wie Männer werden sollten. Es bedeutet, daß Frauen als denkende Wesen konkreter abschätzen sollten, was für sie drinliegt – was sie wirklich wollen, wie sie vorgehen sollen, um es zu bekommen, und was es kostet und einbringt, wenn sie es bekommen. Wenn Frauen beginnen, sich diese Fragen zu stellen, müssen sie zwangsläufig ihre Umwelt berücksichtigen.

Ein anderer typischer Unterschied liegt jedoch darin, wie Männer und Frauen Risiken beurteilen. Was ist ein Risiko? Der Unterschied in den Antworten ist frappierend. Für Männer bedeutet Risiko Verlust oder Gewinn; Siegen oder Verlieren; Gefahr oder Chance. In allen von uns unterrichteten Gruppen pendelten die Antworten sich auf diese Faktoren ein – der eine Mann antwortet negativ, ein anderer antwortet positiv, und beide stimmen darin überein, daß dies die beiden Gesichter des Risikos sind.

Frauen beurteilen ein Risiko grundsätzlich negativ. Für sie heißt es Verlust, Gefahr, Verwundung, Ruin, Schmerz. Man geht ihm aus dem Weg, so gut man kann. Und es gibt noch eine Dimension: Männer erkennen den Einfluß des Risikos auf die Zukunft; man riskiert sein Potential, riskiert künftigen Gewinn, riskiert Beförderung. Ein böser Fehler, und man kommt vielleicht keine Stufe höher; Frauen beziehen den Einfluß des Risikos auf das, was sie bisher erreicht haben. Eine der befragten Frauen bekam die Sache sehr gut in den Griff, als sie berichtete: «Mein Mann sagt immer zu mir: ‹Greif nach den Sternen, und schlimmstenfalls kann es dir passieren, daß du dabei auf den Mond fällst!› Und mir ist erst vor kurzem klargeworden, daß ich ihm dann jedesmal antworte: ‹Bestimmt. Aber in einen der Krater.›»

Man braucht sich nur zu fragen, was dies bedeutet, um die verhaltensbedingten Antworten zu sehen. Wenn man das Risiko als Gefahr für das versteht, was man im Augenblick hat, achtet man nicht auf die künftige Gefahr; wenn man für die Gegenwart keine sieht, setzt man für die Zukunft keine voraus. Eine kürzlich beförderte Frau, leitende Produktmanagerin in einem alten, etablierten Unternehmen für Konsumartikel, erzählte uns zum Beispiel, es sei einfach unfaßbar für sie, wie ihr neuer Chef einen ihrer Kollegen dulden könne, einen unfähigen Mann von siebenundfünfzig Jahren, älter als er, rangniedriger als er, ein Faulpelz und Versager, wie er im Buche stehe. Sie fand, daß ihr Chef außerordentlich tüchtig war, sie mochte ihn und sie respektierte ihn – nur nicht dafür.

«Dieser Bursche hat ein noch größeres Zimmer als mein Chef. Er erscheint um zehn und geht um drei in den Fitnessclub. Wenn man ihn bei einer Besprechung hört, glaubt man nicht, daß er von den gleichen Produkten redet. Und kein Mensch sagt etwas!» Nein, gab sie zu, man nehme ihn auch nicht sehr ernst, aber darum gehe es nicht – warum sei er überhaupt da? Wenn es an ihr läge, würde sie ihn entlassen, vorzeitig in den Ruhestand schicken, etwas unternehmen, ganz gleich was, um ihn loszuwerden. Ihre Ressentiments gegen ihn wuchsen noch, als ihr ein aufgeweckter junger Angestellter, mit dem sie ein Einstellungsgespräch für ihre Abteilung geführt hatte, von seiner Abteilung weggeschnappt wurde. Sie ging zu ihrem Chef. Aber, sagte sie: «Er lachte nur darüber. Sicher, er sagte Dinge wie: ‹Der gute alte Joe. Man muß ihn kennen. Er ist schon viel länger hier als ich. Er weiß, wo es langgeht.› Ja, er weiß zweifellos, wo es langgeht. Zu den guten Restaurants. Er tut den ganzen Tag nichts, und jetzt geben sie ihm einen der besten Männer, die wir dieses Jahr eingestellt haben. Jemanden, den ich unbedingt haben wollte.»

Wir kannten ihren Chef gut. Er war, wie sie gesagt hatte, ein sehr tüchtiger Manager. Einige Wochen später fragten wir ihn, ob es inzwischen besser geworden sei. Er schüttelte den Kopf. «Sie schaufelt sich ihr eigenes Grab. Joe ist schon sehr lange hier. Er kennt eine Menge Leute, und langsam kommt ihm das zu Ohren, was sie über ihn sagt. Sie sieht das Risiko nicht. Sie wird sich ihr eigenes Grab schaufeln.» Warum er sie nicht hole, um sie darauf hinzuweisen? Er sah uns an. «Wie kann ich ihr sagen, daß Joe hier ist, weil er mit dem leitenden Marketing-Vizepräsidenten zur Schule gegangen ist, auf der Universität gewesen ist, ein Sommerhaus mit ihm hat und ihn, soweit ich weiß, jeden Abend zu Haus anrufen kann, wenn er möchte? Sie ist so sehr auf alles fixiert, was aufrichtig, ehrlich, korrekt und gut ist, daß sie mich nur verstehen würde, wenn ich ihr sagte: ‹Sie haben recht. Er ist ein Verlierer. Er ist nur deshalb hier, weil er Freunde hat.› Und bald würde die ganze Abteilung wissen, was ich gesagt habe. Das kann ich nicht riskieren. Sie muß lernen. Ich kann mir nicht helfen, aber ich glaube, ein Mann hätte es irgendwie kapiert. Ein Mann hätte sich irgendwie ausgerechnet, daß Joe irgendwo Freunde haben muß, weil er sonst nicht überlebt hätte. Ein Mann hätte sich wenigstens gefragt: Wer ist er? Und warum ist er so? Allmählich hätte er dann die Wahrheit herausgefunden. Er wäre nicht wie ein Racheengel dahergekommen, weil einem dann niemand etwas erzählt. Ich kann Joe nicht vor einem Racheengel rechtfertigen. Warum sollte ich? Ich möchte in dieser Firma eine Vertriebskarriere machen und keinen Kreuzzug führen.

Sie müssen wissen, daß Joe manchmal sehr nützlich ist. Wenn ich möchte, daß etwas ohne viel Aufwand dem Vorstand vorgelegt wird, zum Beispiel eine neue Idee, bei der ich sehen möchte, wie sie ankommt, dann gebe ich es Joe und lasse ihn machen. Dann und wann klappt es. Der Mann im Vorstand glaubt, der gute alte Joe denke ab und zu, sei die Protektion also wert – und ich bringe meine Vorschläge durch. Sicher, Joes Leute tun all seine Arbeit. Und ich muß dafür sorgen, daß sie gut sind. Joe wird in fünf Jahren gehen. Ich habe noch zwanzig Jahre in diesem Unternehmen vor mir.»

Risiko. Für diesen Mann lag es in der Zukunft, ein Risiko für seine Beförderungsaussichten, ein erkanntes Risiko, das wegen künftiger Vorteile in Kauf genommen wurde. Die Frau sah das Karriererisiko nicht, das sie anscheinend bewußt herbeiführte. Für ihre momentane Arbeit bestand kein Risiko, wegen ihrer Ansichten über Joe durfte man sie nicht entlassen, so daß sie gar nicht auf die Idee kam, es könne später gefährlich werden. Die Ironie bestand darin, daß niemand bereit war, das Risiko auf sich zu nehmen, das darin bestand, ihr einen anderen Standpunkt nahezulegen.

Risiko. Eine unterschiedliche Reaktion wegen einer unterschiedlichen Betrachtungsweise und als Konsequenz beider ein unterschiedliches Verhalten. Auch hier wollen wir keine Werturteile fällen. Wir versuchen nicht herauszufinden, was richtig und was falsch ist. Wir sagen einfach: So läuft es, das ist die Wirklichkeit, mit der man fertig werden muß. Frauen betrachten das Risiko anders als Männer. Infolgedessen richten sie sich in ihrem Handeln – oder Nichthandeln – nach ihrer eigenen Betrachtungsweise, nach ihren Wahrnehmungen. Nur die Frau, die den Unterschied erkannt hat, kann entscheiden, ob es sich für sie lohnt, sich zu ändern.

Es gibt noch einen letzten typischen Unterschied. Er hat etwas mit Stil und mit der Rolle zu tun, die man in einer bestimmten Umgebung ausfüllen muß. Es ist ein schwer faßbares, fließendes Problem. Unterschiedliche Leute, mit denen man umgehen muß, unterschiedliche Aufgaben, die man erledigen muß, erfordern unterschiedliche Rollen und unterschiedliche Stile. Die Rolle des Untergebenen ist universell, kann aber auf vielfältige Art und Weise ausgefüllt werden. Beispielsweise als Helfer oder als Gefolgsmann. Beim Helfer hat man das Gefühl, er sei aktiv, will einem beistehen, benutze seine oder ihre Initiative; beim Gefolgsmann hat man das Gefühl, er sei passiv, hielte sich an Regeln und führe Befehle aus. Man kann die Rolle des Untergebenen jedoch ebensogut ausfüllen, wenn man sich nach Art eines jüngeren Kollegen oder gar wie ein Ebenbürtiger oder Freund verhält.

Was ist ausschlaggebend für den Entschluß, welchen Stil man in einer Untergebenenrolle anwenden muß? Die Antworten der Männer auf diese Fragen drehen sich darum, was ihre Chefs von ihnen erwarten, die Antworten der Frauen hängen damit zusammen, wie sie sich selbst sehen. Das bedeutet, daß Männer mehr auf Hinweise oder Signale achten, die Frauen vielleicht nicht sehen oder nicht hören. Und diese Signale können aus winzigen Kleinigkeiten bestehen – wie man redet und welches Vokabular man benutzt, wie man sich kleidet, ob man schnell und aufgeweckt oder langsam und nachdenklich wirkt, ob man ein Helfer oder ein Gefolgsmann ist –, und vor allem kommt es darauf an, wann, bei wem und in welcher Angelegenheit all dies geschieht. Die grundsätzliche Frage ist für die meisten Männer klar: Was wünscht dieser Chef? Ich muß es wissen, weil die Möglichkeit besteht, daß er mich weiterbringt oder aufhält.

Gewiß gibt es Männer, die etwas dagegen haben, sich so zu verhalten, wie es ihrem Chef am liebsten wäre, die darüber lachen und es sogar ablehnen. Dabei spüren sie aber, welchen Preis sie unter Umständen zahlen müssen, oder sie haben wenigstens eine Strategie, um den negativen Folgen gegenzusteuern – entweder einen Gönner auf einer höheren Sprosse der Firmenhierarchie oder ein deutlich sichtbares Talent, das sie auf jeden Fall voranbringen wird, oder einen Chef, der ihrer Ansicht nach nicht einflußreich genug ist, um ihnen Steine in den Weg zu legen. In einem Unternehmen, das wir kennen, wird von den jüngeren Leitenden der Stil eines loyalen Soldaten verlangt, und man schreibt selbst die Uniform in allen Einzelheiten vor – zum Beispiel Schuhe von Gucci. Die Männer reden über sie, lachen über sie. Aber sie kaufen sie und tragen sie.

In den Antworten der Frauen, die sich darum drehen, wer man ist, werden die Forderungen und Erwartungen der anderen viel weniger berücksichtigt: «So bin ich nun einmal – ob es ihnen gefällt oder nicht.» Das bedeutet, daß es unweigerlich schwerer ist, sich von dem

Chef, der Arbeit, der eventuell entstandenen Situation zu distanzieren. Frauen haben nicht das Gefühl, daß ein Spiel gespielt wird, daß sie aus Gründen der Selbsterhaltung vorübergehend einen anderen Stil anwenden sollten. Alles ist ernst. Sie investieren etwas ganz Spezifisches von sich, reagieren deshalb empfindlicher auf Kritik und persönliche Verletzungen und glauben weniger daran, daß sie eine Arbeit tun können, die sie noch nicht kennen oder noch nie gemacht haben.

Wann und wie beginnt sich die größere Flexibilität zu entwickeln, die ein Mann offenbar hat? Wann entsteht seine größere Fähigkeit zur Verstellung im wertfreien Sinn von «Gefühle und Meinungen verbergen»? Zumindest einen Teil der Antwort gab uns eine achtundzwanzigjährige Frau, eine jüngere Angestellte in einer großen Bank. «Es gab etwas, was mich früher immer störte. Ich erinnere mich noch gut an meine Kindheit. Als ich zehn war und mein Bruder zwölf, spielte er sonnabends immer mit einer Clique von Jungen auf der Straße. Er kam zum Mittagessen ins Haus und erzählte jeden Sonnabend unweigerlich von zwei Jungen der Gruppe. Sie waren einfach schrecklich. Er konnte sie nicht ausstehen. Aber nach dem Essen lief er jedesmal wieder hinaus, um weiter mit ihnen zu spielen. Beim Abendbrot ging es dann wieder los. Es wurde so unerträglich, daß ich eines Tages genug hatte und ihn fragte: ‹Warum spielst du eigentlich mit ihnen, wenn du sie nicht leiden kannst?› Er starrte mich an und sagte: ‹Bist du verrückt geworden? Wir brauchen elf für die Mannschaft!› Ich dachte lange darüber nach und konnte es einfach nicht begreifen. Eines wußte ich – wenn ich jemals so über ein anderes Mädchen gedacht hätte, hätte ich nie mit ihr gespielt.»

Jungen lernen also etwas, was Mädchen nicht lernen: Flexibilität, einen Stil, Verhaltensweisen zu entwickeln, die es einfacher machen, das zu bekommen, was man haben will. Und sie lernen vor allem, wie man diesen Stil unter seinen Kameraden entwickelt, ohne sich dessen bewußt zu sein – was etwas ganz anderes ist als der bewußte Versuch, Autoritätsfiguren wie die Eltern auf der Basis «einer gegen einen», also gewissermaßen im Duell zu schlagen. Jungen lernen in einem Ausmaß, miteinander zurechtzukommen, einander zu tolerieren und einander zu benutzen, wie es Mädchen nur selten für nötig halten. Später, vor einem Hintergrund gemeinsamer Erwartungen und früherer Erfahrungen, lernen Männer in einem Ausmaß, bei Besprechungen zu sitzen und miteinander zurechtzukommen, einander zu tolerieren und einander zu benutzen, das Frauen oft unbegreiflich finden.

Für Männer kann eine Freundschaft das angenehme Ergebnis der Interaktion am Arbeitsplatz sein, während sie für Frauen oft eine Voraussetzung für diese Interaktion ist.

Das Gruppenverhalten von Männern ist in der Tat ein Phänomen, das Frauen häufig zur Sprache bringen: «Wie können zwei Männer, die sich absolut nicht mögen, bei einer Besprechung sitzen und so tun, als nähmen sie Rücksicht aufeinander und hülfen sich gegenseitig, wo alle andern wissen, wie es in Wirklichkeit steht, und trotzdem so tun, als kauften sie es ihnen ab? Wie können sie bloß solche Heuchler sein?»

Es ist eine aufschlußreiche Frage. Firmenverhalten ist das Verhalten einer Gesellschaft, deren Mitgliedern es im einen Extrem ums Gewinnen und im anderen ums reine Überleben geht, und die jeweilige Position im Verhältnis zu den beiden Extremen definiert meist den Status eines Mitglieds. Bis man gewonnen hat, ist Besonnenheit am Platze. Warum sollte man sich absichtlich Feinde machen, wenn es einen weiter bringt, Freunde zu gewinnen? Kleine Jungen wissen schon mit zwölf Jahren, daß sie zehn andere brauchen, um eine Mannschaft zu bilden, und daß sie die anderen vielleicht alle mögen – vielleicht aber auch nicht.

Frauen bringen die Verhaltensweisen einer anderen Gesellschaft mit, deren Mitgliedern es um das Aufrechterhalten von Beziehungen geht, weil Beziehungen einen selbst am unmittelbarsten definieren. Beziehungen sind für Frauen meist ein Selbstzweck, und in der traditionellen weiblichen Erfahrung gibt es kaum etwas, was dem widerspricht. Aus diesem Grund (und ohne es zu wissen) tappen Frauen so oft in die große Falle des «Überemotionalismus»: Intoleranz – «Ich mag ihn / sie nicht und kann nicht mit ihm / ihr arbeiten» – oder eine schmerzhafte Empfindlichkeit gegen Kritik.

Wenn eine Frau ohne weiteres Nachdenken davon ausgeht, die Qualität ihrer Beziehungen sei ihre oberste Priorität – und wenn sie danach handelt –, wenn sie dazu neigt, keine konkreten Karriereziele zu haben, wenn sie ihre Energie infolgedessen auf das richtet, was sie im Augenblick leistet, ohne die informellen Zwänge zu beachten, die das Vorankommen beeinflussen, dann ist die Chance sehr gering, daß es ihr gelingt, sich dadurch von den momentanen Schwierigkeiten in der Firma zu distanzieren, daß sie sie als gegenwärtigen Preis für eine künftige Karriere ansieht. Die Chance, daß andere, nämlich Männer, wenigstens den Eindruck gewinnen, sie handle so, als wolle sie Karriere machen, ist nicht viel größer.

Alle diese Unterschiede in der Geisteshaltung und Denkweise laufen übrigens auf ein Image hinaus – ein Image, das viele Frauen in leitenden Positionen unbewußt auf die Männer ausstrahlen, mit denen sie arbeiten. Männer in leitenden Positionen neigen dazu, andere Männer auf Grund der Erwartungen zu beurteilen, die sie von sich selbst, von führenden Stellungen im allgemeinen und von der Firma haben, bei der sie beschäftigt sind. Die Erwartungen der Frauen sind meist auf allen Gebieten verschieden, aber das ist nur selten Männern oder Frauen bewußt. Selbst der Mann, der sich etwas darauf zugute tut, fair zu sein – «Ich versuche, alle gleich zu behandeln» –, legt bei der Beurteilung von Frauen unweigerlich dieselben Maßstäbe an, die er bei sich und anderen Männern anlegt. Infolgedessen fällt es ihm auf, wenn jemand allem Anschein nach nicht so zielstrebig auf eine Beförderung hinarbeitet und deshalb seiner Meinung nach weniger «motiviert» ist, wenn jemand im Vergleich zu den Männern, die er beaufsichtigt, intolerant oder überempfindlich zu sein scheint, wenn jemand die inoffizielle oder informelle Seite des Unternehmens zu ignorieren scheint. Alle diese Eindrücke summieren sich für viele Frauen zu einem unüberwindlichen Nachteil, sobald eine Stellung im mittleren Management in Aussicht ist.

3
Der Weg zum mittleren Management

Stellungen im mittleren Management werden oft ungenau definiert nach dem Gehaltsniveau, nach Sondervergütungen oder dem Status – Größe des Büros, ein Teppich auf dem Fußboden. Sie werden fast nie nach der tatsächlichen Veränderung der Tätigkeit definiert, die im wesentlichen aus einer Verlagerung von Aufsichtsfunktionen auf mehr über die jeweilige Abteilung hinausgehende Verantwortung besteht.

Diese Verlagerung ist für Männer wie Frauen sehr wichtig und muß auf zweierlei Art gesehen werden: einmal im Hinblick auf den «normalen» Weg, der zu ihr führt, zum anderen im Hinblick auf die Person, Mann und Frau, die sie anstreben.

Zunächst der «normale» Weg. Die typische Laufbahn des leitenden Angestellten führt von Anfangserfahrungen in einer fachlichen Rolle oder einer Spezialistenrolle zur allgemeineren Rolle des mittleren Angestellten. Von diesem Punkt führen Wege zu höheren Stufen der Spezialisierung, die einen breiteren und begrifflicheren Ansatz für die Prozesse der Entscheidungsfindung und Problemlösung verlangen.

In fortschreitenden Arbeitsfunktionen ausgedrückt, besteht die Arbeit des Spezialisten im wesentlichen darin, fachliches Wissen und fachliche Erfahrungen zur Lösung von Problemen einzusetzen, die in erster Linie Routineprobleme sind; so werden zugewiesene Aufträge erledigt. Die Aufsichtspflichten sind auf dieser Stufe eng mit der Auftragserledigung und dem richtigen Einsatz von Techniken und Fertigkeiten verknüpft.

Der Angestellte des mittleren Managements hat dagegen viel eher die Aufgabe, mit Kollegen aus anderen Abteilungen oder Gruppen zusammenzuarbeiten, um dafür zu sorgen, daß die Arbeit seiner Gruppe oder Abteilung sich möglichst effektiv auf die unmittelbaren Ziele und Operationen des Unternehmens auswirkt; er ist in erster Linie für diese viel breitere Aufgabenstellung verantwortlich.

Die auf einer höheren Stufe stehenden leitenden Angestellten brauchen sich viel weniger darum zu kümmern, ob die Arbeit wirklich getan wird oder ob die täglichen Forderungen des wechselseitigen Zusammenspiels in und zwischen den einzelnen Funktionsgebieten erfüllt werden. Sie sind viel mehr damit beschäftigt, langfristige Zielsetzungen festzulegen und Richtlinien für komplette Funktionsge-

Übergang von Aufsichtsfunktionen zum mittleren Management

Fachliche Erfahrung:	Beherrschung einer bestimmten Funktion oder eines bestimmten Fachgebietes.	Praktische Kenntnis der Erfordernisse für andere Funktionen / Fachgebiete.
Zielsetzung:	Erreichen von Zielen, die durch andere festgelegt werden. Kurzfristig.	Analyse von breiteren und längerfristigen, mehrere Abteilungen betreffenden Zielen und Festlegung von Unterzielen für Mitarbeiter.
Planung:	Ausführung von Plänen, die schon beschlossen sind.	Entwickeln von Plänen zum Erreichen von Zielen.
Problemlösung:	Lösung von entstehenden Problemen.	Voraussehen von Problemen und Vorbereitung alternativer Lösungen.
Zusammenarbeit mit anderen Abteilungen:	Gewöhnlich nicht entscheidend für Leistung am Arbeitsplatz.	Von entscheidender Bedeutung für Leistung am Arbeitsplatz.
Lerngrundlagen:	Formell und fachlich orientiert: Kurse, Seminare, Handbücher, Texte.	Informell und verhaltensorientiert: Lernen von anderen Kollegen, Vorgesetzten und Mitarbeitern.
Das inoffizielle System:	Für die Arbeitsleistung nebensächlich.	Für die Arbeitsleistung entscheidend.
Auf sich selbst verlassen oder auf andere verlassen:	Die Anforderungen einer Aufgabe können nötigenfalls erfüllt werden, indem man sich auf die eigenen Fertigkeiten verläßt.	Man ist zunehmend auf die Fähigkeit angewiesen, die Aufgabenlösung an andere zu delegieren.

biete zu entwickeln, um den Aktivitäten des Unternehmens als Ganzem Kohärenz zu geben.

So gesehen, stehen und fallen die Laufbahnen, die letztlich zu den obersten Rängen der Geschäftsleitung führen, mit jenem ersten wichtigen Übergang von der fachlichen oder spezialisierten Beaufsichtigung zu der umfassenderen und viel ungenauer gefaßten Rolle eines mittleren Managers.

Diese Zusammenstellung soll nicht erschöpfend sein, sondern nur die entscheidenden Veränderungen aufzeigen, die der Übergang zum mittleren Management verlangt. Der Übergang ist für Männer schwierig genug. Für Frauen ist er noch schwieriger, weil die formellen Methoden, die Arbeit zu erlernen, die Arbeit zu erledigen und im Beruf voranzukommen, von informellen abgelöst werden.

Für die Frau, die mit Wünschen in ein Unternehmen eintritt, welche sich signifikant von den Wünschen der Männer unterscheiden, der es schwerfällt, mit dem gleichen Nachdruck «Ich werde den Rest meines Lebens arbeiten und will unbedingt vorankommen» zu sagen, die sich darauf konzentriert, ihre gegenwärtige Arbeit zu beherrschen, und nicht weiter versucht, etwas für ihre spätere Karriere zu tun, ist der Übergang extrem schwer.

Wenn wir sie vom ersten Arbeitstag bis zum Erreichen der Stellung beobachten, die sie etwa zehn oder zwölf Jahre später einnimmt, teilt sie in den meisten Fällen eine Reihe von den typischen Merkmalen der hypothetischen Person, die wir jetzt beschreiben werden. Diese typische Frau verläßt das College mit einem Examen in *liberal arts* (allgemeiner, Fächer wie Literatur, Geschichte und Sprachen umfassender Studiengang im Gegensatz zum reinen Fachstudium). Sie hat gute Noten in Sprachen, Literatur, Geschichte, Psychologie oder Soziologie, Musik oder Kunst. Wenn sie vom College abgeht, hat sie kaum eine Ahnung davon, was eine zum Beruf qualifizierende Fertigkeit ist, und gewinnt zunehmend die Überzeugung, daß ihr eine solche Fertigkeit – worin sie auch bestehen mag – fehlt. Viele Frauen wie sie gehen dann auf eine Sekretärinnenschule, um etwas zu erwerben, was sie selbst als eine solche Fertigkeit ansehen können, weil eine Nachfrage danach besteht, weil das etwas Konkretes ist und gebraucht wird. Sie tut es, hat dann aber das Glück, eine Stelle als Assistentin in einer Personalabteilung zu finden. Sie tippt für sich, aber nicht für andere. Allmählich gewinnt sie festen Boden unter den Füßen und beginnt zu erkennen, daß es Fertigkeiten *gibt*, die sie erwerben kann, und daß sie diese Fertigkeiten am Arbeitsplatz erwerben kann. Mit ihrer Tüchtigkeit wächst auch ihre Selbstsicherheit. Sie *kann* sich jene Fertigkeiten aneignen, sie kann sie wirksam einsetzen. Mit der Zeit stellt sie fest, daß dieser wirksame Einsatz noch auf eine andere Weise zu ihrer Selbstsicherheit beiträgt. Die Männer, mit denen sie arbeitet, betrachten sie allmählich als eine Person, die trotz der Tatsache, daß sie eine Frau ist, ausgezeichnete Leistungen am Arbeitsplatz erbringt. Sie beginnt auf eine ganz reale Weise, ein Gefühl der Legitimation zu entwickeln, und gewinnt die Überzeugung, daß sie ein Recht hat, diese Arbeit zu tun – ein Recht nicht nur in ihren Augen, sondern auch in den Augen der anderen, deren Reaktionen sie sieht.

Bei diesem Prozeß hat sie sich in den meisten Fällen keine langfristigen Karriereziele gesetzt. Ihr Ziel ist die gegenwärtige Leistung und die Tüchtigkeit am gegenwärtigen Arbeitsplatz. Sie weiß nicht genau, wie lange sie arbeiten wird und ob sie überhaupt noch arbeiten wird, falls sie heiratet. In Anbetracht der fehlenden langfristigen Ziele ist ihre Konzentration auf das Gegenwärtige verständlich. Sie möchte die Gegenwart so lohnend gestalten, wie sie kann. Sie belegt Kurse, die ihre Sachkenntnis vertiefen. Sie liest Leitfäden und Fachzeitschriften.

Einige Jahre später bekommt sie auf Grund ihrer Tüchtigkeit eine Aufsichtsfunktion. In diesem Stadium hat sie viel in die Fertigkeiten investiert, die sie erworben hat, und die Fertigkeiten haben wiederum eine Menge zu ihrem Selbstgefühl beigetragen. Sie akzeptiert nicht leicht, daß andere Leute, die Leute, die sie jetzt beaufsichtigt, das gleiche investieren, was bei einer ganzen Reihe von ihnen auch nicht der Fall ist. Sie wird mit dem Problem fertig, indem sie in die Bresche springt, indem sie die zusätzliche Arbeit selbst macht. Sie wird eine hart arbeitende Aufsichtsperson. Sie ist verantwortlich für alle ihre alten Aufgaben, die Überwachung ihrer Mitarbeiter und für eine wichtige zusätzliche Arbeit: Sie muß ständig darauf achten, daß nichts Unvollkommenes ihre kleine Abteilung verläßt. Um das zu gewährleisten, zieht sie es häufig vor, die betreffende Sache selbst zu erledigen. Man kann sich ihrer Aufsicht nicht entziehen, sie ist ein gewissenhafter Kontrolleur und neigt zur Pingeligkeit.

Dies ist kein Stil, der Initiative erzeugt oder zum Delegieren von Verantwortung ermutigt. Sie sendet eine deutliche Botschaft aus – sie traut nur sich und verläßt sich nur auf sich. Ihre Freunde und Bekannten gehören in den meisten Fällen nicht zur Firma, und ihre Kontakte in der Firma sind meist formell und arbeitsorientiert. Wenn sie bis

Anfang Dreißig in dieser Position bleibt, wird sie wahrscheinlich zu dem Schluß kommen, sie habe Karriere gemacht oder müsse zumindest noch lange Zeit berufstätig sein. Das Problem liegt darin, daß sich ihr Arbeitsstil inzwischen geformt hat. Sie delegiert nicht und verläßt sich weitgehend auf sich selbst, was Leistung und Regeln angeht, die Funktion und Leistung definieren.

Dieser Stil wurde nicht bewußt geformt, sie hat nie überlegt, ob er ihr beim Vorankommen helfen würde oder nicht. Ihre Chefs kamen und gingen. Wenn sie weniger tüchtig waren, mußte sie oft noch einen Teil ihrer Arbeit zusätzlich übernehmen. Sie stuften sie als «hervorragende Aufsichtskraft» ein und waren sich darüber klar, daß sie wahrscheinlich durch zwei Leute ersetzt werden müßte, falls sie einmal ginge. Gleichzeitig waren sie der Meinung, sie habe wahrscheinlich ihre «Endstation» erreicht. Der Stil, den sie entwickelte und nie zu ändern erwog, stempelte sie zu einer «Kraft ohne Führungspotential», und das in einem Stadium, in dem sie möglicherweise zum erstenmal ernsthaft an eine langfristige Karriere dachte. Aber warum sollte sie daran gedacht haben, ihr Verhalten zu ändern? Aus welchem Grund? Ihre Vorgesetzten lobten die peinliche Sorgfalt der Arbeit, für die sie verantwortlich war. Gehaltserhöhungen waren in Aussicht. Sie hatte nicht Spezifisches im Sinn. Ihr Arbeitspensum hatte sie oft an den Rand ihrer Kräfte gebracht.

Für viele, viele Frauen ist dies der außerordentlich schmerzhafte Übergang zum mittleren Management. Der Stil, den sie entwickeln, um taktisch und psychologisch auf dem Weg zu mittleren leitenden Positionen zu überleben, ist eben der Stil, der sie zu der vielgerühmten hervorragenden Aufsichtskraft macht. Ihm fehlt jedoch eine strategische Dimension, ein langfristiges Ziel. Infolgedessen gelingt es ihnen nicht, ihn mit Flexibilität zu erfüllen, sie wägen die jetzigen Nachteile nicht gegen die künftigen Vorteile ab. Sie ignorieren die Hinweise, die die Notwendigkeit einer Stiländerung signalisieren. Sie konzentrieren sich auf Aufgaben, Fertigkeit und Leistung am Arbeitsplatz und übersehen die Verhaltensvariablen, die von entscheidender Bedeutung sind.

Unsere hypothetische Frau erreicht die Schwelle zum mittleren Management in den meisten Fällen als perfekte Spezialistin und peinlich genaue Überwacherin anderer Spezialisten. Sie ist jedoch eine Frau in den Dreißigern und hat noch weitere dreißig Jahre vor sich. Sie ist gescheit und tüchtig.

Für Männer *ist* das eigene und das Verhalten anderer eine einzukalkulierende Größe auf dem Weg zum mittleren Management. Die stillschweigende Erwartung, daß sie den größten Teil ihres Lebens arbeiten müssen, gibt Männern – so implizit oder unbewußt sie auch sein mag – ein Ziel: das Beste daraus zu machen, und das wird weitgehend als berufliches Vorankommen interpretiert. Die meisten Männer sind sich beim Antritt ihrer ersten leitenden Stellung noch nicht einmal bewußt, daß sie seit ihrem Knabenalter darauf psychologisch vorbereitet wurden. Typisch ist auch, daß die Zeit, die sie auf der High School und dem College verbrachten, ihnen mathematische Fertigkeiten oder einen volkswirtschaftlichen Hintergrund gaben und zugleich ihren Blick auf das Konkurrenzdenken als wichtigen Leistungsfaktor schärften.

Für einen solchen Mann ist die erste Stelle «nur» der Beginn einer Lehrzeit. Für ihn ist beinahe selbstverständlich, daß er weiterkommen wird, wenn er die damit verbundenen Aufgaben gemeistert hat, weil zahllose Männer es vor ihm schafften. Warum nicht auch er? Das zentrale Problem liegt eher darin, die wirksamste Methode zu finden, und – egal, ob er nun gut oder schlecht beurteilen kann, welche Methode die wirksamste ist –, er wird es zumindest versuchen.

Wenn er ein College absolviert hat und in ein Schnellprogramm zur weiteren Ausbildung innerhalb der Firma übernommen wird, lernt er viele Leute kennen, während er die verschiedenen Abteilungen des Unternehmens durchläuft. Wenn er in eine kleine Finanz- oder Vertriebsabteilung eintritt oder als stellvertretender Werkmeister einer Fabrik eingestellt wird, ist seine Umgebung beträchtlich enger, doch seine stillschweigende Annahme, daß er keinesfalls den Rest seines Lebens hier verbringen wird, bestimmt sein Verhalten.

Lerne und komme voran. Handle so, daß die Leute eines sehen: Du hast das Zeug, voranzukommen. Versuche die Leute zu beeinflussen, die dir beim Vorankommen helfen können, gehe ihnen zur Hand, mache dich bei ihnen unentbehrlich. Versuche herauszufinden, was sie wollen. Verbreitere deine Informationsbasis, lerne nicht nur das, was du für deine Arbeit brauchst, sondern bringe auch etwas über die Leute in Erfahrung, die dich zu einer anderen Arbeit abrufen könnten. Wie sind sie – gut, schlecht, indifferent? Auf wen solltest du deine Bemühungen konzentrieren? Finde es heraus – und paß auf, daß du dir keinen Verlierer aussuchst. Haben berufliche Veränderungen im Moment einen Sinn – versprechen sie mehr, versprechen sie schneller etwas? Versetzungen, Eintritt in eine andere Firma? Finde es heraus – und welchen Weg du auch einschlägst, versuche, dir einen Gewinner zu angeln, einen Gewinner, der dein Gönner, dein Pate, dein Förderer, dein Schutzpatron werden kann, der in dich investieren wird, dir hilft, dir etwas beibringt und sich für dich einsetzt. Wenn du richtig gewählt hast, wirst du mit ihm vorankommen. Wenn du dich geirrt hast – löse dich von ihm und versuche, ihn hinter dir zu lassen. Suche dir aber einen anderen.

Es wäre faszinierend, die psychoanalytischen Implikationen dieses Musters zu verfolgen. Es ist ein Muster, das die Suche nach einer Vaterfigur, die dann erfolgende Auflehnung gegen und die Entwicklung zu einer Vaterfigur wiederholt. Es ist ein Muster, das aus der frühesten Erfahrung eines Jungen stammt, wobei der Vater die Kraft, Autorität und Freiheit verkörpert, es mit der ganzen Welt aufzunehmen. Es ist ein Muster, das immer noch typisch dafür ist, wie unsere Gesellschaft die männliche Identität definiert, und es ist das gemeinsame Erbe von Männern in leitenden Positionen. Es ist die Art, wie ihre Welt funktioniert.

Vor diesem Hintergrund erreicht unser hypothetischer junger Mann die Schwelle zum mittleren Management. Er erreicht sie schneller und unter Aufbietung viel geringerer Energie als die hypothetische junge Frau, deren Weg wir nachzeichneten. Wenn er an jenen Punkt kommt, hat ihm das, was er unterwegs getan hat, gewöhnlich ein viel breiteres Wissen von der Arbeitsweise der Organisation, sprich Firma gegeben – er kennt und versteht ihre Ziele und Menschen, besonders diejenigen, die für ihn wichtig sind. Wie unsere junge Frau hat er in der Mehrzahl der Fälle ein bestimmtes Fachgebiet beherrschen müssen,* doch er brauchte nicht so viel in dieses Gebiet zu investieren, da er unter anderen Zwängen stand als sie. Sie investierte übermäßig viel, um sich in ihren eigenen Augen und den Augen der anderen eine Legitimation und damit Sicherheit zu verschaffen. Er

* Wir kennen allerdings eine Reihe von Fällen (und es muß noch weitere geben), wo Männer ihre Laufbahn als Assistent des Vorstands *begannen*, sich ein Grundwissen über die Funktionen verschiedener Abteilungen aneigneten, sich aber nirgends um ein weitergehendes Fachwissen zu bemühen brauchten. Sie wurden mit der Zeit als wahre «Generalisten» betrachtet, mit immer neuen Rangabzeichnungen, die einen wachsenden Verantwortungs-oder Befugnisbereich beinhalteten, an der Spitze blieben und die Zwischenstufe des mittleren Managements übersprangen.

brachte die Legitimation von vornherein mit und war der Ansicht, daß seine Sicherheit auf ganz anderen Fundamenten ruhte: nämlich darauf, von anderen Männern als «vielversprechender» junger Mann gesehen zu werden.

Am Punkt des Übergangs besteht ihre große Angst darin, von allem abgeschnitten zu werden: von dem, was sie weiß, von der beruhigenden Vertrautheit eines Gebietes, das sie gründlich beherrscht, sich von der Basis ihrer Legitimation und Sicherheit zu entfernen, um plötzlich vor neuen und ganz anderen Problemen, neuen und ganz anderen Menschen in einer Umgebung zu stehen, wo sie vielleicht die *einzige Frau* mit dem betreffenden Rang ist.

Seine große Angst besteht darin, plötzlich in totes Wasser zu geraten, von den Leuten abgeschnitten zu werden, die ihm geholfen haben. Kann er ein Team zusammenstellen? Wird er fähige Mitarbeiter finden? Wie werden seine Kollegen sein? Wird sein neuer Chef ein Mann sein, von dem er lernen kann – der genug Einfluß hat, um ihm beim Vorankommen zu helfen?

Ihre Betrachtungsweise der vor ihr liegenden Probleme dreht sich um ihre eigene Person, um ihr eigenes Können. Es ist eine nach innen gerichtete Sorge, die ihren Blick für andere Leute trübt. Sie neigt dazu, die anderen nach der Wirkung zu betrachten und zu beurteilen, die sie auf ihr Selbstwertgefühl haben.

Seine Betrachtungsweise der vor ihm liegenden Probleme dreht sich um die Leute ringsum, um *deren* Fähigkeiten. Es ist eine nach außen gewandte Sorge, die sein Bewußtsein dafür schärft, wer diese Leute sind und was sie wollen – und danach wird er sich richten.

Ihre Probleme nähren sich gegenseitig. Wo bisher ihre Sachkenntnis ihre Existenzberechtigung bewies, glaubt sie nun, sich und den Männern ringsum noch einmal beweisen zu müssen, daß sie das Recht hat, auf dem neuen Platz zu sitzen. Und sie muß es in einem weit vielschichtigeren Verantwortungsbereich tun, zu einer Zeit, in der sie genau weiß, daß sie die Arbeit, die sie verrichten soll, noch nicht genügend beherrscht.

Getrieben von der alten Legitimationsfurcht – dem Bedürfnis, sich und anderen zu demonstrieren, daß sie die Arbeit trotz ihres Geschlechts beherrscht und bewältigt – und mit wenigen weiblichen Vorbildern, die es geschafft haben und ihr dadurch Selbstvertrauen schenken, zieht sie sich in sich selbst zurück. Sie vermeidet es, Fragen zu stellen, weil sie Angst davor hat, die anderen könnten dann meinen, sie beherrsche Aspekte der Arbeit nicht, die sie beherrschen *müßte*. Das blockiert ihre Lernfähigkeit. Die Angst verleiht jeder Lücke in ihrem Wissen und ihrer Erfahrung den gleichen Stellenwert, und sie zwingt sich dazu, sich selbständig mit allen – relevanten und irrelevanten – Einzelheiten vertraut zu machen, während sie gleichzeitig kämpfen muß, um den täglichen Anforderungen der Arbeit gerecht zu werden. Das augenscheinliche Selbstvertrauen, die augenscheinliche Sicherheit der Männer ringsum lassen, so wenig sie in Wirklichkeit vorhanden sein mögen, ihre Situation noch schlimmer erscheinen.

Eine Frau, die in einem Tochterunternehmen des Bell-Telefonkonzerns als leitende Angestellte der dritten Stufe arbeitet, schilderte uns diesen schmerzhaften Prozeß ein Jahr nach ihrer Beförderung zur Bezirksleiterin.*

«Ich wurde nach dem Consent Decree befördert.** Alle Unternehmen mußten eine bestimmte Zahl von Frauen befördern, und ich nehme an, daß ich eine von ihnen war. Ich glaube, ich habe die Beförderung verdient, aber manchmal frage ich mich, ob ich ohne den Consent Decree nicht immer noch am alten Platz säße.

Ich kam aus der Verkehrsabteilung. Dort sind alle Telefonistinnen

* In den meisten Bell- Unternehmen gibt es nur sieben Managementstufen – vom ersten Verwaltungsposten bis zum Vorsitzenden. Erst die dritte oder Bezirksstufe entspricht unserer Definition vom mittleren Management.

** Am 18. Januar 1973 schloß der US-Multi American Telephone & Telegraph auch im Namen seiner zweiundzwanzig Tochterfirmen mit dem US-Arbeitsministerium und der US-Kommission für Chancengleichheit am Arbeitsplatz ein Abkommen, das einen Wendepunkt in der Geschichte des amerikanischen Arbeitsmarktes bedeutete. Unter den Bedingungen einer gegenseitigen Übereinstimmung («Consent Decree») verpflichtete sich AT & T, insgesamt etwa fünfzehntausend Frauen und Angehörigen von Minoritäten, die bislang angeblich diskriminiert worden waren, was Stellenzuweisung, Bezahlung und Beförderung betraf, eine Wiedergutmachung von schätzungsweise 15 Millionen Dollar zu leisten; der Konzern erklärte sich ferner bereit, jährlich 23 Millionen Dollar mehr an Gehältern aufzuwenden sowie Ziele und Terminpläne für die Aufnahme und Beförderung von Frauen und Minderheitsangehörigen in leitender Position zu erarbeiten. Als Gegenleistung verpflichteten sich die Kommission für Chancengleichheit am Arbeitsplatz und das Arbeitsministerium, die verschiedenen gegen den Konzern erhobenen Anklagen fallenzulassen. AT & T ist der größte private Arbeitgeber der Vereinigten Staaten.

beschäftigt, und es wirklich eine Frauenabteilung. Männer kamen fast nur als Verwaltungsassistenten hinein. Die Frauen bildeten sie aus. Und dann verwalteten die Männer uns – manchmal genau dieselben Männer, die wir ausgebildet hatten.

Ich fing als Telefonistin ganz unten an, wurde Gruppenleiterin und dann Abteilungsleiterin. Ich wurde als eine der ersten Frauen überhaupt zur Bezirksleiterin (dritte Stufe) befördert.

Ich werde niemals die ersten Monate vergessen. Ich hatte keinerlei Managementerfahrung. Ich wußte nur vage, wofür die anderen Abteilungen verantwortlich waren, und ich hatte keine Ahnung, wen ich fragen sollte. Das Schlimmste war die Ungewißheit, ob meine Kollegen – alles Männer – glaubten, ich hätte den Job nur wegen der Kommission für Chancengleichheit bekommen. Ich weiß, daß einige von ihnen so dachten. Am Anfang brachte ich es noch nicht einmal über mich, eine Frage zu stellen, weil es vielleicht ein Frage war, deren Antwort ich hätte wissen müssen. Davor hatte ich echt Angst. Ich hörte förmlich, wie es bei ihnen klickte: ‹Dritte Stufe und kennt noch nicht mal ihre Arbeit.›

Meine erste Bezirkskonferenz war eine absolute Katastrophe. Da saß ich, die einzige Frau, Bezirksleiterin, Verkehr. Da saßen sie. Sie kannten sich. Die meisten von ihnen hatten eine jahrelange Bezirkserfahrung. Sie kamen aus den Abteilungen, wo es *keine* Frauen gab – Herstellung, Netz, Technik –, aber auch aus anderen Abteilungen.

Ich verstand kaum ein Wort. Nach einer Weile begannen sie mit einer sehr technischen Diskussion. Ich kannte nur wenige technische Geräte und ihre Funktion. Ich hatte keine Ahnung von den Kürzeln für die technischen Systeme, und sie machten sich nicht die Mühe, ihre vollständigen Bezeichnungen zu benutzen. Sie benutzten Buchstaben. E.S.S. ist noch ziemlich einfach – elektronische Schaltsysteme.

Am Ende der Konferenz hatte ich eine Kolonne von Buchstabengruppen notiert, und dann saß ich Nacht für Nacht über den Fachbüchern und versuchte, ihre Bedeutung herauszubekommen. Ich wagte nicht, jemanden zu fragen. Heute klingt es albern – damals war es aber alles andere als das. Ich hätte beinahe gekündigt. Wenn mein Mann nicht gewesen wäre, *hätte* ich gekündigt. Ich erinnere mich noch an eine Gruppe von Buchstaben, die mich fast zur Verzweiflung brachte. E.A.T.D. Ich schlug sie in allen Leitfäden nach. Ich ging wirklich Hunderte von Seiten durch, um einen Hinweis zu finden.

Ich lernte schließlich einen der Distriktleute kennen, und ein paar Monate später fragte ich ihn. Er lachte. Er sagte, es bedeute ‹Einfacher alter Telefondienst›.»

Diese Frau, die Angst, die sie hatte, und die zwanghafte Art, wie sie versuchte, damit fertig zu werden, sind nicht leicht zu vergessen. Eine ähnliche Angst treibt eine jüngere Frau auf der Suche nach psychologischer Sicherheit und Firmenlegitimation dazu, übermäßig viel in ihr Fachgebiet zu investieren. Wenn sie beides gefunden hat, fällt es ihr schwer, das Etikett mit der Aufschrift «Ja, Sie gehören dazu. Ja, Sie haben ein Recht, hier zu sein. Ja, Sie können diese Arbeit trotz Ihres Geschlechts machen» wieder abzulegen.

An der Schwelle zum mittleren Management fangen die Risiken wieder von vorn an, und die psychologischen Einsätze sind höher. Die Sicherheit einer soliden fachlichen Kompetenz auf einem bestimmten Gebiet reicht nicht mehr aus. Man kann sich nicht mehr allein auf sich verlassen, man kann nicht mehr sich allein trauen. Das Lernsystem ändert sich, das Durchführungssystem ändert sich, *und in der Art der Beziehungen, die Männer traditionellerweise zueinander herstellen, liegt der Schlüssel zu beidem.* Paten kümmern sich um ihre Patensöhne.

Für Frauen, die Töchter waren, nicht Söhne, sind solche Beziehungen mit Schwierigkeiten befrachtet. Wenn sie überhaupt existieren, meint man gewöhnlich, sie wären stark sexuell betont. Sind die Beziehungen absolut sachlich, wird die betreffende Frau als «maskulin» hingestellt, als «ein hartes, zähes Biest, das gut bei der Arbeit ist und sonst nichts».

Die meisten Frauen wollen beides vermeiden. Die Falle ist jedoch gewaltig: In einer Hinsicht denkt man, weil man eine Frau sei, *müsse* man die Arbeit kennen, um seine Existenz zu rechtfertigen; in einer anderen Hinsicht entstehen, weil man eine Frau ist, weit größere Risiken, wenn man sich um die Beziehungen bemüht, die einem helfen zu lernen; und in wieder einer anderen, umfassenderen Hinsicht sind die «Weiblichkeit» und ihr Einfluß auf das Selbstgefühl, das man von sich hat, schwer manipulierbare Größen.

Die leitende Angestellte von Bell, die von sich sagte, wenn ihr Mann nicht gewesen wäre, hätte sie gekündigt, hatte sicher dieses dritte Problem im Sinn. Jedesmal, wenn sie als Frau am Arbeitsplatz Schwierigkeiten hatte, ermutigte ihr Mann sie als Mensch, der die Arbeit machen konnte. Alleinstehende Frauen sind weit verwundbarer.

Gibt es für all diese Probleme eine Lösung? Wenn ja, hilft sie den Frauen oder bezeugt sie lediglich, daß die Schwierigkeiten vorhanden sind?

Wir denken, daß es eine Lösung gibt und daß sie beides tut. Sie erkennt die Schwierigkeiten an, sie erklärt, warum sie bestehen, und gibt Frauen auf diese Weise eine Perspektive von entscheidender Bedeutung. Frauen, die glaubten, sie als Einzelpersonen und sie allein seien die einzige Quelle der Probleme, vor denen sie in «maskulinen» Berufen, Karrieren, Rollen und Umgebungen stehen, können sehen, daß alle Frauen diese Probleme mehr oder weniger teilen, weil ein gemeinsames Erbe von stillschweigenden Erwartungen und vorgefaßten Meinungen unsere Vorstellung von uns selbst formt. Wenn wir jemals die Erwartungen und Meinungen ändern wollen, die unser Leistungsvermögen schwächen, müssen wir vor allem verstehen, wie und warum sie entstanden – und ganz am Anfang, nämlich mit dem Begriff der «Weiblichkeit», anfangen und untersuchen, wie sich die Entstehung dieser «Weiblichkeit» von der psychischen Entwicklung der Männer unterscheidet.

4
Als Mann heranwachsen – als Frau heranwachsen

Männer wie Frauen verdanken der Struktur ihrer Familienbeziehungen ein grundlegendes Gefühl ihrer eigenen Identität und ein ebenso grundlegendes Modell für die Beziehungen, die sie später zu anderen herstellen. In einer von der Kleinfamilie beherrschten Kultur wie der unseren entwickeln Kinder beider Geschlechter zuerst und vor allem eine Beziehung zu ihrer Mutter, und die Dynamik dieser Beziehung ist für Jungen und Mädchen gleich. Kinder beiderlei Geschlechts lieben ihre Mutter, begehren ihre Mutter und sind von ihrer Mutter abhängig. Ihr Identitätsgefühl ist unauflöslich mit ihr verbunden. Sie bestätigt, ob sie sich selbst für gut oder schlecht halten können.

Der in der Freudschen Theorie entwickelte Ödipuskomplex befaßt sich mit dem emotionalen Trauma, das der kleine Junge durchmacht, wenn er schließlich mit dem Bedürfnis fertig werden muß, sich von seiner Mutter zu lösen. Im Alter von drei oder vier Jahren sagen kleine Jungen oft mit der entzückendsten Naivität und manchmal mit echter Leidenschaft, sie würden ihre Mutter heiraten, wenn sie erwachsen seien. Die schmerzhafte Erkenntnis, daß er es nicht kann, ist in der Fachliteratur ausführlich beschrieben worden, und man hat das erst kürzlich als «ein kolossales Scheitern»[1] gekennzeichnet, als ein Scheitern, mit dem der kleine Junge fertig wird, indem er die Liebe und das Verlangen der Kindheit zurückstellt oder aufschiebt.

Tatsache ist, daß ein kleiner Junge die erste Bindung an seine Mutter *unter welcher realen oder vermeintlichen Drohung auch immer* aufgibt, um auf eine andere Frau zu warten, die in seinem Jünglings- oder Mannesalter auftauchen wird. Das Gefühl des Verlusts, der Schaden, der dem psychologischen Ich, der empfindlichen Selbstschätzung angetan wird, und das Gefühl des Verlassenseins sind in klinischen Untersuchungen auf bewegende Weise zutage getreten. Das sind Probleme, mit denen man schwer zurechtkommt, aber das Kind muß mit ihnen zurechtkommen, und dazu gebraucht es verschiedene Techniken: Verdrängungsversuche, um das Wissen von dem Verlust und Schmerz aus dem Bewußtsein zu treiben; Leugnungsversuche, um sich einzureden, daß es weder einen Verlust noch einen Schmerz gibt; Veräußerlichung der Aggression, die aus der Verletzung des Selbstgefühls folgt – auf eine destruktive Art gegen andere und Objekte oder auf eine konstruktive Weise durch Aktivitäten, die Fertigkeiten, Wissen und Erfahrung entwickeln; schließlich noch die Verinnerlichung der Aggression, die gegen das eigene Ich gerichtet wird, es als wertlos hinstellt und davon ausgeht, daß es die Verletzung verdient hat.

Aller Wahrscheinlichkeit nach hat keiner dieser Versuche, mit der psychischen Verletzung fertig zu werden, für sich allein Erfolg. Sie ergänzen einander, und die relative Bedeutung der einzelnen Komponenten wird weitgehend davon abhängen, ob die Umwelt die Einstellungen und Erwartungen wichtiger anderer Menschen unterstützt oder nicht. Die wichtigen anderen Menschen sind natürlich in erster Linie die Eltern, doch weil die Krise in einem Alter (zwischen fünf und sieben) stattfindet, in dem der kleine Junge gewöhnlich zur Schule kommt, Freundschaft mit anderen kleinen Jungen schließt und seine ersten Interessen außerhalb der Familie entwickelt, geben diese Ereignisse zusätzliche und bedeutsame Unterstützung. Der kleine Junge ist jetzt in einem Alter, in dem er an männlichen Aktivitäten teilnimmt, und sein Vater interessiert sich gewöhnlich zunehmend für ihn und beachtet ihn mehr als zuvor. Man erwartet von ihm, daß er aggressiv ist, und er wird nicht nur von seinen Eltern, sondern auch von seinen Kameraden für seine Aggressivität belohnt. Man erwartet von ihm, daß er sich beim Spielen die Hosen zerreißt, daß er selbständig ist, daß er die Initiative ergreift. Er wird, kurz gesagt, dafür belohnt und darin bestätigt, die Aggressionen in nützliche Kanäle zu leiten, und er beginnt Selbstvertrauen in seine Fähigkeit zu entwickeln, seine kleine Umwelt stufenweise zu meistern.

Ganz gleich, welche Art der Defensive der kleine Junge in besonderem Maß anwenden will – die Zwänge der Sozialisation zeichnen ihm zwei Bahnen vor: erstens die Veräußerlichung der Aggression auf konstruktive Art und zweitens das Leugnen.

Die konstruktive Benutzung der Aggression ist schon als solche lohnend und wird außerdem noch belohnt. Sie trägt dazu bei, das grundlegende Gefühl des kleinen Jungen zu bestätigen, wer er in den Augen der anderen ist, und zwar in einer Zeit, in der das emotionale Trauma der ödipalen Lösung dieses Gefühl ernstlich gefährdet. In der aktiven Gesellschaft seiner kleinen Kameraden gelten Mädchen als minderwertig, zweitrangig, schwächer und schüchterner als Jungen. Diese Entwicklung beruht nicht nur auf einer realistischen Einschätzung des traditionellen Standpunkts der Gesellschaft zu Mädchen, sondern dient auch dem unbewußten Bedürfnis, den Schmerz des «kolossalen Scheiterns» zu leugnen, der mit der ödipalen Lösung verbunden ist.

Der Verlust der ersten Bindung an die Mutter, an eine Frau, wird durch die primitive Annahme geleugnet, Frauen – «Mädchen» – seien keine Bindung wert. Auf der bewußten Stufe wird eine Ausnahme für die Mutter gemacht, besonders dann, wenn sie den Glauben an die männliche Überlegenheit durch die Bevorzugung des Sohnes bestätigt. Sie ist so lange «etwas Besonderes», wie er «etwas Besonderes» ist. Auf einer unbewußten Stufe weckt das Trauma, sie zu verlieren und damit einen Teil seiner Identität zu verlieren, das Bedürfnis nach Verdrängen von Schmerz, Leugnen von Abweisung und aggressiven Selbstausdruck. Nicht ohne Grund machen sich Jungen in diesem Alter gnadenlos über andere Jungen lustig, die ihrer Mutter noch sehr nahe sind. Die «Muttersöhnchen» stellen eine Bedrohung dar, die immer noch schmerzhaft real ist.

Die weite Verbreitung dieses individuellen Musters vom Verlust, von Abwehrmechanismen, die ihn im wesentlichen dadurch zu bewältigen suchen, daß sie Kompensationen finden, die mit Leugnungsversuchen gekoppelt sind, von einer Sozialstruktur der Annahmen und Meinungen, die eine Kompensation und zugleich eine logische Begründung für das Leugnen liefern, läßt sich an augenscheinlichen Bagatellen ablesen. Unlängst (1973) wurden in einer Sportsendung des amerikanischen Fernsehens zwei Brüder gezeigt, die Stars in Hufeisenwerfen waren. Der ältere, ungefähr dreizehn oder vierzehn Jahre alt, war soeben von dem jüngeren besiegt worden, der etwa elf war. Der jüngere Knabe erklärte dem Interviewer entwaffnend, er habe den Sieg eigentlich nicht verdient, weil sein Bruder mit einem verstauchten Finger gekämpft habe. Wie das gekommen sei? «Nun», sagte der jüngere Bruder fröhlich, «ich habe gesagt, er ist ein Mädchen, und da ist er auf mich losgegangen.»

Als älterer und erfahrener Mann machte der amerikanische Astronaut James Lovell folgende kaum überraschende Bemerkung: «Wir haben keine Frauen in den Weltraum geschickt, weil wir keinen ausreichenden Grund dafür hatten. Wir können uns jedoch sehr gut vorstellen, daß wir in der näheren Zukunft Frauen in den Weltraum schießen und sie dort auf dieselbe Weise benutzen wie auf der Erde – und zu demselben Zweck.»[2]

Der Ausweg aus dem emotionalen Trauma, das Generationen von Psychoanalytikern untersucht und mit unendlichem Mitgefühl aufgezeichnet haben, ist dem kleinen Jungen in jeder Hinsicht vorgezeichnet. Er wird ganz offen ermutigt, sich mit Aktivitäten abzulenken, und die Belohnungen, die er bekommt, bestätigen ihn in seinem Selbstgefühl; die Gesellschaft bestätigt außerdem seine Versuche, den Verlust zu leugnen – er hat nichts verloren, weil das, was er verloren hat, nämlich der weibliche Aspekt seiner Identität, kaum soviel wert war, daß es sich zu behalten gelohnt hätte; und er kann noch damit kompensieren, daß er in den Augen der Gesellschaft als Mann von vornherein der Hälfte der menschlichen Rasse oder wenigstens, zu diesem Zeitpunkt, der Hälfte der menschlichen Wesen *seiner* Rasse überlegen ist. Alle diese Phänomene tragen dazu bei, daß er sich manchmal grimmig, häufiger allerdings voller Furcht allen Änderungen in der Struktur der sozialen Erwartungen und Meinungen, Gebräuche und Überlieferungen widersetzt, die seine Rolle als Mann und damit seinen Begriff von der Männlichkeit und damit sein Identitätsgefühl beeinflussen könnten – was er in umgekehrter Reihenfolge auf der Basis von psychischen Abwehrmechanismen entwickelte, die von eben jenen sozialen Erwartungen und Meinungen, Gebräuchen und Überlieferungen selektiv betont wurden.

An diesem Punkt müssen wir nun eindringlich fragen: *Was geschieht mit dem kleinen Mädchen*? Es beginnt mit den gleichen emotionalen Banden. Das Band, das es mit der Mutter verknüpft, ist ebenso real und fest wie das seines Bruders. Es liebt und begehrt seine Mutter ebenfalls und ist ebenfalls von seiner Mutter abhängig. Sein Identitätsgefühl ist ebenso unauflöslich mit der Mutter verbunden. Wo ist die wissenschaftliche Untersuchung des Traumas, das von Mädchen erlitten wird? Sie fehlt, und an ihrer Stelle hat sich ein massiver Widerspruch entwickelt. Die psychoanalytische Theorie räumt zwar ein, das kleine Mädchen müsse die Mutterbindung des kleinen Jungen zwangsläufig teilen, läßt die Realität der Emotionen, mit denen es zurechtkommen muß, wenn es älter wird, dann aber außer acht, obgleich sie die emotionale Situation des kleinen Jungen so sehr betont.

Man nimmt stillschweigend an, das kleine Mädchen sei imstande, seine emotionale Treue – eine Treue, die für den Jungen so außerordentlich schwer zu brechen ist, wenn man der Theorie glauben darf – im Handumdrehen auf jemand anders zu übertragen. Angeblich erkennt es, daß es ein verstümmelter Junge ist, weil es keinen Penis hat;

angeblich wird es sich darüber klar, daß seine Mutter ihm diese Verstümmelung weitergegeben hat, weil sie ebenfalls keinen Penis besitzt; sein Selbsthaß wegen der eigenen Verstümmelung und seine Abweisung der verstümmelten Mutter wirken dann angeblich als Katalysatoren, die ihm ermöglichen, seine Zuneigung auf den Vater zu übertragen, der den ersehnten Penis besitzt. Ein weiteres unbekanntes Phänomen führt anschließend dazu, daß sein Verlangen nach dem Penis sich in ein Verlangen nach dessen Produkt, dem Kind, verwandeln wird, und erst jetzt soll es sich endgültig mit der Verstümmelung abgefunden haben und auf dem Weg zu der Passivität sein, die für eine erwachsene Frau angebracht und passend ist.

Was geschieht in Wirklichkeit? Da traditionsgemäß Jungen erwünschter sind als Mädchen, scheint das emotionale Engagement der Mutter für die kleine Tochter oft geringer zu sein als das mütterliche Engagement für den Sohn. Konditioniert durch eben diese Theorie, die sie nun gegen ihre Tochter benutzt, neigt die Mutter dazu, das kleine Mädchen immer wieder darauf hinzuweisen, daß es in der natürlichen Ordnung der Dinge erst an zweiter Stelle kommt. Im Alter von vier oder fünf Jahren, wenn kleine Jungen vergnügt erklären, sie würden, einmal erwachsen, ihre Mutter heiraten, sind die kleinen Mädchen sich bereits bewußt, daß eine solche Mesalliance für sie überhaupt nicht in Frage kommt. Wie werden kleine Mädchen damit fertig? Für Jungen ist es ein «kolossales Scheitern». Was ist es für ein Mädchen? Für Jungen ist es eine Zurückstellung der kindlichen Liebe und Begierde, eine Erweiterung des Verhaltensmusters. Letzten Endes werden sie wiederfinden, was sie verloren haben. Für Mädchen ist es eine radikale Änderung des Verhaltensmusters selbst, eine größere Komplexität, sehr viel verwirrendere Situation, die sie unbedingt klären müssen, denn das einmal Verlorene kann nicht wiedergefunden werden. Wie wird ein kleines Mädchen damit fertig? Wie bewältigt es das Gefühl des Verlusts und Verlassenseins, den Schaden, der dem psychologischen Ich, der empfindlichen Selbstschätzung zugefügt wurde? Wie erträgt es die Ungewißheit über die Bedeutung menschlicher Beziehungen, die durch die Auflösung dieser ersten Beziehung entsteht? Wo sind die emotionalen Krücken, wo ist die von der Gesellschaft sanktionierte Überlegenheit, die es erlaubt, den Verlust zu leugnen, wo sind die Ablenkungen, die den kleinen Jungen zur Verfügung stehen, wenn *sie* aus ihrer ödipalen Krise herauskommen – aus einer Krise, in der ihre fundamental wichtige erste Beziehung zu einem anderen Menschen «kolossal scheitert»? Wie kann ein kleines Mädchen die Aggression kanalisieren, die sich aus der psychischen Verletzung ergibt? Wird die Tochter für äußere Aggressivität belohnt, wird sie darin bestätigt? Wird sie dazu ermutigt, sich beim Spielen den Rock zu zerreißen, selbständig zu sein, die Initiative zu ergreifen, zu lernen, wie die Dinge funktionieren – die Aggression von sich auf andere zu richten, um ihre kleine Umwelt zu meistern?

Wenn sie sehr viel Glück hat, wird sie ermutigt – und oft hilft ihr Vater dabei. Wenn sie weniger Glück hat, rebelliert sie ständig gegen die anderen, die ihr vorwerfen, sie sei ein Wildfang, keine Dame, kein «artiges kleines Mädchen». Wenn sie einfach ein durchschnittliches kleines Mädchen ist, gibt sie in den meisten Fällen auf. Der Schmerz, der mit dem Verlust der Mutter-Tochter-Beziehung verbunden ist, wird durch Verdrängung bewältigt, und auf der bewußten Stufe wird er dadurch bewältigt, daß sie ihre Rolle und ihren Platz als ihr gemäß akzeptiert. Als Mädchen ist man zwangsläufig nicht soviel wert wie ein Junge. In vielen Dingen unzulänglich. Zu anderen nicht imstande oder nicht fähig.

In der Pubertät hat das Wiedererwachen der Sexualität ein Wiedererwachen der Furcht, des Grolls und manchmal des Hasses zur Folge, Gefühle also, die bei dem Versuch auftraten, den Verlust der ersten Beziehung zur Mutter zu bewältigen. Es ist kein «letzter Kampf um Männlichkeit», wie Helene Deutsch behauptete. Es ist allzu oft ein letzter Kampf um Identität im wahrsten Sinn, nämlich die Suche nach Beziehungen, die durch ihre Tiefe und Intensität definieren können, wer man ist, die bestätigen können, was man tut, was man wert ist. Das gilt für den Fall, daß jene erste Beziehung, die das prototypische Schema für die Entwicklung anderer Beziehungen festlegte, unter Zwang beendet wurde, der dem Wachstum einer Identität, welche darin wurzelte, was man tun *konnte*, was man wert *war*, strenge Schranken auferlegte – der das kleine Mädchen letzten Endes in eine Rolle drängte, welche weit weniger Selbstausdruck zuließ als die Rolle des Bruders.

Probleme dieser Art bewältigt sicher niemand bewußt. Sie können verdrängt oder verleugnet werden, um dann bei Phantasien oder Träumen zutage zu kommen, in denen die Rollen häufig auf befriedigende Weise vertauscht sind. Für Mädchen ist die Verdrängung vielleicht der grundlegende Bewältigungsmechanismus. Den Hilfsmechanismus des Leugnens, die Fähigkeit zu sagen, es ist gar nicht so, es ist nicht meine Schuld – eine Fähigkeit, die weitgehend dazu beiträgt, seine Selbstschätzung zu bewahren, müssen sie von sich aus erlernen, während sie dem Bruder von der emotionalen Dynamik in der Familie und durch die traditionelle und sozial anerkannte Bevorzugung von Jungen mitgegeben wird.

In einer wichtigen Zusammenfassung und Diskussion von Untersuchungen über die Psychologie sexuell bedingter Unterschiede veranschaulichen Maccoby und Jacklin[3] die meisten dieser Probleme, und ihre Arbeit liefert überdies noch Einsichten in die unterschiedliche Sehweise von Männern und Frauen in leitenden Stellungen, die wir bereits besprochen haben. Die beiden Wissenschaftler wiesen darauf hin, daß man bisher kaum versucht hat, die unterschiedlichen Selbstvorstellungen von Jungen und Mädchen auf die Entstehung der individuellen Abwehrmechanismen zurückzuführen, zitieren aber Forschungsergebnisse, aus denen mit überraschender Deutlichkeit hervorgeht, wie eng dieser Zusammenhang ist. So haben Jungen bei Bewertungsskalen für «Lüge» und «Defensivität», die messen sollen, wie weit man eine realistische Selbsteinschätzung vermeidet und sich statt dessen in ein positives Licht stellt, höhere Ergebnisse als Mädchen.[4] Jungen offenbaren ihre Gedanken gegenüber Eltern und Kameraden nicht so bereitwillig wie Mädchen und verteidigen ihr Ich, «indem sie sich gegen einen realen oder angenommenen äußeren Gegenstand der Frustration wenden, während Mädchen die Schuld mehr bei sich selbst suchen».[5] Jungen neigen mit anderen Worten weit eher zum Leugnen.

Jungen prahlen auch mehr. Im Alter von sieben bis elf Jahren unternehmen sie häufiger «Versuche, die Aufmerksamkeit auf sich zu lenken, indem sie prahlen oder indem sie lobenswerte oder tadelnswerte Handlungen begehen, die sie in den Mittelpunkt der Aufmerksamkeit rücken sollen».[6] Und Jungen sind viel mehr von ihrer Fähigkeit überzeugt, ihr Schicksal selbst lenken zu können. Das Männlichkeitsklischee der Gesellschaft bekräftigt diese Annahme in vieler Hinsicht, nicht zuletzt durch das, was in der Schule gelehrt wird. In einer 1973 veröffentlichten Untersuchung von Lehrbüchern der Volksschule fanden Jacklin und Mischel folgendes heraus: «... wenn einem Mann in einer Geschichte gute Dinge widerfuhren, wurden sie als Ergebnis seiner eigenen Handlungen hingestellt. Gute Dinge, die einer weiblichen Person (von denen es erheblich weniger gab) widerfuhren, waren eine Folge der Initiative anderer oder erwuchsen einfach aus der Situation.»[7] Jungen halten sich für stärker, beherrschender und einflußreicher als Mädchen und überschätzen ihren Rang in einer «Hierarchie der Härte» deshalb konsequent.[8] Wenn die Jungen älter werden, vergrößert sich ihre Fähigkeit, die angenehme Seite der Dinge zu sehen. «Selbst im Hinblick auf soziale Empfänglichkeit – eine angeblich weibliche Eigenschaft – scheinen junge Männer Bemerkungen über ihre mangelnde Sensibilität nicht zu ‹hören›, und die Einschätzung der eigenen Sensibilität wird kaum von negativer Rückkoppelung beeinflußt... Wenn dieser selektive Filter der Männer ein ziemlich breites Verhaltensspektrum erfaßt, kann dadurch vielleicht das größere Machtgefühl der Männer erklärt werden.»[9]

Bei der Zusammenfassung einer Reihe von Untersuchungen identifizieren Maccoby und Jacklin «typisch männliche» Einschätzungen von Collegestudenten: «größeres Selbstvertrauen bei der Inangriffnahme neuer Aufgaben und mehr Machtgefühl; man ist der festen Meinung, man könne den Ausgang einer Reihe von Ereignissen bestimmen, an denen man beteiligt ist».[10]

Außerdem wurde festgestellt, wie unterschiedlich groß die Neigung junger Männer und Frauen ist, erfolgreiche Erfahrungen der Vergangenheit als Indikator für künftigen Erfolg zu benutzen. Untersuchungen über Studenten und Studentinnen zeigen, daß Männer häufiger als Frauen damit rechnen, gut abzuschneiden, daß sie ihre Leistung positiver beurteilen und daß sie glauben, ihre künftige Leistung würde wenigstens ebensogut und vielleicht besser sein. Frauen, die oft bessere Noten hatten als ihre männlichen Kommilitonen, neigten dennoch häufiger zu der Ansicht, sie würden künftig schlechter abschneiden als in der Vergangenheit.[11]

Zwangsläufig entsteht so die Furcht, schlimmer noch die Gewißheit, Verlust und Enttäuschung zu erleben. Der Abwehrmechanismus, der darin besteht, die Furcht zu mindern, indem man von vornherein damit rechnet, daß das Befürchtete eintritt, lähmt den Glauben an die eigene Fähigkeit und blockiert unweigerlich die individuelle Initiative. Wenn Verlieren und Enttäuschung als Ergebnis der eigenen Handlungen gesehen werden, ist es unendlich einfach, nicht nach Leistung zu streben, sich nicht entscheiden zu müssen, endlos alle seine Möglichkeiten offenzuhalten, so daß man nie etwas zum Abschluß bringt. Und das hat eine doppelte Konsequenz: Nichts wird zum Abschluß gebracht, damit nichts verloren werden kann; da nichts zum Abschluß gebracht wird, kann nichts neu in Angriff genommen werden, was zum Verlieren führen könnte.

Maccoby und Jacklin stellten fest, daß in vielen Untersuchungen noch ein anderer wichtiger Unterschied zwischen Jungen und Mädchen deutlich wurde, der uns nicht weiter überraschen kann. Er besteht darin, daß Mädchen sich den Forderungen von Respektpersonen – zum Beispiel Eltern und Lehrern – bereitwilliger beugen.[12] Jungen neigen weniger dazu, sich zu fügen, und sind gleichzeitig mehr darum bemüht, unter ihresgleichen um Dominanz zu kämpfen.

Damit erheben sich einige interessante Fragen. Sind Mädchen nachgiebiger, weil sie mehr fürchten? Und wenn es Furcht ist – liegen die Wurzeln der Furcht für beide Geschlechter nicht in einer erwarteten Selbstminderung? Ist der psychische Verlust der Mutter der Prototyp für das Gefühl der Selbstminderung? Werden Jungen bei den Versuchen, mit jener ersten Erfahrung der Selbstminderung fertig zu werden, eher psychisch getröstet (der Verlust ist nicht endgültig – was man verloren hat, wird man als Erwachsener wiederfinden) und von der Gesellschaft mehr unterstützt (der kompensatorische Nutzen ist die männliche Überlegenheit mit ihren vielfachen Äußerungsformen) als Mädchen? Werden Jungen infolgedessen weit mehr als Mädchen dazu ermutigt, Abwehrmechanismen aufzubauen, die das Gefühl der Selbstminderung leugnen und gleichzeitig versuchen, ein Gefühl der Kontrolle zu entwickeln?

Bei der Prüfung der vorliegenden Forschungsarbeiten stellten Maccoby und Jacklin ferner fest, daß Jungen nach der Zahl der Kameraden, mit denen sie in Wechselbeziehung treten, und in bezug auf die Abhängigkeit von der Gruppe, ihrem Wertsystem und ihren Aktivitäten, insgesamt weit geselliger sind als Mädchen.[13] In der Kindheit und Pubertät unterstützen Jungen sich in Gruppen und Mannschaften gegenseitig, bestätigen einander in ihrem jeweiligen Rang in der Hierarchie der Freundschaft und Dominanz sowie in dem Streben nach Freiheit von den Zwängen der Autorität und Kontrolle der Erwachsenen. Sie sind nicht so sehr von der Autorität der Erwachsenen abhängig und erlegen sich ein System von Werten auf, das Kooperation und Rivalität einschließt. Sie sind weit mehr als Mädchen um eine Gruppenidentität bemüht, die besonders bei Mannschaftssportarten Gelegenheiten für reale und Ersatzleistungen bietet, das Scheitern in den meisten Fällen aber stückweise und erträglich dosiert.

Alle diese Phänomene sind Ergebnisse des Sozialisationsprozesses, der Entwicklung eines Individuums vom Kind zum Erwachsenen, die in einer Kultur stattfindet, deren Werte selektiv bestimmte Dinge betonen und deren Regeln und Methoden helfen sollen, diese Dinge zu erreichen.

Unser Wertsystem hat die männliche Überlegenheit schon immer betont, unsere Gesetze haben das Wertsystem verkörpert und fangen erst an, sich zu ändern. Die Menschen, Männer wie Frauen, haben es akzeptiert, und Rollen, Beziehungen und individuelle Persönlichkeiten sind von ihm geprägt worden. Die von uns diskutierte unterschiedliche Sehweise von Männern und Frauen in gehobenen Stellungen geht ebenfalls darauf zurück. Die einzigen intellektuellen Unterschiede, die einigermaßen stichhaltig belegt worden sind, bestehen jedoch darin, daß Mädchen im Durchschnitt größere verbale Fähigkeiten haben als Jungen; daß Jungen im Durchschnitt größere visuellräumliche Fähigkeiten haben und daß infolge dieser beiden Unterschiede eine beträchtliche Verwirrung über unterschiedliche mathematische Fähigkeiten herrscht.[14]

Auf einer ganz anderen Stufe ist ein dritter Unterschied nachgewiesen worden, der etwas mit der hormonal bedingten *körperlichen* Aggression zu tun hat, die bei Jungen größer ist als bei Mädchen. Es dürfte schwerfallen, diesen spezifischen Unterschied klarer auszudrücken als Maccoby und Jacklin: «Die Aggression ist vielleicht das wichtigste Instrument, mit dem Affen und kleine Jungen einander beherrschen (obgleich selbst hier die Fähigkeit, Bündnisse zu bewahren, eine Rolle spielt). Die (körperliche) Aggression ist aber gewiß nicht die verbreitetste Methode, mit der reife menschliche Wesen nach Führerschaft streben.»[15]

Unter diesem Aspekt müssen die Ergebnisse unserer Fragebögen, die Gefühle, Wahrnehmungen und Einstellungen der in leitender Stellung tätigen Frauen, die wir befragt und mit denen wir gearbeitet haben, gesehen und verstanden werden. Die Hauptprobleme liegen in der verletzten Selbstschätzung und in der Unfähigkeit, den Schmerz zu leugnen, was den Männern durch kompensatorische Vorteile ermöglicht wird. Alle diese Probleme wurzeln in der Vergangenheit und werden für viele Frauen zum Bestandteil der akzeptierten Definition der «Weiblichkeit». Sie fühlen diese Weiblichkeit, kämpfen mit ihr, wehren sich gegen sie und funktionieren sie um in ein Streben nach Legitimation, Sicherheit, Klarheit, Gewißheit und Ordnung. Selbst der Stil wird festgelegt. Schon viel früher wurden der

Selbstausdruck, die Möglichkeit, sich selbst auszudrücken, begrenzt, wurden Rollen auferlegt – und das Verhaltensmuster wiederholt sich: «Ich kann das nicht, weil ich es noch nie gemacht habe.» Oder: «Ich kann das nicht, weil Frauen es noch nie gemacht haben.» Die Wahrscheinlichkeit des Scheiterns erscheint unmäßig groß – der Preis für das erste Scheitern war enorm –, und das Risiko wird infolgedessen als ein Negativum betrachtet. Die Aggression wird gegen das Ich gerichtet und durch Rückprojizieren auf eine Umwelt bewältigt, die man als bedrohlich und feindselig erfährt. Das mag man so empfinden, vielleicht ist es aber nicht so. Das Problem liegt darin, daß man es glaubt – und danach zu handeln geneigt ist.

Was sollen wir nun tun? Gibt es eine Lösung, oder wurden die bestehenden Schwierigkeiten nur immer wieder betont?

Die Antwort ist eindeutig – jede Frau muß erkennen, in welchem Ausmaß einige oder alle diese Probleme sie beeinflussen und, was noch wichtiger ist, aus welchem Grund. Das ist der erste Schritt, um sich von den stillschweigenden Erwartungen von *sich selbst* zu distanzieren, die inzwischen so alt, so hartnäckig, scheinbar so stimmig und erwiesen sind, daß sie nicht einmal mehr in Frage gestellt werden. Diese Erwartungen erwuchsen aus einer anderen Realität, einer Gefühlswirklichkeit der Vergangenheit, und man reaktiviert jene Realität so sehr, daß man unwillkürlich meint, man sei gezwungen, so zu handeln. Wie schwer ist es, sagen zu können: «So war es früher. So fühlte ich früher. So dachte ich früher. So handelte ich früher. Ich tue es heute noch – und ich habe noch nie darüber nachgedacht.» Wie schwer ist es, damit zu rechnen, daß man weiterhin so fühlen, denken und handeln wird – und dann aufzuhören und die Folgen dieses Fühlens, Denkens und Handelns zu erwägen? Man kann sich bei dem Versuch, die Folgen herauszufinden, fragen: Ist man sich darüber klar, was man erreichen will, und wenn, warum, oder reagiert man einfach weiter so wie früher? Wer sind die daran beteiligten Leute? Wie sehen sie einen? Wie sehen sie sich selbst – was wollen *sie* aus der Situation herausschlagen? Und, was möglicherweise das Allerwichtigste ist, was will *man selbst?* Nicht nur kurzfristig, sondern auch auf lange Sicht?

Im zweiten Teil dieses Buches werden wir uns ausführlicher mit einer Gruppe von fünfundzwanzig ungewöhnlichen Frauen in leitenden Stellungen beschäftigen, deren Stärke vor allem in ihrer Fähigkeit lag, das Langfristige zu sehen und das, was sie wollten, zu definieren.

Wir werden erfahren, daß sie aus ungewöhnlichen Verhältnissen kamen und in Familien groß wurden, in denen man viel Wert auf die Fähigkeit legte, etwas zu erreichen oder zu leisten. Wenn wir ihr Leben verfolgen, werden wir jedoch nicht versuchen, sie als Vorbild für irgend jemanden hinzustellen. Ihre Herkunft war in mancher Beziehung ungewöhnlich, sie traten in einer ungewöhnlichen Zeit ins Berufsleben ein und rückten während des Zweiten Weltkriegs in das mittlere Management auf – also in einer Zeit, in der zahlreiche männliche Amerikaner außer Land waren, so daß amerikanische Frauen plötzlich viel mehr Chancen hatten. Das Interessante an ihnen ist weniger ihr Leben als Ganzes als die einzelnen Faktoren, die dieses Leben bestimmten. Ihre Erfahrung hilft Frauen, die sich mit den Problemen einer gehobenen Laufbahn in der Wirtschaft herumschlagen, unternehmensbezogene Prioritäten und Erwartungen zu erkennen. Wenn man diese Prioritäten und diese Erwartungen nicht versteht, kann man auch nicht entscheiden, ob man sie akzeptieren oder ablehnen will, ob man versuchen wird, sie zu ändern, ob man mit ihnen fertig wird oder sich von ihnen fertigmachen läßt.

Teil II

5
Fünfundzwanzig Frauen, die es schafften

Im ersten Teil haben wir versucht zu erklären, inwiefern und warum Männer und Frauen in mittleren und leitenden Stellungen ihre Arbeit, ihre Karriere, ihre Organisation und die Leute, mit denen sie arbeiten, unterschiedlich betrachten. Wir haben gesehen, daß Männer beim Eintritt in die Firma ein besseres, stärkeres und definitiveres Verständnis dafür mitbringen, welchen Kurs sie einschlagen werden, wie sie handeln müssen und was sie einkalkulieren müssen, um die Ziele zu erreichen, die sie sich gesetzt haben. Wir haben gesehen, daß Frauen im Gegensatz dazu viel seltener die Einsichten, Erkenntnisse und Fertigkeiten mitbringen, die die Männer von Kindheit an erworben und miteinander entwickelt haben – eine erlernte, durch kulturelle und soziale Gegebenheit erworbene Geisteshaltung, die den Männern eine unmittelbare Vorgabe verschafft, wenn sie Managementpositionen antreten.

Wir haben gesehen, daß Frauen eine andere Geisteshaltung mitbringen. Wir haben die kulturellen, sozialen und besonders die psychologischen Erklärungen für die Unterschiede gesucht, und wir sind uns genau bewußt, daß diese Erklärungen für sich genommen womöglich nur dazu dienen, die Ansicht zu bestätigen, daß es «so ist und so war und immer so sein wird». Man weiß, daß es Unterschiede gibt und teilweise auch, warum. Und man weiß, daß Männer weit besser auf die neue Umwelt vorbereitet und viel mehr auf Leistung motiviert sind als Frauen, wenn sie ihre Karriere im Management beginnen. Wer kann da behaupten, daß es anders sein könnte und wenn, wie?

In den nächsten Kapiteln werden wir versuchen, diese Fragen zu beantworten. Zunächst werden wir uns eingehend mit den fünfundzwanzig Frauen beschäftigen, die mit großem Erfolg Führungspositionen in Wirtschaftsunternehmen der Vereinigten Staaten innehatten und innehaben.[1] Die innere Einstellung dieser Frauen, die seinerzeit absloutes Neuland betraten, steht in einem deutlichen

Kontrast zur Geisteshaltung der berufstätigen Frauen, über die wir im ersten Teil sprachen. Man findet in dem Leben der fünfundzwanzig einen klaren Beweis für die These, daß weit mehr Frauen die im ersten Teil angeschnittenen Probleme berücksichtigen und bewältigen mußten – und sogar einen klareren Beweis dafür, daß davon die Fähigkeit, die höchsten Sprossen der Verantwortung zu erklettern, weitgehend abhängt.

Im dritten Teil möchten wir die zukünftige Entwicklung betrachten. Die meisten Frauen werden nicht die Stärke und Entschlossenheit der fünfundzwanzig mitbringen, wenn sie ins Berufsleben eintreten, und sie werden auch nicht den Preis zahlen wollen, den diese zahlen mußten. Und doch gibt es eine ganze Menge, was Frauen tun *können*, um in der Welt der Firma besser zu bestehen. Frauen, die das einsehen und danach handeln, werden die Erwartungen und Einstellungen der Männer im Betrieb zwangsläufig beeinflussen, und ebenso zwangsläufig werden sie Ansichten und Erwartungen beeinflussen, die den traditionellen Rollen der Frauen in der Familie und der Gesellschaft zugrunde liegen.

Als Margaret Hennig ihre Untersuchung über diese fünfundzwanzig Frauen beendete, waren die Ergebnisse der amerikanischen Volkszählung von 1970 noch nicht verfügbar. Die Volkszählung von 1960 lieferte deshalb die Ausgangszahlen, die zeigten, daß sich unter den 1,2 Millionen Beamten, leitenden Angestellten und Eignern, die jährlich 10000 Dollar und mehr verdienten, nur 25000 Frauen befanden. Frauen machten also nur 2 % der Bevölkerungsgruppe aus, die diesen Betrag oder mehr verdiente. Von den genannten 25000 Frauen war etwa die Hälfte in der Einzelhandelsbranche beschäftigt, ein Viertel arbeitete bei Versicherungsunternehmen, und knapp 3000 waren in Banken tätig. Die übrigen, insgesamt etwa 3500 Frauen, waren auf *alle* anderen Wirtschaftszweige verteilt.

Fünfundzwanzig Frauen, die alle im Rang von Generaldirektoren oder stellvertretenden Direktoren bei Firmen mit nationaler Bedeutung beschäftigt waren, erklärten sich zur Zusammenarbeit bereit und ermöglichten die Untersuchung. Sie sind in vieler Hinsicht als Pioniere zu betrachten – nicht nur, was ihre ungewöhnliche Leistung angeht, sondern auch in bezug auf die Schwierigkeiten, die sie überwanden, und den Preis, den sie zahlten, um ein Gebiet zu erschließen, das für sie und alle Frauen Neuland war.

Um persönliche Voreingenommenheiten bei der Auswahl der fünfundzwanzig Frauen zu vermeiden, wurden drei Managementexperten gebeten, ein unabhängiges Auswahlkomitee zu bilden. Diese drei unparteiischen Richter trafen ihre Wahl nach Listen aus «Who's Who in American Women», aus den Biographien der Mitglieder des Nationalen Verbandes berufstätiger Frauen, aus den Mitgliederverzeichnissen anderer nationaler Organisationen berufstätiger Frauen sowie unter den leitenden Angestellten aus den Geschäftsberichten der fünfhundert größten amerikanischen Unternehmen, die das Wirtschaftsmagazin *Fortune* jährlich ermittelt. Die unparteiischen Experten wurden gebeten, bei ihrer Wahl nur die Frauen zu berücksichtigen, die als Führungskräfte ihrer Meinung nach folgende Voraussetzungen erfüllten:

1. Seit längerer Zeit regelmäßig ganztägig beschäftigt – in Stellungen, die insgesamt eine fortschreitende Karriere bildeten oder zu einer solchen gehörten (ohne verwandschaftliche Beziehungen zu den Besitzern oder irgendwelchen leitenden Angestellten des Unternehmens).
2. Gegenwärtige Position im Rang eines Vizepräsidenten oder Präsidenten eines Unternehmens oder im Rang eines Geschäftsführers einer Firma bzw. Leiters einer großen Abteilung.
3. Angestellt bei einer Firma, die man als mittleres oder großes Unternehmen bezeichnen kann, das auf seinem Gebiet allgemein anerkannt wird.
4. Weitergehende Befugnisse, möglichst auch Anleitung und Beaufsichtigung von Männern.
5. Keine Position oder Branche, die im allgemeinen als «typisch weiblich» betrachtet wird.*

Nach diesen Kriterien suchte das Komitee etwa hundert Frauen aus, die dann angeschrieben wurden. Einige antworteten nicht, andere verweigerten die Mitarbeit, eine ganze Reihe schied wegen beruflicher oder privater Veränderungen aus, deretwegen sie eine oder mehrere der genannten Voraussetzungen nicht mehr erfüllten, und einige waren nicht richtig ausgesucht worden. Schließlich blieben fünfunddreißig Frauen übrig, die zur Mitarbeit bereit waren und den Kriterien entsprachen.

Neun waren im Vorstand oder Geschäftsführer von Unternehmen, und die anderen leiteten mehr oder weniger große Abteilungen. Fünf-

* Wie zum Beispiel der Einzelhandel oder die Kosmetikbranche.

undzwanzig lebten und arbeiteten an der Ostküste, der Rest in anderen Teilen der USA. Da es am Ende nicht möglich war, in die betreffenden Bundesstaaten zu reisen, um die Interviews zu machen, beschränkte man sich schließlich auf die fünfundzwanzig Frauen von der Ostküste.

Wegen der exploratorischen Art der Studie wandte man sich erst nach Beendigung einer Piloterhebung an die fünfundzwanzig Frauen. Die Testpersonen der Pilotuntersuchung waren die Frauen aus den anderen Regionen der Vereinigten Staaten, die bei der endgültigen Arbeit nicht berücksichtigt werden konnten. Sie wurden gebeten, das zu beschreiben, was sie an ihrem Leben und ihrer Laufbahn für wichtig und relevant hielten. Sie wurden gefragt, was ihrer Meinung nach am meisten zu ihrem Erfolg beigetragen und was die größten Probleme geschaffen habe. Außerdem wurden sie gebeten, den ersten Entwurf des Fragebogens auszufüllen, der später bei den fünfundzwanzig Frauen benutzt werden sollte.

Anschließend wurden die fünfundzwanzig Frauen, z. T. dreieinhalb Stunden lang, interviewt. Die Fragen waren vorher nicht festgelegt worden, doch die Interviewer achteten darauf, daß die wichtigsten Aspekte der Untersuchung behandelt wurden. Die Frauen schrieben einen autobiographischen Bericht, und nach Beendigung der Interviews wurden ihnen Fragebogen vorgelegt, um Faktoren wie Alter, Familienhintergrund, Ausbildung, genaue Beschreibung der gegenwärtigen Position und berufliches Vorankommen zu verifizieren; außerdem wurde gefragt, als wievieltes Kind sie geboren wurden.

Später wurde der Fragebogen drei anderen Gruppen von Frauen vorgelegt, um Vergleichsmöglichkeiten mit der Gruppe der fünfundzwanzig zu erhalten. Diese Vergleichsdaten waren nicht alle unmittelbar relevant, bestätigten jedoch die große Verbreitung bestimmter Hintergrundmerkmale, die wir bei den fünfundzwanzig herausgefunden hatten.*

Bei diesen anderen, später befragten Gruppen handelte es ich um 1. fünfundzwanzig Frauen, die etwa so alt waren wie unsere Hauptgruppe, aber noch im mittleren Management arbeiteten; 2. fünfundzwanzig Frauen, die an der Harvard Business School in Betriebswirt-

* So waren zum Beispiel alle fünfundzwanzig Erstgeborene, die meisten Frauen in den Vergleichsgruppen ebenfalls.

schaft (Business Administration) graduiert hatten; 3. fünfundzwanzig Frauen im letzten Studienjahr, die am Simmons College in Betriebswirtschaft graduieren wollten.

Zuletzt befragte man noch zusätzlich eine Gruppe von fünfundzwanzig Frauen, die der ursprünglichen Gruppe der fünfundzwanzig in sozialen Voraussetzungen, Ausbildung und Berufserfahrung im mittleren Management weitgehend entsprachen und sich von dieser nur dadurch unterschieden, daß sie ihre berufliche Laufbahn an jenem Punkt aufgegeben hatten. Wir wollten herausfinden, warum sie das getan hatten. Die Interviews sollten klären, ob zwischen der Kindheit, den Collegeerfahrungen und den frühen Berufserfahrungen dieser Frauen und der Hauptgruppe von fünfundzwanzig Frauen irgendwelche signifikanten Unterschiede bestanden. Wenn ja, hätte das zur Beantwortung der Frage beitragen können, warum die fünfundzwanzig imstande gewesen wären, über das mittlere Management hinauszukommen.

Die über die Hauptgruppe der fünfundzwanzig gesammelten Daten fielen in fünf Zeiträume: 1. Kindheit; 2. Adoleszenz; 3. College; 4. erstes Berufsjahrzehnt; 5. Erreichen des Berufsziels.

Die Gründe für diese Gliederung liegen auf der Hand. Ereignisse und Erfahrungen aus der Kindheit und Adoleszenz oder Pubertät spielen eine wesentliche und beständige Rolle in der Reifezeit eines Menschen. Für die fünfundzwanzig Frauen, die Führungspositionen in einer Welt einnahmen, die noch weitgehend als Männerwelt einzustufen war, waren diese Zeiträume besonders wichtig, da Geschlechtsidentifizierung und Rollenbildung vor allem dann stattfinden.

Die Collegezeit und das erste Berufsjahrzehnt wurden für die Untersuchung ausgewählt, weil erfahrungsgemäß berufliche Entscheidungen aus der Studienzeit in den ersten Berufsjahren wiederholt in Frage gestellt und überprüft werden.[2]

Der letzte Zeitabschnitt, der die Jahre seit Erreichen des Berufsziels umfaßt, wurde deshalb ausgewählt, weil die Ergebnisse der Pilotererhebung vermuten ließen, daß deren 10 Testpersonen sich in ihren Sorgen, ihrer definierten Selbsteinschätzung, ihren Idealen und den Verhaltensstilen, die sie offenbar befolgten, sehr von den Frauen aus dem mittleren Management und den Graduierten der Harvard Business School unterschieden, die wir ebenfalls befragten. Nach den ersten zehn Jahren im Beruf schien mit diesen Frauen etwas geschehen zu sein, was sie von Grund aus verändert hatte. Was geschah und warum und wann, sollte durch die Untersuchung der fünfundzwanzig geklärt werden.

Die Studie wurde linear durchgeführt. Zuerst wurden die frühen Lebensabschnitte der fünfundzwanzig Frauen auf möglichst breiter Grundlage analysiert. Wir suchten im wesentlichen nach Dingen, die sie alle erlebt oder durchgemacht hatten, wobei wir von der Annahme ausgingen, daß gemeinsame frühe Erfahrungen zu der Erklärung beitragen könnten, warum die Frauen schließlich ihren späteren Beruf wählten. Außerdem war es möglich, daß diese Erfahrungen zu dem später von ihnen erreichten Erfolg beigetragen hatten. Diese Befragung umfaßte zeitlich noch das Ende der Pubertät, und dann richtete sich die Analyse auf die Zeit der Berufswahl und des Berufseintritts. Hier wollten wir in erster Linie herausfinden, wie und warum diese Frauen dazu kamen, eine Karriere im Management anzustreben, wie der Entscheidungsprozeß ablief und auf welche Weise ihre frühen Lebenserfahrungen darauf Einfluß hatten. Wir wollten ihre Selbsteinschätzung, ihre eigenen Idealvorstellungen verstehen und erkennen, welche Verhaltensstile sich in ihren Karrierejahren daraus ergeben hatten, wie sie die eigene Persönlichkeit und die von ihnen gespielte Rolle sahen.

Die Begriffe Selbsteinschätzung und eigene Idealvorstellung wurden einfach so gebraucht: Selbsteinschätzung bezog sich auf das Bild, das eine Frau damals von sich hatte, also darauf, wer oder was sie ihrer Meinung nach war. Eigene Idealvorstellung bezog sich auf das, was sie gern werden wollte. Der Nutzen einer Idealvorstellung liegt darin, daß sie dem Betreffenden Ziele für seine Weiterentwicklung und sein Fortkommen liefert. Wie alle Zielvorstellungen wird auch diese schon vor dem Erreichen in den meisten Fällen höher gesteckt, und man beginnt von neuem, sich ihr zu nähern. Andererseits werden die Menschen mit der Zeit realistischer, und die Zielvorstellungen, die sie sich aussuchen, werden praktischer und weniger von Wunschbildern beeinflußt.

Besonders wichtig für die Definition der realistischen Situation einer weiblichen Führungskraft ist die Notwendigkeit, mit den kulturell und sozial bedingten Voreingenommenheiten fertig zu werden, denen sie bei der Arbeit begegnet. In der Laufbahn der fünfundzwanzig Frauen gab es zwei Stationen, an denen sich diese Voreingenommenheiten als entscheidend erwiesen: die Berufswahl selbst und der

Berufseintritt und der Zeitpunkt, an dem sie die höchste Stufe ihrer Karriere erreichten. Bei der ersten Station geht es darum, die Arbeit zu bekommen, bei der zweiten um das Problem, die Arbeit zu meistern. Es war zu erwarten, daß die fünfundzwanzig am Arbeitsplatz jederzeit mit diesen Voreingenommenheiten leben und sich ihnen anpassen mußten, doch die Voreingenommenheiten würden sich an den beiden genannten Stationen mit fast hundertprozentiger Gewißheit am schwerwiegendsten auswirken. Das folgende Schaubild liefert einen Rahmen für die Methoden, mit deren Hilfe die fünfundzwanzig Frauen das Problem der Voreingenommenheiten bewältigt haben könnten, denen sie sich gegenübersahen:

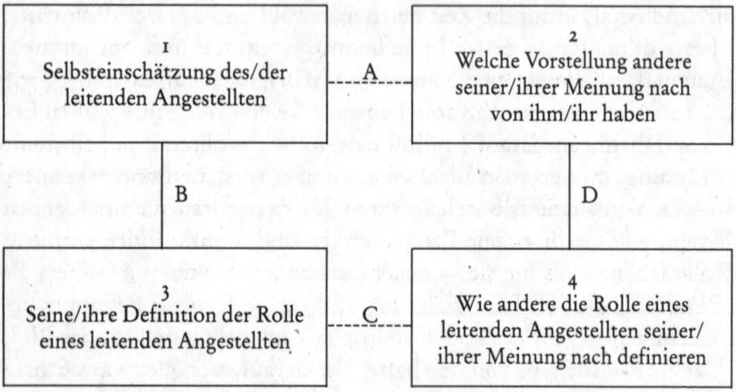

Diese vier Dinge sind miteinander verknüpft, aber die mit A, B, C und D markierten Beziehungen sind besonders wichtig. Für Männer wäre die Beziehung A außerordentlich bedeutsam, und Unvereinbarkeiten in Beziehung B würden zu Schwierigkeiten für alle Beteiligten führen. Ähnlich könnten Schwierigkeiten in Beziehung C für Männer und Frauen Probleme im Verhältnis zu Kollegen und Mitarbeitern schaffen. Bei jeder der drei Beziehungen kann eine Frau durchaus erwarten, etwa in gleichem Maß Erfolge und Schwierigkeiten zu erleben wie ihr männlicher Kollege. Bei Beziehung C ergibt sich jedoch zum erstenmal die Möglichkeit, daß Probleme nur deshalb entstehen, weil sie eine Frau ist, und diese Probleme können in Beziehung D offenkundig werden.

An jenem Punkt, an dem die Vorstellung anderer Leute von einer bestimmten Frau und ihren Vorstellungen von der Rolle eines leitenden Angestellten miteinander vereinigt werden müssen, neigt die Frau dazu, ihre Individualität zu verlieren und *irgendeine* Frau zu werden. Da die Rolle des leitenden Angestellten von vielen Leuten (Männern und Frauen) als eine ausschließlich männliche Rolle gesehen wird, betrachtet man die betreffende Frau, ganz gleich, wer sie ist, zuerst und vor allem als eine *Frau*. Infolgedessen sieht man in allzu vielen Fällen und wegen fundamentaler Identitätsfragen kaum eine Vereinbarkeit zwischen ihr und der Führungsposition.

Das ist ein Problem, mit dem Männer in Organisationen nie konfrontiert werden. Ein Mann mag zwar feststellen, daß andere ihn nicht für die richtige Person für einen bestimmten Posten halten, doch er steht nie vor dem Problem, daß andere glauben, er sei nicht die richtige Person, nur weil er ein Mann ist. Sie dagegen ist oft «nicht die richtige Person für den Job», weil sie eine Frau ist, und man hat nur selten an die Schädigung ihres Selbstvertrauens gedacht, die ihr durch diese Unvereinbarkeit zugefügt wurde. Wer *ist* sie? Wenn es zum Beispiel in Beziehung A eine Unvereinbarkeit zwischen der Selbsteinschätzung der leitenden Angestellten und ihrer Meinung darüber gibt, wie andere sie sehen, hat das unter anderem Unruhe, Sorge, Angst zur Folge. Ihr Selbstvertrauen wankt. Vielleicht ist sie gar nicht die, als die sie sich sieht, da andere sie nicht so sehen. Bei Beziehung B – der Beziehung zwischen der Art, wie sich die leitende Angestellte sieht, und der Art, wie sie die Rolle eines leitenden Angestellten definiert – trägt eine Vereinbarkeit mit ihrem Vertrauen an die eigene Fähigkeit dazu bei, den Posten auszufüllen. Eine Unvereinbarkeit schadet nicht nur ihrem Selbstvertrauen, sondern auch den eigenen Zielvorstellungen, die sie zu entwickeln versucht hat. Vielleicht ist die Arbeit Männersache. Vielleicht tat sie falsch daran, sie in Erwägung zu ziehen. Vielleicht sollte sie ihre Ziele und Hoffnungen und Wünsche auf etwas Passenderes richten. Ihr Image von sich selbst als potentiell erfolgreiche Führungskraft wird weitgehend modifiziert, wenn nicht fallengelassen.

Dieses Problem, das für Frauen in Unternehmen grundlegend ist, läßt sich wahrscheinlich besser an einem Beispiel darstellen. Nehmen wir einmal an, Jane Smith hat eine vergleichsweise klare Vorstellung von sich und ihren Fähigkeiten. Sie sieht, was andere in Wirklichkeit von ihr halten, und sie findet eine Vereinbarkeit vor. Eine Führungsposition wird frei, die ihrer Meinung nach eine echte Chance für sie sein könnte. Sie kann den Posten ausfüllen, und sie möchte ihn haben.

Er ist mit der Person vereinbar, als die sie sich sieht. Sie diskutiert die Anforderungen der Position mit einer Reihe von Führungskräften des Unternehmens und stellt fest, daß diese sie und die Arbeit mit geringfügigen Abweichungen so sehen wie sie selbst. Sie glaubt nun, daß sie eindeutig imstande ist, die Stelle auszufüllen. Es wird befriedigend und lohnend sein und ihr eine Chance zum weiteren Vorankommen und zur persönlichen Weiterentwicklung geben. Sie beschließt, sich um die Stelle zu bewerben. Man sagt ihr, sie komme noch nicht einmal in die engere Wahl. Wie wird sie damit fertig? Sie scheint auf den ersten Blick kaum etwas tun zu können, um eine Änderung herbeizuführen.

Und doch gibt es in diesem Land einige außerordentlich erfolgreiche weibliche Manager, darunter unsere fünfundzwanzig. Wie konnten sie dieses Problem und seine Ursachen bewältigen? Was taten sie, um eine Änderung herbeizuführen? Daß sie irgend etwas getan haben müssen, liegt auf der Hand, weil es sehr schwierig ist, einen meßbaren Erfolg zu haben, wenn man keine Übereinstimmung findet zwischen der Art, wie man von anderen gesehen zu werden glaubt, und der tatsächlichen Rolle, die man spielt.

Die Antworten auf diese Frage sollten einen wichtigen Schlüssel zum Verständnis der Leistung unserer fünfundzwanzig Frauen liefern. Sie liefern außerdem die logische Begründung dafür, daß diese Untersuchung auf den Wahrnehmungen der leitenden Angestellten und nicht auf irgendeiner anderen Maßeinheit beruht, die möglicherweise ein objektiveres Bild der Realität ergeben hätte. Wenn eine Frau in einer Führungsposition Erfolg haben will, muß sie unter Umständen in all diesen Beziehungen eine Übereinstimmung sehen, gleichgültig, ob diese für andere tatsächlich existiert oder nicht.

Das wirft die Frage nach dem Verhaltensstil auf. Auch dieser Begriff wurde in ganz einfacher Bedeutung benutzt. Er bezieht sich auf ein bestimmtes Verhalten in einer beruflichen Situation, das zum Erfolg dieser Frauen als Führungskräfte beizutragen schien. Untersuchungen über das Verhalten männlicher Führungskräfte haben ergeben, daß Direktoren und Vizedirektoren von Unternehmen etwa zwei Drittel bis drei Viertel ihrer Zeit zwischenmenschlichen Beziehungen in irgendeiner Form widmen. Sie müssen mit mindestens fünf Gruppen in Interaktion treten: Vorgesetzte, Kollegen, Nachwuchskräfte, andere Beschäftigte und Kunden. Dazu kommen noch all die «anderen» im Berufs-und Privatleben. Da das entscheidende Problem für eine Frau darin bestehen kann, andere Leute zu veranlassen, eine

Frau auch in einer höherrangigen Rolle zu akzeptieren, die bis dahin als männliche Domäne galt, ist der Verhaltensstil für weibliche Führungskräfte ein noch bedeutsamerer Faktor als für männliche.

Der Verhaltensstil eines Menschen ist natürlich mehr als Verhalten. Er umfaßt die allgemeine Art, wie ein Mensch sich bei ähnlichen Anforderungen und in ähnlichen Situationen gewöhnlich verhält. Die typischen Antworten der berufstätigen Männer und Frauen, die wir im ersten Teil diskutiert haben, lassen beispielsweise sehr unterschiedliche Bilder der Betreffenden entstehen. Wenn wir die Antworten der Männer in Verhaltensstile übersetzen, sehen wir Menschen vor uns, die klarere Ziele zu haben scheinen, die die offizielle und inoffizielle Arbeitsweise von und in Organisationen besser zu verstehen scheinen, die anscheinend eher darauf vorbereitet sind, den Preis zu zahlen, der für berufliches Vorankommen verlangt wird, die sich alles in allem besser mit der betrieblichen Umwelt arrangieren können. Wenn wir an die Antworten der Frauen denken, tritt uns ein anderes Bild vor Augen. Es ist zweifellos verschwommener, ungewisser, was die Umwelt betrifft.

Die Reaktionsmuster, die von den einzelnen Menschen entwickelt werden, dienen sowohl bewußten als auch unbewußten Zielen, und es kann zum Konflikt kommen, wenn diese beiden Zielgruppen verschieden sind und man nicht versucht, den Unterschied zutage zu fördern und mit ihm fertig zu werden. In einer solchen Situation wird der Verhaltensstil eines Menschen oft starr, weil der Betreffende die tiefwurzelnde Angst bewältigen möchte, die der Konflikt freilegt. Er oder sie reagiert weniger auf die Forderungen einer gegebenen Situation und mehr auf innere Zwänge, sich auf vorbestimmte, festgelegte Art zu verhalten. Das soll nicht heißen, daß man keine grundlegenden, beständigen Verhaltensstile entwickeln soll. Aber die Kunst liegt darin, seinen grundlegenden Stil den Forderungen bestimmter Situationen anzupassen und entsprechend zu modifizieren.

Bei der Analyse der Gruppe von fünfundzwanzig Frauen ging es also um die Gemeinsamkeit von Erfahrungen, den Prozeß der Berufswahl, die Selbsteinschätzung und eigene Zielvorstellungen und schließlich um die Verhaltensstile, die sie entwickelten, um mit der kulturell und sozial bedingten Voreingenommenheit fertig zu werden, die ihr Leben in der Firma zusätzlich erschwerte.

Als Gruppe waren diese Frauen eindeutig «anders», und es herrscht die weitverbreitete Ansicht, ein solches Anderssein sei negativ. Das Klischee sieht die weibliche Führungskraft im allgemeinen unfeminin – sie gilt als aggressiv, maskulin, hart, kalt und nicht begehrenswert für Männer. Ein auf Grund eines solchen Standpunktes entwickeltes Theorem würde lauten, eine erfolgreiche Frau könne keine erfolgreiche *weibliche* Führungskraft sein, und eine erfolgreiche weibliche Führungskraft könne nicht erfolgreich als Frau sein. Viele Männer – und Frauen – sind mehr oder weniger insgeheim dieser Ansicht. Eine andere weitverbreitete Ansicht besagt, Frauen seien in biologischer Hinsicht nicht für leitende Funktionen geeignet, und das diesbezügliche Theorem würde zweifellos lauten, wer als weibliche Führungskraft Erfolg haben wolle, müsse in biologischer Beziehung weniger Frau sein. Auch das ist die Meinung vieler Männer – und Frauen. Jedenfalls wird die Abweichung von der «durchschnittlichen» Frau üblicherweise als negativ angesehen.

Zweifellos *sind* die fünfundzwanzig befragten Frauen anders. Sie unterscheiden sich von dem Durchschnittstyp amerikanischer Frauen. Statt Klischees, stillschweigende Annahmen und auf ihnen beruhende Urteile zu akzeptieren, worin die Unterschiede bestehen könnten, ist es sicher nützlicher, die Unterschiede zu identifizieren, zu klären, wie sie entstanden und ob sie diesen Frauen halfen, ein Leben zu führen, das ihrer Meinung nach befriedigend und lohnend war.

In jedem Lebensabschnitt mußten entscheidende Beziehungen entstanden sein, mußten entscheidende Ereignisse stattgefunden haben, mußten entscheidende Probleme aufgetaucht und von diesen Frauen bewältigt worden sein. Wie waren sie? Wie behandelte man sie als Kinder und Heranwachsende, als sie das College besuchten, als sie die ersten Jahre berufstätig waren und als sie ihr berufliches Ziel erreicht hatten? Wie wirkten sich die entscheidenden Beziehungen, Ereignisse, Probleme und Fragen eines Lebensabschnitts auf die folgenden aus? In welchem Ausmaß beeinflußten die Ereignisse eines Lebensabschnitts die allgemeine Entwicklung ihrer beruflichen Laufbahn? Gab es entscheidende Probleme, die in allen Abschnitten auftraten, und wie verhielten sie sich zu der Entwicklung der individuellen Persönlichkeit und zur Reife?

Die Suche nach Antworten auf diese Fragen bewegte sich bald auf unbekanntem Boden. Als Ausgangspunkt wurden die früheren Ergebnisse anderer Wissenschaftler benutzt:

> Vor einigen Jahren kamen wir zu dem Schluß, daß man für die berufliche Entwicklung von Männern und Frauen getrennte Theo-

rien benötigte... Heute gelangen wir zu der Ansicht, daß der Standpunkt, den eine Frau zu ihrer geschlechtlichen Rolle bezieht, für ihre berufliche Laufbahn sehr wichtig ist.[3]

Die meisten Untersuchungen über psychische Merkmale und beispielsweise Berufstätigkeit beschäftigen sich mit Männern, und wenn überhaupt Frauen einbezogen werden – was häufig nicht der Fall ist –, liegt der Akzent darauf, in welchem Ausmaß sie sich von Männern unterscheiden.

In unserer Studie waren andere Frauen – nicht Männer – die Norm, und eine wichtige Frage war, warum und wie die fünfundzwanzig Testpersonen fähig gewesen waren, ihre außerordentlich verantwortungsvollen Positionen in einer Zeit zu erreichen, in der es weder gesetzliche noch soziale Druckmittel gab, die ihnen helfen konnten. Was hatten sie als Menschen an sich – was war Besonderes an ihrer Erfahrung, ihrem Verhalten und der Umwelt, in der sie lebten und arbeiteten –, das ihnen ermöglichte, in einer Welt Erfolg zu haben, die damals noch weit mehr als heute als «Männerwelt» definiert wurde? Worin bestanden ihre persönlichen Erfolge, worin ihre unvermeidlichen persönlichen Niederlagen?

Wir setzten voraus, daß ihre Berichte über ihre Erfahrungen die besten Antworten auf die gestellten Fragen geben würden.

Ein wichtiges Ziel bestand darin, ihre private Wirklichkeit nach einem gemeinsamen Nenner abzuklopfen, der zu einem allgemeineren Verständnis des vielschichtigen Problems der beruflichen Entwicklung von Frauen führen würde.

6
Kindheit

Bei ihrer Untersuchung der Frauen, die 1963/64 an der Harvard Business School in Betriebswirtschaft graduierten, stellten Hennig und Hackman eine besonders ausgeprägte Regelmäßigkeit im familiären Hintergrund der Testpersonen fest: zwanzig der fünfundzwanzig waren entweder das älteste oder einzige Kind; fünf waren zwar keine Erstgeborenen, doch bei näherer Betrachtung zeigte sich, daß ihre Erfahrungen denen eines erstgeborenen Kindes glichen, und zwar aus vielen Gründen: Tod des ältesten Bruders oder der ältesten Schwester, ein großer Altersunterschied zwischen der Testperson und einem älteren Kind oder Veränderungen in der Familie, zum Beispiel durch Scheidung, die das jüngere Kind in die Position des einzigen Kindes rückten. Alle hatten ein extrem gutes Verhältnis zu ihrem Vater gehabt und zusammen mit ihm an einer ungewöhnlich breiten Skala traditionell männlicher Aktivitäten teilgenommen, und das schon ab einem sehr frühen Alter. Sie glaubten, daß ihre Familie ihnen in einem unüblichen Ausmaß geholfen hatte, ihr eigenen Interessen ohne Rücksicht darauf zu verfolgen, welche geschlechtsspezifischen Merkmale diesen zugewiesen wurden. Schließlich waren sie der Meinung, sie hätten bereits sehr früh eine Vorliebe für die Gesellschaft von Männern statt Frauen entwickelt.[1] Diese Ergebnisse waren in vieler Hinsicht Vorläufer dessen, was die Untersuchung über die fünfundzwanzig Frauen ergeben sollte.

Alle fünfundzwanzig Frauen der Hennig-Untersuchung wurden zwischen 1910 und 1915 in den Vereinigten Staaten von Amerika als erstes Kind geboren. Alle waren einziges oder ältestes Kind in einer Familie mit höchstens drei Kindern, alles Töchtern. Alle wurden in aufstrebenden Mittelschichtfamilien geboren, die an oder nahe der amerikanischen Ostküste lebten. Die Väter von zweiundzwanzig der fünfundzwanzig Frauen bekleideten leitende Posten in der Wirtschaft. Die anderen drei waren Collegedirektoren. Vierundzwanzig der fünfundzwanzig Mütter waren Hausfrauen. Eine Mutter arbeitete als Lehrerin. Das Bildungsniveau von dreiundzwanzig Müttern war mindestens so hoch wie das der Väter; in dreizehn Fällen hatten die Mütter sogar höhere Schulbildung als der Vater. Der Bildungsgrad reichte vom Abschluß der High School bis zur Promotion (zwei Väter). Alle fünfundzwanzig Frauen und ihre Eltern waren in Amerika geborene Weiße, doch in ihrer religiösen oder ethnischen Zugehörigkeit war keine Übereinstimmung festzustellen.

Das Resultat, daß alle fünfundzwanzig erstgeborene Kinder waren, wäre vielleicht anders ausgefallen, wenn eine größere Bevölkerunsgruppe zur Verfügung gestanden hätte und mehr Frauen befragt worden wären. Aus diesem Grund wäre es wahrscheinlich genauer und gewiß nützlicher, die Verhaltensdynamik, die den frühen Erfahrungen des erstgeborenen Kindes zugrunde liegen, als «besondere» und nicht als ausschließliche Erfahrung des ältesten Kindes zu betrachten. Ein Kind mag erstgeboren sein oder nicht – von entscheidender Bedeutung ist offenbar, ob ihm die besondere Behandlung zuteil wird, die man traditionellerweise dem erstgeborenen Kind vorbehält, denn dieses Gefühl der Besonderheit prägt die Kindheitserfahrungen weitgehend.

Alle fünfundzwanzig Frauen erinnerten sich, daß ihre Kindheit glücklich gewesen war. Sie sprachen immer wieder von der Nähe und Wärme in ihren Beziehungen zu ihren Eltern, und sie waren von Anfang an der Meinung gewesen, daß sie in den Augen ihrer Eltern eine besondere Rolle spielten. Sie waren zumindest in den beiden ersten Lebensjahren ausnahmslos einziges Kind gewesen, und diejenigen, die dann älteste Kinder wurden, waren die ältesten Kinder von nicht mehr als drei Mädchen.

Bei der Beschreibung des frühen Verhältnisses zu ihren Eltern ähnelten sich die Erinnerungen der fünfundzwanzig an ihre Väter auf verblüffende Weise.

Eine Frau der Gruppe sagte:

> «Mutter war ganz Mutter, soweit ich mich erinnern kann – sie paßte immer auf alles auf, förderte und unterstütze mich jedoch. Sie war immer ein warmes Nest, wenn ich Schwierigkeiten hatte, aber sie war eine strenge Zuchtmeisterin – sie ließ mir nie zuviel durchgehen. Wenn ich zurückdenke, muß ich sagen, daß Vater wirklich etwas Besonderes war. Soweit ich mich erinnern kann, war ich Daddys Liebling. Es gab immer bestimmte Stunden, die er und ich für uns allein hatten. Als ich noch sehr klein war, begleitete ich ihn jeden Samstagnachmittag. Er war ein sehr aktiver Mann, und von mir wurde immer erwartet, daß ich zusammen mit ihm aktiv war. Im Winter gingen wir Schlittenfahren und Schlittschuh-

laufen. Er brachte mir das Schlittschuhlaufen bei, als ich vier war, und er pflegte bei all seinen Freunden, deren Söhne älter waren als ich, mit mir zu prahlen. ‹Seht mal›, sagte er dann, ‹ihr denkt vielleicht, sie ist nur ein Mädchen, aber schaut euch an, wie sie euren Jungs auf dem Eis davonläuft.› Ich habe diese Ausflüge immer genossen, und anschließend gingen wir gewöhnlich in ein Café und tranken heiße Schokolade, und er lobte mich und prahlte mit mir bei dem Kellner oder irgendeinem anderen, der bereit war, ihm zuzuhören.»

Eine andere Frau erinnerte sich:

«Mein Vater war leitender Angestellter bei einer Eisenbahngesellschaft, und als ich noch sehr klein war, beaufsichtigte er den Bau einer neuen Strecke in Pennsylvania. Er wurde am Wochenende oft geholt, und dann nahm er mich gewöhnlich mit. Ich bin wahrscheinlich die einzige lebende Frau, die als Fünfjährige frisch gelegte Eisenbahngleise inspizierte! Manchmal gingen wir mehrere Kilometer, blieben hier und dort stehen, um mit den Arbeitern zu reden. Manchmal fuhren wir mit den Arbeiterzügen. Sie waren immer warm und verqualmt, voller schwitzender und schmutziger Männer. Ich liebte diese Ausflüge, und alle Männer kannten mich und redeten mit mir. Mein Dad war sehr stolz auf mich und scherzte oft mit den Männern darüber, ich würde der erste weibliche Eisenbahningenieur werden. Dann lachten sie alle, und dann wurde er jedesmal sehr ernst und sagte, er wisse zwar nicht, was ich später machen würde, aber da ich nach ihm schlage, würde es irgend etwas Großartiges und Ungewöhnliches sein.»

Eine dritte erklärte:

«Ich glaube, mein Vater hörte nie auf, sich einen Sohn zu wünschen, aber in der Zwischenzeit wählte er, denke ich, mich für diese Rolle aus. Erst als ich älter wurde, begriff ich, daß die anderen Mädchen nicht die gleichen Sachen mit ihrem Vater machten wie ich. Dad war auf zwei Gebieten phantastisch: Finanzen und Sport. Ich wurde in beide eingeführt, bevor ich zur Schule kam. Dad pflegte mir den Börsenteil der Zeitung vorzulesen und gab sich viel Mühe, mir alles zu erklären. Ich hatte keine Ahnung, wovon er redete, aber es machte ihn ganz aufgeregt, und seine Aufregung teilte sich mir mit, und ich war immer entschlossen, es eines Tages verstehen zu lernen. Er machte mich zu einer begeisterten Sportlerin. Meine Mutter war unsportlich, so daß Dad mich immer mitnahm. Meinen ersten Boxkampf besuchte ich, bevor ich zur Schule ging. Wir angelten, und später jagten wir zusammen. Dad pflegte mich am Wochenende zu seinem Angelclub mitzunehmen, und ich weiß noch, wie ich damals in einem Stall schlief. Außer mir waren nur Männer da. Ich glaube, die Männer dachten, Dad sei ein bißchen verrückt, aber es schien ihn nie zu stören. Er nannte mich immer Butch, und mir wurde erst viel später klar, was das bedeutete. Wir standen uns sehr nahe.»

Diese Erklärungen, die sich bei allen Frauen mehr oder weniger glichen, lassen auf eine sehr besondere Beziehung zwischen den kleinen Mädchen und ihren Vätern schließen. Väter und Töchter teilten Interessen und übten Beschäftigungen aus, von denen man traditionell annimmt, sie eigneten sich nur für Väter und Söhne: körperliche Betätigungen, der Erwerb von Fertigkeiten, die etwas mit der Natur zu tun haben, ein aggressiver Leistungsdrang und schließlich eine Bereitschaft zum Wettkampf. Oft hing die Anerkennung des Vaters davon ab, ob das kleine Mädchen imstande war, Erfolg zu haben. Das geschah aber so, daß der Weg zum Ziel genausoviel Spaß machte wie das Ziel selbst und daß man sich schon durch die körperliche Teilnahme und Weiterentwicklung belohnt fühlte. Eine Frau sagte:

«Es ist eigenartig, daß ich bis zum heutigen Tag ein wahres Vergnügen an harter körperlicher Tätigkeit und an körperlichen Wettkämpfen jeder Art finde. Ich glaube, das geht auf die Zeit zurück, als ich mit meinem Dad Tennis spielte. Er brachte es mir bei, als ich noch ganz klein war, und er sagte mir immer, jedesmal wenn ich meinen Fuß auf den Platz setze, solle ich spielen, um zu gewinnen – darum ging es, um das Gewinnen. Es ist eines der aufregendsten Gefühle, die es auf der Welt gibt, wenn man sich bei der Arbeit oder beim Spiel körperlich so verausgabt, um zu gewinnen, daß man denkt, man würde gleich zusammenbrechen, und dann, kurz bevor man endgültig verzweifelt, gewinnt man.»

Die Vater-Tochter-Beziehung gab der Kindheit dieser Frauen eine zusätzliche Dimension. Sie schenkte ihnen Aufmerksamkeit, Anerkennung, Belohnung und Bestätigung. Sie war eine zusätzliche

Quelle des frühen Lernens, ein sehr frühes Mittel zur Erweiterung ihrer Erfahrungen, und mit ihrer Hilfe bauten sie ein Rollenvorbild auf, mit dem sie sich allmählich identifizieren konnten. Sie sagten zwar selten, ihr Vater habe ihre Entwicklungsrolle als Mädchen beeinflußt, erklärten aber, er habe zu ihrer Selbstdefinition als Mensch beigetragen. Für ihre Väter waren sie Mädchen. Sie waren jedoch Mädchen, die viel mehr konnten als gewöhnliche Mädchen.

An ihre Mutter erinnerten sie sich nicht so deutlich, und das Mutter-Tochter-Verhältnis ließ sich am schwersten fassen und charakterisieren. Die folgende Passage ist typisch:

«Die Frage, ob an meiner frühen Beziehung zu meiner Mutter irgend etwas Besonderes war, kann ich nur beantworten, wenn ich mir vor Augen führe, welche grundverschiedenen Dinge Mutter und ich taten. Ich würde sagen, wir hatten eine normale Mutter-Tochter-Beziehung. Mutter war immer um mein körperliches und seelisches Wohl besorgt. Sie hielt es immer für sehr wichtig, daß ich alles lernte, was feminin war. Ich war ein sehr attraktives kleines Mädchen, an dem Mutter offenbar immer Freude hatte. Ich glaube, sie war manchmal ein bißchen ärgerlich auf Dad, weil er mich darin bestärkte, zu unabhängig und kämpferisch zu sein – besonders als ich noch sehr klein war –, aber sie machte nie wirklich viel Aufhebens davon. Ich nehme an, sie akzeptierte es, weil es ihn glücklich machte. Vater und Mutter respektierten einander sehr. Ich glaube, sie wünschten sich gemeinsam so vieles für mich, daß sie glaubten, je mehr jeder von ihnen für mich tun könne, desto größer würde meine Chance, im Leben zu bestehen.»

Diese Schilderung charakterisiert die Mutter-Vater-Beziehung übrigens besser als die Mutter-Tochter-Beziehung, die sie eigentlich beschreiben sollte. Zu einer solchen oder ähnlichen Verschiebung tendierten die fünfundzwanzig Frauen jedesmal, wenn die Rede auf ihre Mutter kam. Sie betonten wiederholt, beide Elternteile hätten so viele Wünsche gemeinsam gehabt, was ihre Tochter betreffe, daß keiner von ihnen sich veranlaßt gefühlt habe, mit dem anderen zu konkurrieren, um das kleine Mädchen zu einem bestimmten Standpunkt zu bekehren. Sie sagten, ihre Eltern hätten einander geachtet und ihr Kind darin unterstützt und bestärkt, seine eigenen Qualitäten und Fähigkeiten zu entwickeln.

Es blieb jedoch das Problem, daß die Erinnerungen der Frauen an die Mutter-Tochter-Beziehung vage und ohne Aussage war. Sie berichteten durchweg, ihre Mutter sei «typisch» gewesen, und es wurde außerordentlich wichtig, in Erfahrung zu bringen, was «typisch» eigentlich bedeutete. Für diese Frauen bedeutete es offensichtlich, daß ihre Mutter das getan hatte, «was jede richtige Mutter getan hätte». Eine Frau sagte: «Meine Mutter war ein warmes, kuscheliges Kissen, nicht sehr aufregend, während mein Vater immer dynamisch war, eine wirklich charismatische Persönlichkeit.» Soweit sie sich erinnern konnten, waren ihre Mütter ziemlich zurückhaltende Menschen, die von Zeit zu Zeit ihren Einfluß geltend machten, sich gewöhnlich jedoch den ausdrücklichen Wünschen ihrer Ehemänner fügten. Sie glaubten, ihre Eltern hätten einander ganz ähnlich gesehen.

Die «typische» Mutter schenkte allen fünfundzwanzig Frauen ein warmherziges, fürsorgliches und sozial sanktioniertes weibliches Vorbild, ein Vorbild, das sie mit ihren Kameradinnen teilten, während ihre Väter sie unterstützten und in dem Glauben bestärkten, dieses Vorbild sei kein zwingendes Verhaltensmodell, sondern könne – wie ihre Rolle selbst – modifiziert werden. Ihre Väter erschlossen ihnen in vieler Beziehung eine neue Welt – eine Welt, die jene alte Welt ersetzte, die verlorengegangen war, als sich die frühe Bindung an die Mutter gelöst hatte, eine Welt, die für die verlorene alte Welt entschädigte, eine Welt, die sie davor bewahrte, sich jemals damit abzufinden, sie kämen in der natürlichen Ordnung der Dinge an zweiter Stelle, weil sie Mädchen seien.

Als kleine Mädchen durften sie an Aktivitäten teilnehmen, die gewöhnlich kleinen Jungen vorbehalten sind. Während ihre Mütter sie als kleine Mädchen bestätigten, bestätigten ihre Väter ihre Freiheit, mehr zu sein, als das traditionelle kleine Mädchen sein durfte, und diese außerordentlich frühe Bestätigung ihres Rechts, mehr zu tun und zu sein, als die traditionelle Rolle des kleinen Mädchens beinhaltete, beeinflußte sie während des gesamten Verlaufs ihrer Karriere.

Als sie älter wurden, wurden sie zunehmend vor die schwierige Alternative gestellt, zwischen der Rolle ihres Vaters und der ihrer Mutter zu wählen, ein Problem, das erst viel später gelöst wurde. Die Zweiteilung männlich oder weiblich trat zum erstenmal auf, als sie die Geborgenheit des Elternhauses verließen und zur Schule kamen, und wurde dann in der Adoleszenz, in der Collegezeit und in den ersten Berufsjahren immer akuter. Es war ein Zwiespalt, den ihnen die Gesellschaft, in die sie sich zwangsläufig integrieren mußten, aufzwang, doch ihre spätere Fähigkeit, die dadurch entstehenden Konflikte zu bewältigen, ihre Vorstellungen von sich und ihren Fähigkeiten mit dem traditionellen Standpunkt der Gesellschaft zu Frauen zu vereinbaren, hing weitgehend von jener ersten entscheidenden Bestätigung ihres Rechts ab, mehr zu sein, als Tradition und Gesellschaft vorschrieben.

Forschungsarbeiten zeigen, was Nähe und Geborgenheit in einer Familie bedeuten können. Wie Douvan und Adelson feststellten, teilten Eltern in einer kleinen Familie häufiger Wertbegriffe, die die persönliche Verantwortung und individuelle Leistung ihrer Kinder betonten. Die beiden Wissenschaftler fanden heraus, daß Kinder in kleinen Familien mit weniger als drei Geschwistern:

beiden Elternteilen nahestanden;
sich stark mit den Eltern identifizierten;
mehr Freizeit mit ihren Eltern verbrachten;
ihre Eltern als Vertraute benutzten;
sich den Standpunkt der Eltern häufiger zu eigen machten;
besser fähig waren, Vertrauen als Fundament der Beziehungen zu den Eltern auszudrücken;
sich mehr zur Selbständigkeit ermutigt fühlten;
sich weniger aus Kameradenbeurteilungen machten;
verinnerlichter und unabhängiger waren;
entdeckungsfreudiger und risikofreudiger waren.[2]

Eine Frau zählte all das auf – und mehr, denn sie stellte den Elternteil dar, der ausdrücklich zu Selbständigkeit, Unabhängigkeit, Entdekkungsdrang und der Fähigkeit, mit Risiken zurechtzukommen, ermutigte:

«So lange ich zurückdenken kann, waren meine Eltern und ich Freunde. Natürlich mögen wir uns noch heute, aber damals liebten wir uns sehr. Ich wollte immer genauso sein wie meine Mutter und wie mein Vater, was alle Leute, die mich das sagen hörten, zweifellos ungemein amüsierte! Ich glaube aber, daß meine Eltern mich in Wirklichkeit ermutigten, ich selbst zu sein. Sie ermutigten mich immer dazu, alles sorgfältig zu durchdenken und mir eine ganz eigene Meinung herauszunehmen, selbst als ich noch ganz klein war. Ich glaube, daß sie mir wirklich vertrauten und umgekehrt. Es war, als ob wir alle wagten, etwas allein zu machen, und ganz gleich, was passierte, wir fanden alle wieder zusammen, und wir mochten uns ohnehin am liebsten. In mancher Beziehung meinten sie es zu gut; meine Eltern neigten beispielsweise dazu, unangenehme Dinge von mir fernzuhalten. In anderer Hinsicht ermutigten sie mich aber selbst dann, etwas auszuprobieren, wenn die Gefahr bestand, ich könnte mir weh tun. Ich glaube, sie schützten in meiner frühen Kindheit meine Gefühle vielleicht mehr als meine körperliche Sicherheit. Damit meine ich nicht, sie hätten zugelassen, daß ich mein Leben aufs Spiel setzte, aber der Gedanke an eine kleine Schnittwunde oder ein gebrochenes Nasenbein brachte sie nicht in Panik. Ich weiß noch, daß ich einmal auf einen hohen Baum klettern wollte, als ich fünf Jahre alt war. Mein Vater sagte, er sei zu hoch für mich, aber ich könnte es versuchen, wenn ich unbedingt wollte. Meine Mutter sagte, ich würde herunterfallen. Mein Vater sagte, wenn ich herunterfiele, wäre das für mich eine gute Lehre, wo meine Grenzen seien, aber wenn ich es schaffte, würde ich lernen, mir nicht immer von anderen Grenzen setzen zu lassen. Ich kletterte bis zur Spitze des hohen Baumes, ich habe die Lehre nie vergessen.»

Die Bedeutung solcher Erfahrungen läßt sich leicht aus Douvans und Adelsons Zusammenstellung der Merkmale kleiner Familien ableiten. Im Grunde lernte diese Frau nämlich, ein Mensch zu sein – ihr wurde also kein Verhalten eingepaukt, das sich nur für kleine Mädchen ziemt. Die Nähe zu ihrem Vater, seine Unterstützung, die Möglichkeiten, die er ihr bot, all das half ihr, sich weiterzuentwickeln und selbständig zu werden, wobei die unaufdringlich angebotenen Wertbegriffe beider Elternteile sorgfältig abgewogen wurden. Sie lernte, daß Autorität keine launische Gewalt war, sondern von Vernunft und Zuneigung bestimmt wurde. Ihre Eltern waren Freunde und keine Vorgesetzten oder Autokraten. Vor allem wurde sie jedoch als kleines Mädchen ermutigt, Risiken einzugehen und deren Folgen am eigenen Leib zu erfahren. Ihr Vater rechtfertigte Risiken, indem er der Möglichkeit des Gewinns die des Verlusts gegenüberstellte. Wo ihre Mutter das Risiko auf eine typisch negative Weise ausdrückte, auf eine Weise, die schon die Handlung selbst negativ machte («Du wirst herunterfallen»), brachte ihr Vater sie von der Furcht als erster emotionaler Reaktion zu dem frühen Versuch, die möglichen Ergebnisse abzuschätzen und zu bewerten. Er forderte sie einfach auf, ihren Verstand zu gebrauchen.

Die traditionelle, typische und verständliche Reaktion ihrer Mutter ist ein gutes Beispiel dafür, wie Frauen die Angst vor dem Risiko an andere Frauen weitergeben. Man hört eine Mutter zu ihrer Tochter sagen (wie unsere Mütter uns und deren Mütter ihnen gesagt haben), das Risiko könne nur Schaden, Verlust, Schmerz oder Leid zur Folge haben. Berücksichtigt man, wie häufig diese ausschließlich negative Interpretation des Risikos von einer Mutter an die Tochter weitergegeben wird, ist es mehr als wahrscheinlich, daß keine bewußte Angst vor dem Risiko mehr mitspielt – Mütter reagieren ihren Töchtern gegenüber so, weil es schon immer so gewesen ist. Infolgedessen wird das Risiko unter Frauen als überlieferter und feststehender Begriff verstanden, bei dem man die Realität nur selten prüft, obgleich man davon ausgeht, daß alle Gefahren in größerem Maß existieren. Nichts könnte weniger dazu beitragen, Frauen für leitende Positionen tauglich zu machen, als diese Vorstellung, die von einer Frau an die andere weitergegeben wird, ohne daß die Beteiligten die Implikationen begreifen und ohne daß ein klares Bedürfnis besteht, sie zu begreifen.

Das Risiko nach eigenen Erfahrungen zu beurteilen und seine beiden Seiten zu betrachten, statt fast hundertprozentig sicher zu sein, daß es zu einem persönlichen Fiasko führt, ist ein traditionelles Erbe der Männer, nicht der Frauen. Die Antwort, die der Vater seiner kleinen Tochter gab, geht davon aus, daß Risiko Chance oder Kostenfaktor, Gewinn oder Verlust, Schmerz oder Weiterentwicklung bedeutet. Auf jedes unserer fünfundzwanzig kleinen Mädchen, die diese Lektion offenbar alle lernten, kommen zahllose andere, die sie niemals lernten, denn welcher andere Vater hätte wohl daran gedacht, seine Tochter mit seiner eigenen Reaktion auf das Risiko vertraut zu machen, und welche andere Mutter hätte das zugelassen?

Das Gefühl von Vertrauen und Sicherheit, das diese Frau ausstrahlte, war allen Versuchspersonen gemeinsam. Die Ungezwungenheit ihrer Beziehungen zu ihren Eltern ermutigten sie schon sehr früh, auf einer Basis von Mensch zu Mensch mit Erwachsenen umzugehen, und die meisten von ihnen sagten, sie hätten sich als kleine Kinder unter Erwachsenen wohler gefühlt als unter Gleichaltrigen. Sie betrachteten dies als Vorteil. Sie waren der Ansicht, die Einseitigkeit ihrer frühen Beziehungen – die ausgeprägte Vorliebe für Erwachsene und der Mangel an Interaktion mit Kindern ihres Alters – sei alles andere als schädlich gewesen, sondern habe ihnen gegenüber anderen

Kindern eine Vorgabe verschafft, was die Chance betraf, die Verhaltensweisen von Erwachsenen frühzeitig kennenzulernen und sich anzueignen. Sie waren im Umgang mit Autoritätspersonen, zum Beispiel Lehrern, viel sicherer als andere kleine Mädchen. Und vielleicht gab es noch einen weiteren Vorteil: Wenn sie nämlich in diesem Stadium ihres Lebens mit Beziehungen zu Kameraden hätten zurechtkommen müssen, hätten die Zwänge, sich der traditionellen Rolle des kleinen Mädchens der Jahre 1910 bis 1920 anzupassen, die Klarheit ihres Weltbildes sehr wohl beeinträchtigen können.

Trotzdem – all das sind persönliche Erinnerungen an eine längst vergangene Wirklichkeit. Untersuchungen von Kinderpsychologen und Kinderpsychiatern lassen darauf schließen, daß die fünfundzwanzig in jenem Lebensabschnitt nicht nur gewonnen haben können, sondern auch Verluste erlitten haben müssen. Sie hatten mehr Fertigkeiten als andere kleine Mädchen, waren sie aber auch beliebt? Und wenn nicht, was bedeutete das für sie? Sie stützten sich auf die Bestätigung und Anerkennung, die ihnen zu Haus zuteil wurden, mußten aber nichtsdestoweniger mit einer «plötzlichen Notwendigkeit» fertig werden, ganz andere Fähigkeiten zu entwickeln, um mit ihren Kameraden umzugehen, als sie zur Schule kamen. Sie erinnerten sich, daß sie sich oft ausgeschlossen und unwohl gefühlt hatten, bevor sie die Probleme der Beziehung zu Gleichaltrigen bewältigten. Das Verhältnis zu Arbeitskollegen fiel ihnen noch über einen längeren Lebensabschnitt hinweg schwer, während sie mit Vorgesetzten viel leichter zurechtkamen. Sie lösten das Problem schließlich, indem sie ihren Verhaltensstil gezielt änderten. Möglicherweise kam ihnen dabei jene frühe Erfahrung zugute, daß eine Verhaltensänderung nicht nur möglich, sondern auch lohnend ist.

In der Volksschule erbrachten sie hervorragende Leistungen. Die fünfundzwanzig waren meist Klassenbeste und stuften sich auch als soziale Anführer ein. Sie waren Mitglieder vieler Organisationen und Vereine wie Pfadfinderinnen, Campfire-Girls (nationaler Verband für Mädchen von 7 bis 18, der Übers.), 4-H-Clubs, (von *head, heart, hands* and *health* – Kopf, Herz, Hand und Gesundheit: Club, in dem Mädchen vom Lande moderne Landwirtschaftstechniken und Bürgertugenden erlernten, der Übers.), Kirchengruppen, Schulorganisationen, wo sie einen führenden Rang bekleideten. Viele wurden zur Klassensprecherin gewählt. Mannschaftsspiele waren wichtig für alle, und sie erinnerten sich daran, wie sehr sie unter den Einschränkungen gelitten hatten, die ihnen in der Volksschule auferlegt worden waren. Eine Frau sagte:

«Als ich die Volksschule besuchte, war ich eine gute Junior-Tennisspielerin und ziemlich gut in Baseball – richtigem Baseball, nicht in dem zimperlichen Softball [eine Baseballversion, die mit weicherem und größerem Ball gespielt wird]. Ich fand kleine Mädchen, die Softball spielten, sterbenslangweilig und versuchte immer, dorthin zu gehen, wo die Jungen spielten. Die Jungen spielten gern mit mir, weil ich gut war, und es gefiel mir, das einzige Mädchen zu sein. Die Lehrer stießen sich schrecklich daran. Ich nehme an, sie dachten, ich entwickele Anomalitäten oder so etwas. Schließlich bat eine Lehrerin meine Eltern brieflich, dafür zu sorgen, daß ich mit den Mädchen spielte. Mein Dad fluchte wie ein Hafenarbeiter, als er es las, und nannte sie eine frigide Ziege. Erst Jahre später erfuhr ich, was das bedeutete, aber ich wußte, daß er außer sich vor Wut war. Ich weiß nicht, was meine Mutter damals dachte. Ich glaube nicht, daß sie hineingezogen wurde. Mein Dad antwortete, ich dürfe mit den Jungen spielen, und was sie überhaupt gegen Jungen habe. Ich fand es fabelhaft und spielte weiter hin und wieder mit Jungen, bis wir auf die High School kamen. Dort lernte ich einige andere Mädchen kennen, die ebenso gut waren wie ich, und ich gab die männlichen Sportarten auf. Ich fing ohnehin an, mich mit Jungen zu verabreden, und hätte sie sonst aus diesem Grund aufgegeben.»

Soweit sie sich erinnern konnten, hatten die Frauen bei Schuleintritt noch keine Ahnung, daß man dem Sport einen männlichen Charakter zuschreibt, weil man ihnen zu Haus nicht beigebracht hatte, Aktivitäten nach geschlechtsspezifischen Kriterien zu beurteilen. Wie sie sagten, hätten sie geschlechtsspezifische Unterscheidungen erst erlernen müssen, als sie in die Schule kamen, und sie hätten diese Unterscheidungen durch Erfahrungen in Kameradengruppen und durch die Einstellungen und Bemerkungen der Lehrer gelernt. Die Unterscheidungen, die sie erlernten, stimmten jedoch nicht mit dem Standpunkt ihrer Eltern, besonders nicht mit dem des Vaters überein, und Nichtübereinstimmungen zwischen der Außenwelt und der Familie wurden immer dadurch bewältigt, daß sie die elterliche Meinung akzeptierten. Eine Frau erinnerte sich folgendermaßen an ihre Konfliktsituation:

«Meine Erfahrung in den ersten Schulklassen war eine ständige Frustration. Ich kam mit dem elterlichen Rat zur Schule, alles zu versuchen und bei allem, woran ich teilnahm, mein Bestes zu tun. Hart zu arbeiten, mein Bestes zu tun und Erfolg zu haben waren die höchsten Werte. Was mich in der Schule am meisten außer Fassung brachte, war die Tatsache, daß Mädchen dies auf manchen Gebieten durften, aber nicht auf allen. Es war in Ordnung, wenn man im Unterricht oder bei den Hausaufgaben gut war, aber Mädchen sollten passiv konkurrieren, vor allem bei sozialen Aktivitäten. Einige Erwachsene taten mich immer wieder als Wildfang ab. Ich konnte nie begreifen, welche Betätigungen für die Jungen waren und welche für die Mädchen. Zumindest konnte ich die Gründe für die Unterschiede nicht begreifen. Schließlich entwikkelte ich die Fähigkeit, die Grenzen der für Mädchen annehmbaren Betätigungen nicht zu überschreiten, aber jedesmal die Rolle zu übernehmen, bei der die meiste Aktivität und Verantwortlichkeit nötig war. Ich wurde eine sogenannte Anführerin.»

Mit sechs Jahren hatten diese Frauen angefangen, die sexuelle Identität auf Grund des physischen Äußeren zu unterscheiden, und im Alter von zwölf Jahren waren sie sich alle einer erzwungenen Unterscheidung auf Grund der Rolle bewußt. Die Vorstellung von angeborenen geschlechtsspezifischen Unterschieden war jedoch nicht sehr real, und infolgedessen fiel es ihnen als Mädchen, in denen ausdrücklich eine Vorliebe für Aktivität geweckt und entwickelt worden war, besonders schwer, Rechtfertigungen und Erklärungen zu akzeptieren, die die Passivität der weiblichen Rolle unterstrichen. Sie sprachen ausführlich über ihre Erinnerungen an die Zeit, als sie sieben oder acht Jahre alt waren, und ihre Äußerungen glichen sich in bemerkenswerter Weise. Eine Frau betonte das Unverständnis, das für sie alle bezeichnend war:

«Wenn ich zurückdenke, fällt mir ein, daß ich immer gern die Dinge tat, die die Jungen taten – mir gefielen aber auch die Dinge, die die Mädchen taten. Eigentlich gefiel mir ein bißchen von beidem, das heißt, ich wollte das tun können, was ich gern tun wollte. Ich wußte immer, daß ich ein Mädchen war, daß ich gut aussah, Kleider trug, wie meine Mutter war und eines Tages heiraten und Kinder haben würde. Ich wußte nicht, was all das bedeutete. Ich glaube nicht, daß ich etwas dagegen einzuwenden hatte, ein Mädchen zu sein, oder daß mir irgend etwas von dem mißfiel, was die Mädchen machten; ich hatte etwas dagegen, wenn die Leute sagten, Mädchen dürften das und das *nicht* machen. Ich fand, Kinder müßten das tun können, was ihnen gefällt, und nicht das, was sie tun sollten. Meine Eltern bestärkten mich immer in dieser Meinung. Damals hatte ich natürlich noch keine Ahnung von jener anderen mysteriösen sexuellen Stufe, die Jungen und Mädchen einmal erreichen. Das kam später, als ich zwölf oder dreizehn war. Als ich klein war, konnte ich nie begreifen, *wieso Mütter Fußböden schrubben, aber nicht Baseball spielen konnten, wieso sie zu Haus alle möglichen schweren Arbeiten verrichten konnten, aber nicht fähig waren, die Tüten im Lebensmittelgeschäft zu tragen oder die Tür ihres eigenen Autos zu öffen, wenn gerade ein Mann in der Nähe war.*»

Die Bedeutung dessen, was hinter dieser Feststellung liegt, läßt sich gar nicht hoch genug bewerten: Es gibt kaum ein kleines Mädchen, dem beim Heranwachsen die Widersprüche auffallen, die den traditionellen Rollendefinitionen innewohnen. Es gibt noch weniger kleine Mädchen, die diese Definition in Frage stellen. Die überwiegende Mehrheit der kleinen Mädchen bemerkt die Widersprüche nicht, weil sie den Menschen ihrer Umgebung ebensowenig auffallen. Ohne weiteres Nachdenken als «Regeln», als «So ist es schon immer gewesen» hingenommen, liefern sie einen fast schizophrenen Hintergrund für die frühen Erfahrungen von Frauen. Die Tatsache, daß die fünfundzwanzig die «Regeln» bemerkten, in Frage stellten und sich ihnen nicht einfach unterwerfen wollten, war entscheidend für ihre Fähigkeit, es auch als Erwachsene zu tun – und gleichzeitig für ihre Fähigkeit, sich selbst und das, was sie konnten, auf eine Weise zu definieren, die erheblich vom Klischee abwich.

Als Zehn-und Elfjährige betrachteten sie sich als erfolgreich, fähig und doch irgendwie frustriert und eingeschränkt. Sie dachten damals, sie seien im wesentlichen glücklich, ihren Altersgenossen gegenüber irgendwie arrogant und von ihren Eltern und Lehrern hochgeschätzt. Sie sahen sich als kleine Mädchen, fühlten aber, daß die Jungen das bessere Los gezogen hatten, weil die Gesellschaft ihnen größere Freiheiten zugestand. Ihr Leben zu Haus war – weitgehend dank des väterlichen Einflusses – frei von den Rollenbeschränkungen, über die sie sich im Leben außerhalb der Familie zunehmend klar wurden. Sie waren sich keineswegs klar, wie sie mit diesem grundlegenden Konflikt fertig werden sollten, und sie glaubten einfach, in der Welt der Jungen würde es ihnen besser gehen. Eine Frau drückte das sehr anschaulich aus:

«Als ich zehn war, war ich ein Junge in einem Mädchenkörper – ich war überzeugt davon. Ich wußte, daß ich ein Mädchen war, ich kannte die anatomischen Unterschiede und all das, aber das war es nicht, was mir Kummer machte; es war die Tatsache, daß Jungen alles durften und den ganzen Spaß hatten. Der Lebenskodex, der zu Haus gelehrt und gefördert wurde, ließ sich nicht mit den Erfahrungen vereinbaren, die ich draußen machte. Da meine familiären Bindungen weit stärker waren als alle Dinge draußen, beharrte ich darauf, ein Junge zu sein. Ich war dabei aber auch unglücklich, weil ich allgemein beliebt und geachtet sein wollte – ein anderer wichtiger Familienkodex. Ich brauchte lange Zeit, um mich als jemanden zu sehen, der ein Mädchen und gleichzeitig erfolgreich und aktiv war. Erfolg, wie meine Eltern ihn definierten, war nämlich nicht nur Erfolg bei den traditionellen Mädchenangelegenheiten, sondern auch Erfolg von der Art, wie er nur Jungen erlaubt zu sein schien. Als ich zur Schule kam, spielte dieser Unterschied noch keine große Rolle, aber in der fünften und sechsten Klasse fing man an, uns sorgfältig voneinander zu unterscheiden. Jungen waren mathematisch und wissenschaftlich begabt, Mädchen dagegen künstlerisch und musikalisch. Mädchen waren gut in Englisch, Jungen in Sozialkunde. Es gab noch viel subtilere Unterscheidungen als Unterrichtsfächer oder Sport. Die sozialen Aktivitäten der Mädchen dienten im wesentlichen der Geselligkeit, während Jungen Projekte hatten und etwas leisten wollten. Sie durften aufgabenorientiert sein. Für mich waren die Mädchengruppen reine Zeitverschwendung. Die Mädchen saßen praktisch nur herum und redeten, und ich wollte aktiver sein und dann und wann etwas tun. Im Grunde ging es vielen Mädchen so, denn ich wurde schließlich immer die Anführerin von Mädchenorganisationen, weil ich sie dazu brachte, aktiv zu sein.»

Zu den grundlegenden Voraussetzungen *jedes Erfolgs* gehören Leistungsstreben, Aufgabenorientierung, der Wunsch, auf Grund seines Könnens geachtet zu werden, die Freude am Wettbewerb und die Fähigkeit, Risiken einzugehen. Diese Qualitäten werden nicht nur bei Führungskräften in der Wirtschaft, sondern auch bei den leitenden Angestellten gemeinnütziger Organisationen verlangt. Es sind Eigenschaften, die weithin als männlich gelten und sich deshalb nur für Männer ziemen. In unserem Fall sind es Eigenschaften, die fünfundzwanzig kleine Mädchen nachweislich besaßen. Diese Mädchen betrachteten sie als wertvoll für sich, lohnend als solche und geeignet, ihnen die Bestätigung und Wertschätzung ihrer Eltern, besonders die Wertschätzung ihres Vaters zu verschaffen.

Die Mädchen entwickelten freilich sogenannte maskuline Eigenschaften und Zielvorstellungen, ohne ihre naiven Definitionen von ihrer Weiblichkeit aufzugeben. Sie fanden ihre Mädchenzeit vielmehr einschränkend, kämpften gegen ihre Rolle, um sich einen größeren Freiraum zu schaffen, wurden von ihren Vätern unterstützt und durch das stillschweigende Einverständnis ihrer Mütter vor dem Konflikt abgeschirmt, den ihre Opposition sonst hervorgerufen hätte. Ihre Reaktion auf Jungen war nicht Neid auf die männliche Sexualität, sondern Eifersucht auf die geringere Zahl von Zwängen, denen diese in ihrem Verhalten unterlagen. Die Frauen forderten mehr, als die vorgeschriebene Rolle des «Mädchens» ihnen zugestand. In Anbetracht der Wertbegriffe ihrer Väter fanden sie die traditionelle Mädchenrolle unerträglich einengend, und die Unterstützung ihrer Eltern gab ihnen die Sicherheit, die sie brauchten, um akzeptierte Rollenrestriktionen in Frage zu stellen. Sie taten dies zwar nicht sehr weitgehend, erfuhren aber doch, was es heißt, etwas in Frage zu stellen. Daraus resultierten Konflikte, gefolgt von Versuchen, sie zu lösen – und alle diese Probleme drehten sich um ihre Fähigkeit, Mädchen zu sein und gleichzeitig mehr zu sein, als Mädchen eigentlich sein sollten.

Ihre Erfahrungen in diesem frühen Alter helfen erklären, weshalb sie später imstande waren, die männliche Welt des Topmanagements auf eine Weise in Frage zu stellen, die es ihnen ermöglichte, diese Welt selbst zu betreten. Um Erfolg zu haben, brauchten sie Unterstützung und Bestätigung, obgleich ihre Eltern sie in der Vergangenheit bereits unterstützt und bestätigt hatten. Sie fanden die Unterstützung – und sie war von entscheidender Bedeutung für ihre Karriere. Vor allem gab ihre Vergangenheit ihnen aber von vornherein die Zuversicht, diese Unterstützung zu finden, und nur deshalb riskierten sie es, danach zu suchen.

Die Erfahrung der fünfundzwanzig Frauen zeigt, daß man viele der

Eigenschaften, die traditionellerweise als männlich gelten und manchmal sogar als angeborene männliche Merkmale betrachtet werden, womöglich besser verstehen kann, wenn man sie als das Ergebnis von Wissen, Fertigkeit und Rivalität sieht, die ein Junge bei den Betätigungen und Beziehungen lernt, die er ausübt bzw. aufbaut, die er bei der Denkweise erwirbt, mit der er konfrontiert wird, in denen er durch die Belohnungen bestätigt wird, die man ihm für die Beherrschung dieser Anforderungen gibt. Wenn man die Kindheit der fünfundzwanzig betrachtet, wird einem klar, daß sie als kleine Mädchen an einer Lernerfahrung teilnehmen konnten und für ihre erfolgreiche Teilnahme belohnt wurden. Diese Lernerfahrung ist selbst heute den meisten kleinen Mädchen verwehrt, und in dem Jahrzehnt nach 1910 war die Situation noch ungünstiger als heute. Man könnte durchaus den Schluß ziehen, daß vieles von dem, was als «männliches Denken» bezeichnet wird, vielleicht nur eine Kombination von Lernen und Wissen ist, die die eine Hälfte unserer Kinder in einer völlig offenen Schule erwirbt, deren Unterrichtsstoff sich grundlegend von dem unterscheidet, den man der anderen Hälfte nahebringt.

7
Jugend

Die Jugend der fünfundzwanzig Frauen wurde wie bei uns allen von einem Hauptthema beherrscht: dem Sichtbarwerden der sexuellen Identität und dem Versuch, mit den dadurch geschaffenen Problemen zurechtzukommen. Die Stabilität ihres Familienlebens und die Ermutigung und Förderung ihrer Eltern, besonders ihrer Väter, hatte ihnen bisher geholfen, mit den Konflikten zu leben, die durch ihre Vorstellung von sich, von den Menschen, die sie sein wollten, und durch die bereits an sie erhobenen Forderungen der Gesellschaft auftraten. Mit dem Eintreten in die Pubertät ergaben sich neue und tiefer greifende Konflikte.

Die Daten, die über diesen Lebensabschnitt gesammelt worden waren, zeigten, daß die Frauen sich ihres Geschlechts und der Beschränkungen, die es mit sich brachte, im Alter von zwölf und dreizehn Jahren plötzlich bewußt wurden. Wenn sie sich früher auf die Zustimmung ihrer Eltern verlassen hatten und bereit gewesen waren, die Konflikte zu ignorieren, die aus dem Zusammenprall ihrer Selbstvorstellung und den Erwartungen der Gesellschaft entstanden waren, wurde das für sie als Heranwachsende nun immer schwieriger. Die Bestätigung und Unterstützung, die ihre Familie ihnen gegeben hatte, nützten ihnen in der Pubertät immer weniger. Ihr bestehendes Gefühl der Sicherheit wurde bedroht, und ihre Vorstellung von sich selbst hing zunehmend von den Einstellungen und Ansichten Außenstehender ab. Sie verbrachten weniger Zeit zu Haus und hielten sich mehr bei ihren Altersgenossen auf. Jetzt half es ihnen längst nicht mehr so wie früher, daß Vater oder Mutter sagte, das und das sei «ganz in Ordnung» – wenn Freundinnen und Lehrer das Gegenteil erklärten. Vor allem gab es auf einmal bestimmte Dinge, die Mutter *nicht* mehr akzeptierte.

Alle fünfundzwanzig hatten einen familiären Hintergrund, wo die stillschweigend vorausgesetzte Unterlegenheit der Frau für sie als Individuen nicht galt. Sie waren eine Gruppe menschlicher Wesen, die schon sehr früh erfahren hatte, was Freiheit heißt und was das Recht auf Selbstausdruck und die Entwicklung einer Identität jenseits der geltenden Rollenbeschränkungen bedeutet. Als sie heranwuchsen, wurden ihre Rollen außerhalb der Familie zunehmend eingeschränkt.

Beziehungen außerhalb der Familie wurden immer wichtiger, und in der Pubertät, als sie mit ihrer entstehenden sexuellen Identität konfrontiert wurden, fiel es ihnen immer schwerer, sich den Zwängen ihrer kleinen Welt zu widersetzen. Es zeigte sich deutlicher denn je, daß sie Mädchen waren, und jetzt erwartete man mehr denn je, daß sie sich entsprechend benahmen.

Viele Frauen behandelten dieses Problem sehr eingehend, und der folgende Abschnitt ist bezeichnend:

«Die körperliche Sexualität wurde mir bewußt, als ich allmählich begriff, daß es irgendeinen Zusammenhang zwischen Jungen und Freiheit gab. Gleichzeitig versuchte meine Mutter, mich davon zu überzeugen, daß Mädchen vor jeder Möglichkeit, schwanger zu werden, geschützt werden müssen. Ich begriff plötzlich, warum die Gesellschaft den Jungen Freiheit ließ, während ich eingeengt und eingeschränkt werden sollte. Glauben Sie mir, damals verwünschte ich mich dafür, keinen männlichen Körper zu haben; das bedeutete es für mich – der körperliche Unterschied. Für mich waren Jungen und Mädchen gleiche Menschen, bis auf diesen Unterschied und bis auf die Art, wie sie sich benahmen und welches Benehmen die Gesellschaft von ihnen verlangte. Die einzige klare Unterscheidung, die ich akzeptieren konnte, war die körperliche, und sie war mir immer völlig gleichgültig, bis mir dann die Verwundbarkeit klar wurde, deretwegen die Frauen geschützt werden mußten. Ich frage mich, wie die Pille dies letzten Endes ändern wird.

Später – noch bevor ich die betreffende Erfahrung selbst gemacht hatte – konnte ich mich nicht mit der Tatsache abfinden, daß ich mich des Vergnügens berauben sollte, sexuell frei zu sein. Oh, meine Mutter versuchte mich davon zu überzeugen, daß es ohnehin nichts für Frauen sei, doch ich las bereits zu viele Bücher, um ihr das abzunehmen!

Ich glaube, zuerst war ich der Meinung, die Gesellschaft habe mich hereingelegt, indem sie mich als ‹Weibchen› zur Welt kommen ließ. Dann gab ich meinen Eltern, dann den Frauen überhaupt und schließlich meiner Mutter die Schuld. Ich weiß noch, wie ich argumentierte, ich hätte die Chance gehabt, zum anderen Geschlecht zu gehören, und meine Mutter müsse schuld daran sein, daß ich ein Mädchen war. Zwischen meiner Mutter und mir entwickelte sich eine große Feindseligkeit – ich nahm ihr übel, daß sie mich zu einem Mädchen gemacht hatte, und sie gab sich noch mehr Mühe, mich zu einem Mädchen zu machen. Es fiel mir sehr schwer, ihre veränderte Einstellung zu mir zu verstehen – denn so sah ich es: Die ersten zehn Jahre hatte sie mich darin bestärkt, frei zu sein, und nun, wo ich alt genug war, meine Freiheit zu genießen und zu benutzen, zog sie die Zügel straff.»

Auf den ersten Blick mag dies wie eine klassische Beschreibung der wahllos angewendeten Penisneid-Theorie erscheinen: Man könnte meinen, daß das hinter dem Beginn des sogenannten «letzten Kampfes um Männlichkeit» steht und dessen Taktik schildert – zunehmende Feindseligkeit gegenüber der Mutter, die dem Mädchen weh getan hat, indem sie dafür sorgte, daß es weniger wert ist als ein Junge.

In Wirklichkeit spricht diese Frau aber von Verletzlichkeit und Zwang, beides gesellschaftliche Phänomene, für die sie nicht verantwortlich ist. Sie spricht nicht von dem Wunsch nach Männlichkeit um ihrer selbst willen. Sie spricht von Restriktionen, die ihr als Menschen auferlegt werden, die ihrer Identität, ihrer Vorstellung von sich als einem freien und selbständigen Wesen aufgezwungen werden.

Freudsche Interpretationen der Weiblichkeit würden das Problem gänzlich umgehen, indem sie erklärten, die bewußten Einwände dieser Frau gegen ihre Verwundbarkeit und die dadurch entstandenen Zwänge seien die Folge des unbewußten Wunsches, sexuell ein Mann sein zu wollen. Die plötzliche Umkehrung des unabhängigen Trends ihrer bisherigen Entwicklung, Verwirrung und Konflikte, die dadurch hervorgerufen wurden, würden dann mit der Begründung fortargumentiert werden, sie hätte sich von Anfang an gewünscht, sexuell ein Junge zu sein, einen Penis zu haben, die größere sexuelle Befriedigung zu genießen, die sie in jenem viel früheren Stadium ihrer Entwicklung angeblich bei Jungen voraussetzte. Sie wäre jetzt in dem schicksalhaften, letzten Kampf um Männlichkeit begriffen, bei dem alle anderen Aspekte ihrer Identität in den Hintergrund träten. Die Faktoren, die diese Identität formten, vor allem die besondere Qualität der Eltern-Kind-Beziehung, wurden bei solchen Interpretationen überhaupt nicht mehr berücksichtigt. Bei solchen Analysen würde man außerdem eine Tatsache von entscheidender Bedeutung ignorieren: daß diese Frauen immer wieder betonten, sie hätten es genossen, Mädchen zu sein, kleine Mädchen, die «besonders» waren und deren Väter sie zu «etwas Besonderem» machten, indem sie ihnen erlaubten, sie in die Welt der Männer zu begleiten. Daß sie auch weiterhin Mädchen sein wollten, die auch in der Männerwelt ihre Rolle spielen und erweitern wollten, ist eine Erklärung, die sich nicht nur mit den Faktoren, sondern auch mit dem gesunden Menschenverstand begründen läßt. Das zeigt die spätere Geschichte der fünfundzwanzig.

Hätte diese Frau ihre eigenen Bedürfnisse aufgegeben und sich die ihrer Mutter zu eigen gemacht, dann wäre sie gezwungen gewesen, ihr frühere Orientierung zu modifizieren, was Aktivität, Rivalität und Leistung betrifft – eine Orientierung, die auf Wertbegriffen basiert, die für den Erfolg in vielen Führungspositionen entscheidend sind. Die Gruppe der fünfundzwanzig gab weder ihre Wertbegriffe, noch ihre frühere Orientierung auf, und ihr Verhalten unterschied sich infolgedessen radikal von dem, was bei heranwachsenden Mädchen von jeher als «normal» gilt.

Die Normalität der Frau ist nach ihrer Distanz von der männlichen Norm definiert worden. Je größer die Distanz, desto «normaler» die Frau, und einige der akzeptierten Polaritäten heißen: aktiv im Gegensatz zu passiv; aggressiv im Gegensatz zu submissiv, kreativ im Gegensatz zu verharrend; risikofreudig im Gegensatz zu sicherheitsbedürftig; stark im Gegensatz zu schwach (zärtlich!); nehmend im Gegensatz zu gebend. Von Jungen und Mädchen wird erwartet, daß sie mit der Suche nach Partnern beginnen, sobald die Pubertät einsetzt, und daß sie lernen, wie sie sich bei diesen Partnerschaften in der Welt der Erwachsenen zu verhalten haben. Die genannten Polaritäten liefern einen deutlichen, von der Gesellschaft sanktionierten Verhaltensrahmen, dessen Bedeutung für Frauen darin besteht, eine Rolle zu übernehmen, die passiv, submissiv, verharrend, sicherheitsorientiert, schwach und nehmend ist – Eigenschaften, die in den zwanziger Jahren unseres Jahrhunderts sicher noch mehr als Voraussetzung für die vollendete Weiblichkeit galten als heute.

Da die Gesellschaft und die Psychologie traditionellerweise übereinstimmten, was diese Rollenkomponenten betrifft, stellt die Gruppe der fünfundzwanzig eine aufschlußreiche Abweichung von der Norm dar. Was gab ihnen das Gefühl der Freiheit und Sicherheit, das sie brauchten, um an Aktivitäten und Rollen festzuhalten, die gewöhnlich nicht als weiblich betrachtet werden? Wie gelang es ihnen, sich als Menschen zu sehen, für die die traditionellen Frauenrollen nur ein Teilaspekt des Lebens war? Was gewannen, was verloren sie dabei?

Wenn man die Adoleszenz dieser Frauen verfolgt, entdeckt man Anhaltspunkte für einen entschlossenen Kampf, sich nicht in die restriktive, einengende Frauenrolle zwängen zu lassen, und bei diesem Kampf entwickelten sie Feindseligkeiten und Groll gegen die Mutter. Sie kamen allmählich zu der Ansicht, ihre Mütter hätten den Kampf aufgegeben und würden nun versuchen, sie dazu zu zwingen, das gleiche zu tun. In scharfem Kontrast zu diesen Entwicklungen steht ihre Erklärung, das Verhältnis zum Vater habe sich fast überhaupt nicht geändert. Eine Frau sagte:

«In dieser Zeit reduzierte ich die Abhängigkeit von meiner Mutter, lehnte die traditionellen Vorstellungen, die sie – und andere Frauen – von den weiblichen Rollen hatten, teilweise ab. Meine Beziehung zu Dad änderte sich kaum. Wenn überhaupt, erweiterte und vertiefte sie sich höchstens. Ich stand immer im Mittelpunkt seiner Aufmerksamkeit. Dad bewertete individuelle Leistung und individuellen Erfolg höher als alles andere im Leben. Dad betrachtete Mutter und mich nie als gleich. Bei meiner Mutter erwartete und belohnte er das eine Verhalten, bei mir das andere.

Ja, sicher, er behandelte mich irgendwie anders, er machte mir Komplimente über mein Aussehen. Im Grunde waren wir jedoch weiter sehr gute Freunde. Wir spielten weiterhin Tennis, segelten im Sommer gemeinsam und diskutierten leidenschaftlich über seine geschäftlichen Dinge. Als ich dreizehn war, fing ich an, in seinem Büro für ihn zu arbeiten. Ich glaube, in jener Zeit kam ich auch zu dem Schluß, ich hätte prinzipiell etwas gegen Frauen! Das heißt, ich war nicht gern mit Frauen zusammen. Ich fühlte mich in ihrer Gesellschaft sehr unbehaglich, aber ich lehnte sie auch ab. Ich hielt sie für beschränkt, und ich glaubte immer, das beruhe auf Gegenseitigkeit! Ich hatte einige Freundinnen, die die gleichen Interessen hatten wie ich, aber das war alles.»

Eine andere Frau erklärte:

«Als ich ungefähr zwölf war, kam ich zu dem Schluß, meine Mutter sei in Wirklichkeit nicht all das, wozu ich sie hochstilisiert hatte. Ich weiß noch, daß dies eine schreckliche Krise in meinem Leben war. Ich glaube, es begann damit, daß sie mir vorschlug, mich ordentlicher zu benehmen. Sie sagte, ich solle zur Ruhe kommen und lernen, eine junge Dame zu werden – das Wort ‹lernen› ließ mich stutzig werden! Ich fand es sehr angenehm, eine junge Frau zu sein, aber nicht so, wie meine Mutter es meinte. Sie meinte, eine ‹junge Dame› sein. Ich sah mich als Menschen. Ich fand, es sei Pech, daß ich kein Junge war, aber nur deshalb, weil es die Dinge für alle erleichtert hätte. Ich weiß noch, daß ich ihr auch dafür die Schuld gab. In jener Zeit fing ich außerdem an, Probleme mit meinen Freundinnen zu haben. Ich hatte ein paar gute Freundinnen, aber ich haßte Mädchencliquen. Ich zog immer Zweierbeziehungen vor. Ich begann auch, mit Jungen etwas zu unternehmen, und da war es für mich mit den Mädchenvereinen aus! Ich war lieber stellvertretende Vorsitzende eines gemischten Clubs als Präsidentin eines Vereins aus lauter Mädchen. Mein Dad stand in dieser Krise so unerschütterlich zu mir, er blieb der gute alte Dad, und unsere Beziehung war mein sicherer Hafen.»

Kinder werden meist darin bestärkt, sich mit Erwachsenen desselben Geschlechts zu identifizieren und sie zu imitieren, und Jungen lernen schnell, daß bestimmte Eigenschaften, Fertigkeiten und Ziele die Männlichkeit definieren, daß die Männlichkeit selbst im Erwerb von Tüchtigkeit und in Leistungen wurzelt. Mädchen lernen eher, daß die traditionelle Frauenrolle Tüchtigkeit ganz anders definiert, nämlich einen Mann zu heiraten, der tüchtig ist, der etwas leistet – und ihn im Wettkampf mit anderen Mädchen für sich zu gewinnen.

Für Mädchen, besonders für die leistungsorientierten unter uns, bringt die Pubertät oft eine traumatische Verschiebung in der Definition der Tüchtigkeit mit sich. Erfolg wird mit Beliebtheit identifiziert, erfolgreich ist das Mädchen der Gruppe, das am meisten begehrt wird. Für Jungen bleibt Tüchtigkeit, was sie immer gewesen ist: objektive Leistung, Erfolg bei dem, was man anpackt, Entwicklung von Führungsqualitäten. Gewiß ist es nützlich, gut auszusehen und beliebt zu sein, aber wenn das nicht der Fall ist, wird die Tüchtigkeit trösten und zuversichtlich machen, daß man auf lange Sicht dort draußen in der Welt der Leistung gewinnen wird. Für Mädchen in der Pubertät ist das gewöhnlich nur ein sehr schwacher Trost: Wie viele Frauen gibt es denn, die dort draußen, in *jener* Welt, gewonnen haben?

Im Gegensatz zu den zunehmend traditionellen Müttern wurden die Väter entscheidende Größen bei dem Prozeß der Identitätsbildung in der Gruppe der heranwachsenden fünfundzwanzig Mädchen. Sie sahen ihre Töchter als Frauen, aber als Frauen, die mehr als die traditionelle Frauenrolle ausfüllen konnten, und wirkten dadurch dem traditionellen Weiblichkeitsbegriff entgegen. Sie trugen weitgehend dazu bei, daß die von ihnen eingesetzten Wertbegriffe wie objektive Tüchtigkeit und Leistung gültig blieben.

Die Beziehung des Vaters zu der heranwachsenden Tochter war bei allen Frauen unserer Gruppe etwas Einzigartiges. Sie waren nicht der Meinung, daß sie mit der Mutter um die Zuneigung des Vaters konkurrieren mußten, und auch nicht, daß ihre Mutter dieses Verhältnis auf irgendeine Weise bedrohte. In ihren – früheren – Kindheitserinnerungen war ihre Mutter eine beruhigende Notwendigkeit, ein «warmes, kuscheliges Kissen» gewesen, weder sehr aufregend noch sehr faszinierend. Nun betrachteten sie ihre Mutter, in manchen Fällen sehr verständlich, als aufreizend altmodisch.

Daß sie die Existenz ihrer Mütter als eine solche Selbstverständlichkeit hinnehmen konnten, ging in einem gar nicht zu überschätzenden Ausmaß darauf zurück, daß keine Söhne da waren. Die Proteste während der Pubertät, die diese Frauen gegen die Einschränkungen erhoben, welche ihre Mütter ihnen auferlegen wollten, waren frei von der Bitterkeit, die ein direkter Vergleich mit der Selbständigkeit eines Bruders hervorgerufen hätte, und die Eltern-Kind-Beziehung wurde nie durch die Eifersucht des «Sie ziehen ihn vor, weil er alles tun darf und überall hin darf» strapaziert.

Da keine Söhne im Haus waren, durften diese Mädchen von Anfang an «etwas Besonderes» sein. Die Lösung der ersten Mutterbindung wurde, so schmerzhaft sie gewesen sein mag, durch das aktive Interesse, die Aufmerksamkeit und Liebe des Vaters ausgeglichen. Als sie ihre Gefühle des Verlusts bewältigten, brauchten sie nie mit irgendwelchen Reaktionen der Eltern fertig zu werden, denen zufolge Jungen vorgezogen würden oder besser seien. Mit anderen Worten: Sie konnten Enttäuschung und Zurückweisung nicht auf einen wesentlichen Bestandteil ihrer Identität – nämlich ein Mädchen zu sein – zurückführen, was viele andere Mädchen unweigerlich müssen. Aus diesem Grund wurde ein entscheidender Teil ihrer Selbstschätzung bewahrt.

In der Pubertät meinten sie, ihre Mutter wende sich gegen sie, nicht nur, weil sie Mädchen waren, sondern auch, weil die Mutter sich nicht gegen die sozialen Zwänge wehrte. Hier liegt ein bedeutsamer Unterschied. Aus diesem Grund konnten die Mädchen sicher sein, daß sie keinen angeborenen Defekt hatten, *weil* sie Mädchen waren, und deshalb konnten sie der Meinung sein, daß die Möglichkeit besteht, Vorschriften der Gesellschaft anzuzweifeln, wenn man bereit ist, den Preis dafür zu zahlen.

Alle Frauen sagten, das Vater-Tochter-Verhältnis habe in der Pubertät seine ausgeprägte Leistungsorientierung beibehalten. Vater und Tochter bewunderten und mochten sich auf Grund objektiver Leistungen und objektiver Erfolge. Die Väter fanden den Erwerb von Fertigkeiten und Fähigkeiten weit wichtiger als das Erlernen einer sozial definierten Geschlechtsrolle oder eines sozial definierten Verhaltensstils, und wenn die Töchter sich besonders bedroht fühlten, schenkte ihnen diese Beziehung eine große emotionale Sicherheit. Es war im allgemeinen eine Beziehung, die sie in ihrer Selbstschätzung unterstützte und vor den Spannungen abschirmte – oder von den Spannungen ablenkte –, die als Folge an sie gestellter Konformitätsansprüche entstanden.

Es wäre allerdings irreführend, die Theorie aufzustellen, diese Väter hätten ihre Töchter genauso behandelt, wie sie Söhne behandelt hätten. Es gibt keine Anhaltspunkte dafür, daß sie die Weiblichkeit ihrer Töchter auf irgendeine Weise ablehnten. Zugegeben, sie verhielten sich ihren Töchtern gegenüber so, wie sie sich vielleicht einem Sohn gegenüber verhalten hätten, aber sie berücksichtigten die sexuelle Identität des Kindes. Das Kind wiederum fühlte sich nicht gedrängt, den Vater jetzt, in der Pubertät, für sich zu gewinnen, da es ihn schon viele Jahre vorher für sich gewonnen hatte.

Diese Beziehung trug am meisten dazu bei, die Selbsteinschätzung, die unsere Testpersonen in der Adoleszenz entwickelten, zu unterstützen und zu bestätigen, und sie war in jener Zeit die wichtigste Quelle für Belohnungen. Während sich alles andere ringsum und an ihnen änderte, blieben das Interesse und die Liebe des Vaters konstant. Sie erinnerten sich, daß sie sich dem Vater in diesem Abschnitt ihres Lebens näher gefühlt hatten als je zuvor. Während früher, in der Kindheit, beide Elternteile Sicherheit und Bestätigung geschenkt hatten, wurde diese Rolle nun weitgehend vom Vater übernommen, und die Mutter verwandelte sich – jedenfalls für die Tochter – in eine potentielle Quelle des Konflikts über das ewige Problem, wie das Mädchen sich selbst sah und wie es nach Ansicht der Gesellschaft – und der Mutter – sein sollte. Die Mädchen lehnten nicht die Realität ihrer Weiblichkeit ab, und sie lehnten ihre Mutter als Menschen nur bedingt ab. Was sie zurückwiesen, war die Rollendefinition der Weiblichkeit, die die Mutter ihnen aufzuzwingen versuchte.

Bei der Befragung von 1925 heranwachsenden Mädchen fanden Douvan und Adelson drei spezifische Kategorien von Meinungen und Zielen, die sie als feminin, maskulin und ambivalent bezeichneten. Sie beschrieben die ambivalente Kategorie wie folgt:

> Die ambivalenten femininen Mädchen kombinieren ausdrückliche Integration weiblicher Ziele mit einer Sehnsucht nach bestimmten Aspekten der Rollen, die traditionellerweise Männern zugewiesen werden. Sie haben zwar den Wunsch nach Ehe und Mutterschaft, sind aber auch lebhaft an persönlicher Leistung in Gegenwart und Zukunft interessiert. Sie sind hochgradig auf individuelle Weiterentwicklung ausgerichtet. Sie sind sehr um Erfolg bemüht und träumen außerordentlich viel von Erfolg. Sie zeigen ein großes Interesse an nichtsozialen Fertigkeiten und Berufen. Sie wählen öfter männliche als weibliche Rollenvorbilder, und für welches Vorbild sie sich auch entscheiden, sie suchen es auf Grund bewunderter Eigenschaften und Fähigkeiten aus – Charakter, Begabung, berufliche Fertigkeiten und persönliche Anziehungskraft. Sie wählen ihre Vorbilder nach objektiven Gesichtspunkten, während die femininen Mädchen bei der Wahl eines Vorbilds emotionale Beziehungen zugrunde legen. Diese Mädchen (die ambivalenten) haben die bemerkenswerte Fähigkeit, sich in Alternativsituationen für das größere Risiko zu entscheiden. Sie haben eine hohe Bereitschaft, sich auf ihre eigenen Kräfte zu verlassen. Ihre Eltern behandelten sie so, wie man es normalerweise bei Jungen erwarten würde. Sie berichten, daß ein Elternteil oder beide Elternteile ihre Fertigkeiten und ihre Selbständigkeit wichtiger finden als alles andere. Gesunder Menschenverstand und gutes Urteilsvermögen sind bedeutsame Wertbegriffe der Familie. Das nicht ambivalente Mädchen versucht, sein Ziel nur durch Heirat zu erreichen, während das ambivalente wenigstens zwei mögliche Wege sieht – individuelle Leistung und Ehe.[1]

Es ist vielleicht interessant zu erfahren, daß das Wort «ambivalent» noch vor zehn Jahren verwendet wurde, um Mädchen zu klassifizieren, denen es im wesentlichen darum ging, sexuelle und intellektuelle Ansprüche zu vereinbaren, die versuchten, komplette menschliche Wesen zu werden. Davon abgesehen, gibt es bei unseren fünfundzwanzig in jenem Stadium kaum Anhaltspunkte für Ambivalenz. Irgendwie würden sie später Mittel und Wege finden, um mit den Konflikten zurechtzukommen, die sie beschäftigten. Und sie wußten, daß sie sich auf ihre Väter verlassen konnten, wenn sie Hilfe brauchten.

Auf der High School schnitten sie alle gut ab. Gesellige Unternehmungen mit Jungen waren für sie eine neue Herausforderung, und sie nahmen führende Stellungen – meist in der Position von Stellvertretern – in gemischten Clubs und Vereinen ein. Möglicherweise behaupteten sie deshalb, sie hätten ebenso viele Verabredungen mit Jungen gehabt wie andere Mädchen. Im übrigen rechneten sie damit, zu heiraten und Kinder zu haben. Eine typische Äußerung lautet:

> «Es kam mir nie in den Sinn, ich würde nicht heiraten und keine Kinder bekommen. Ich wollte nur mehr machen als das. Ich wollte mehr Mensch sein als meine Mutter. Ich wußte, daß ich eine Frau war, und ich genoß es, von Jungen bewundert zu werden. Noch wichtiger fand ich es allerdings, von Erwachsenen für meine Leistungen und Fähigkeiten bewundert zu werden. Meine Mutter und ich vertrugen uns wieder, als ich anfing, mich mit Jungen zu verabreden und mich ein bißchen für die weiblichen Dinge zu interessieren. Sie begann sogar, sich über meine Erfolge in der Schule zu freuen, und ermutigte mich in dieser Beziehung. Wir sprachen nun auch über College und Beruf. Für meinen Dad war eine Collegeausbildung natürlich immer das mindeste für mich gewesen. Bei den gleichaltrigen Mädchen galt ich immer noch als Rebell, aber meine Freundinnen schienen mich so zu akzeptieren, wie ich war. Wir waren jedenfalls vollauf damit beschäftigt, das Leben zu genießen, und hatten selten Zeit, an die Zukunft zu denken. Ich dachte insgeheim daran und hielt es für wichtig, auf ein koedukatives College zu gehen. Ich fand die üblichen Mädchenberufe wie Lehrerin oder Krankenschwester sehr einengend und erwog, als Sekretärin zu arbeiten, weil ich dann in der Umgebung sein würde, mit der ich von meinem Vater her vertraut war.»

Diese Aussage, die in ihrer weiblichen Orientierung auf den ersten Blick so beiläufig, fast oberflächlich wirkt, weist bei näherer Betrachtung uneingeschränktes Akzeptieren der Weiblichkeit und ein zusätzliches Element auf: den Wunsch, etwas zu leisten und dafür belohnt zu werden. In der Adoleszenz mit Zwängen konfrontiert, eine passivere Rolle anzunehmen, versuchten die fünfundzwanzig Mädchen, ihre Rolle zugunsten ihrer nun entstehenden Selbsteinschätzung umzumodeln. Ihr spätpubertäres Verhalten läßt ein Gefühl der langsam beginnenden Selbständigkeit und Selbstverantwortung erkennen. Zum erstenmal redeten sie offen von der «Vereinbarkeit» ihrer eigenen Bedürfnisse und Ziele mit den Situationen, die sie sich für später wünschten. Sie begannen, vom College und von ihren beruflichen Plänen zu sprechen. Die Berufstätigkeit als erwachsene Frau war für sie kein alternativer Lebensstil, sondern der einzige und selbstverständliche Lebensstil. Eine Frau sagte:

> «Für mich stand nur eines fest – ich habe niemals daran gedacht zu heiraten und zu Haus zu bleiben wie meine Mutter. Das war eine Lebensweise, die ich schon sehr früh abgelehnt haben muß, denn so lange ich zurückdenken kann, wollte ich nicht so leben wie meine Mutter, sondern so wie mein Vater. Die Arbeit im Beruf war für mich eine spannende und befriedigende Tätigkeit, die ich herbeisehnte. Ich erwog nie, ohne sie zu leben.»

Die Rolle der Väter bei der Erziehung der Töchter war bis zu diesem Punkt eindeutig und konsequent und kulminierte darin, daß die Väter zum primären Rollenvorbild wurden. Die Mütter, die die Selbständigkeit und Leistungsorientierung zunächst gefördert hatten, sich in der frühen Pubertät ihrer Töchter jedoch änderten und zu aktiven Befürwortern der traditionellen und einengenden weiblichen Rolle wurden, änderten sich erneut. Alle fünfundzwanzig Frauen wußten noch, wie erleichtert ihre Mütter gewesen waren, als ihr Interesse für Jungen erwachte und als sie anfingen, sich um ihr Aussehen zu kümmern. Sie kamen ihren Müttern wieder näher, und die Mütter ihrerseits begannen wieder, sie zu bestärken und zu bestätigen, daß ihre individuelle Leistung wichtig sei.

Die Mütter hatten nämlich etwas erreicht, was sie als eine ihrer wichtigsten Pflichten betrachteten: ihre Töchter dahin zu bringen, daß sie sich eindeutig als Frauen begriffen. Dies vollbracht, waren sie nunmehr imstande, wieder das Kind in seiner Ganzheit zu unterstützen. Das war ein entscheidender Beitrag zur künftigen Entwicklung der fünfundzwanzig, denn hätten ihre Mütter weiterhin gegen ihre anderen Interessen opponiert und einen totalen Konflikt zwischen der weiblichen Rolle und ihren anderen Wünschen und Bestrebungen gesehen, dann hätten sie es womöglich nicht geschafft, ihre noch zerbrechliche Integration zwischen dem, was sie waren, und dem, was sie sein wollten, zu festigen. Hätten ihre Mütter sich ihnen weiterhin entgegengestellt und, mehr noch, hätten sie versucht, sich dabei der Hilfe ihrer Väter zu versichern, dann hätten die Töchter sich entweder unterworfen oder aufgelehnt, woraus ein ganz anderes Motivationsgefüge entstanden wäre.

Die Jugend war für diese Frauen im wesentlichen eine Zeit, in der sie ihre Vorstellung von sich ohne reale Schwierigkeiten weiterentwickelten und untermauerten. Ihr Ideal war Unabhängigkeit und Leistung. Sie akzeptierten die Weiblichkeit und ihre traditionellen Ziele wie Ehe und Mutterschaft – aber nach ihren eigenen Begriffen. Sie beschlossen, das College zu besuchen, eine berufliche Laufbahn einzuschlagen und erst später zu heiraten. Ihre Familien gaben ihnen weiterhin die Sicherheit, die sie brauchten, doch viele Anhaltspunkte lassen darauf schließen, daß ihre eigene Stärke zunahm: Sie lehnten die traditionsgebundenen Ansichten ihrer Mütter ab und hielten an ihren eigenen Zielen fest, wobei sie sich auf die Unterstützung ihrer Väter und auf ihre eigenen inneren Überzeugungen verließen.

Es ist, als hätten sie die Bühne für ihre Zukunft vorbereitet. Die Wahl ihres Vaters als Rollenvorbild, die Abneigung gegen «traditionelle» Frauen, ihre Vorliebe für koedukative Betätigungen waren untrügliche Omen für das, was sie tun würden: eine Universität besuchen, eher ein berufsqualifizierendes Hauptfach belegen als die allgemeinbildenden *liberal arts*; zu ihren männlichen Kommilitonen viel engere Beziehungen herstellen als zu anderen Frauen (Männer würden sie bestätigen, Frauen würden sie merkwürdig finden); einen Beruf wählen, der mit dem ihres Vaters verwandt war, und fast ausschließlich in der Gesellschaft von Männern arbeiten. Alle diese Entscheidungen sollten auf dem College und in den ersten Berufsjahren getroffen werden.

8
Die Studienzeit

In den Jahren der Wirtschaftskrise kamen die fünfundzwanzig ins Studentenalter. Die Collegeeinschreibungen nahmen ab. Zahlreiche Eltern konnten es sich nicht einmal mehr leisten, ihren Söhnen eine weiterführende Bildung zu finanzieren. Für diese Frauen schien jedoch von vornherein nichts anderes als eine Collegeausbildung in Frage gekommen zu sein. Im Rückblick auf ihre Jahre auf der High School konnte keine von ihnen den genauen Zeitpunkt nennen, an dem sie sich entschloß, aufs College zu gehen. Die meisten von ihnen sagten, die Entscheidung sei nie bewußt getroffen worden, da der Collegebesuch seit ihrem neunten oder zehnten Lebensjahr einfach zu dem Leben gehört habe, das ihnen vorschwebte.

Sie studierten in einer wirtschaftlichen Krisenzeit, als nur wenige Frauen eine Collegeausbildung erhielten, und sie hatten von Anfang an ungewöhnlich klare Vorstellungen davon, was sie wollten: Sie wollten sich auf eine berufliche Laufbahn vorbereiten, auf die sie sich schon mehr oder weniger festgelegt hatten. Sie wollten arbeiten. Sie wollten Karriere machen wie ihre Väter. Obgleich sie ungewöhnlich klare Berufsziele hatten, war die Zeit auf dem College schwieriger als irgendein anderer Lebensabschnitt zuvor. Sie waren nun fast gänzlich auf sich selbst angewiesen.

Ihre Umwelt erweiterte sich erheblich, und sie gaben viele ihrer pubertären Wunschbilder von sich und ihren Möglichkeiten auf. Die Alternativen des wirklichen Lebens, die sich ihnen boten, waren vielfältiger, die Skala der Leute, mit denen sie zurechtkommen mußten, war breiter. Sie waren weiter von ihren Familien entfernt als je zuvor, und eine ihrer wichtigsten Aufgaben bestand nun darin, neue Quellen der persönlichen Unterstützung und Sicherheit zu finden.

Sie wußten, daß sie erneut mit einer Umwelt konfrontiert werden würden, in der die meisten Frauen, die sie kennenlernten, ganz andere Ziele und Pläne haben würden als sie. Sie waren sich darüber klar, daß es durch den Gegensatz zwischen dem, was man von ihnen als Studentinnen erwartete, und dem, was sie für sich erwarteten, abermals zum Konflikt kommen würde.

Ihre Wahl des Colleges entsprach ihrem Wunsch nach einer Karriere. In einer Zeit, in der die meisten Mädchen mit dem sozioökonomischen Hintergrund der fünfundzwanzig ein privates Mädchencollege vorzogen, suchten sie sich mit einer Ausnahme eine koedukative Lehranstalt aus. Sie sagten, sie hätten eine Umgebung haben wollen, wo eine Interaktion mit Männern möglich sei, und sie hatten sich für Fächer entschieden, die man auf Mädchencolleges nicht studieren konnte. Sie wählten folgende Hauptfächer:

Hauptfach	Zahl der Frauen, die es wählten	Prozentsatz
Betriebswirtschaft	7	28
Volkswirtschaft	5	20
Mathematik	2	8
Geschichte	3	12
Sekretariatsausbildung	2	8
Liberal Arts – allgemein	4	16
Andere	2	8
	25	100

Eine Frau beschreibt die Wahl ihres Hauptfachs so:

«Als ich auf das College kam, mußte ich mich endgültig für eine bestimmte Fachrichtung entscheiden. Ich schaute mir den Lehrplan an und diskutierte ihn mit Dad und Mutter und einigen meiner Lehrer von der High School, und dann beschloß ich, Betriebs- und Finanzwirtschaft zu belegen. Ich wußte, daß ich wahrscheinlich irgendeine Sekretariatsarbeit würde annehmen müssen, wenn ich eine Laufbahn in der Wirtschaft einschlagen wollte. Damals konnten Frauen ganz gut als Sekretärin anfangen. Sogar Krankenschwestern und Lehrerinnen und Diplomvolkswirtinnen hatten Schwierigkeiten, eine Stelle zu bekommen. Ich glaubte, das Geschäftsleben zu kennen und zu schätzen – mich reizten jedenfalls das Klima und die Herausforderung, die es meiner Ansicht nach bot. Außerdem hatte mein Vater mir schon eine Menge über die praktische Seite beigebracht. Ich stellte zu meiner Freude fest, daß ich die einzige Frau war, die Betriebswirtschaft als Hauptfach belegt hatte – zusammen mit ungefähr dreihundert Männern. Ich habe immer die Erfahrung gemacht, daß Männer furchtbar nett und hilfsbereit sind.

Sicher, es gab ein paar miese Typen, aber die ignorierte ich. Es waren viele Jungen da, mit denen ich Kontakt hatte und die akzeptierten, daß ich zielstrebig war. Jedenfalls gehörte ich bald zu den Besten, und man ließ sich gern von mir helfen. Ich glaube, selbst die miesen Typen mußten mich respektieren, und mehr wollte ich nicht.»

Alle fünfundzwanzig hatten die «traditionelle feminine Frau» bereits als Identifikationsvorbild abgelehnt, doch sie gingen außerdem diesem Typ Frau auch aus dem Weg. Dadurch schützten sie sich davor, daß man sie mißverstand oder auslachte. In den Studentinnenclubs hätten sie erklären und rechtfertigen müssen, warum sie sich so verhielten. Sie hätten sich unter einem anderen Blickwinkel betrachten müssen. In vielerlei Hinsicht war die «traditionelle Frau» eine Bedrohung für die neue und andere Frau, als die sie sich fühlten – und so viele Frauen *waren* traditionell. Angenommen, sie und ihre Väter hätten sich geirrt? War eine Karriere wirklich ein Privileg der Männer? Warum hatten so wenige Frauen in der Berufswelt Erfolg gehabt? Das waren die «herkömmlichen» Fragen. Sie wollten nicht drüber nachdenken, geschweige denn versuchen, sie zu beantworten. Sie wollten keine Zweifel, sie wollten Bestätigung.

Wenigstens einige Männer unterstützten und bestärkten sie. Einige Männer bestätigten wie früher ihre Väter, daß sie sowohl attraktiv als auch intelligent waren. Die meisten Männer waren weniger schwierig, weniger bedrohlich und anregender als Frauen. Mit den miesen Typen konnte man zurechtkommen, weil man auf einer intellektuellen Stufe selbst ihre Achtung erringen konnte. Sie glaubten nicht, daß sie auf dieser Stufe so gut mit den miesen Typen vom eigenen Geschlecht zurechtkommen konnten.

Die Sicherheit der Beziehungen, die sie herstellten, war von entscheidender Bedeutung für ihren späteren Erfolg als Führungskräfte: Sie begriffen bereits – wahrscheinlich ohne nach dem Grund zu fragen –, daß es möglich war, auf der Basis von Tüchtigkeit und intellektueller Fähigkeit funktionierende Arbeitsbeziehungen zu Männern zu entwickeln, daß diese Beziehungen nicht auf persönlichen Verbindungen, noch nicht einmal unbedingt auf gegenseitiger Sympathie beruhen mußten. Sie gingen im Grunde von dem gleichen Ansatz aus wie zwei Männer, die in einer Footballmannschaft sind und beim Spiel erfolgreich zusammenarbeiten, obgleich sie sich ansonsten nicht ausstehen können.

Sie sagten, sie hätten ihre Berufswünsche mit ihren Eltern diskutiert und seien von den Ansichten ihrer Eltern beeinflußt worden, doch dieser Prozeß habe nicht etwa darin bestanden, daß sie sich den Wünschen ihrer Eltern beugten. Es war vielmehr ein Prozeß, bei dem ihre Eltern sie in ihren eigenen Neigungen bestärkten. Sie sagten, sie hätten ihren Vater zwar bewußt als Rollenvorbild gewählt, aber das sei im wesentlichen eine persönliche Angelegenheit gewesen, die bei ihren Diskussionen mit den Eltern nicht zur Sprache gekommen sei. Einige von ihnen sagten, der Beruf bzw. die Arbeit ihres Vaters sei ein spezifisches Vorbild gewesen, das nichts mit seiner Firma oder Organisation zu tun gehabt habe. Die Frau, deren Vater Collegedirektor war, erklärte zum Beispiel, die Verwaltungsarbeit reize sie, doch auf die akademische Umgebung könne sie verzichten. Die Frauen, die als Hauptfach *liberal arts* gewählt hatten, sagten, sie seien dem Wunsch ihres Vaters gefolgt, der eine umfassende Allgemeinbildung von Anfang an als notwendiges Fundament für eine spätere Berufsausbildung angesehen habe, die sich an das Collegeexamen anschließen könne und solle. Diese Frauen wählten trotz des großen Arbeitspensums der *liberal arts* noch Betriebswirtschaft als Nebenfach und sahen in ihrem Vater wie die anderen das Vorbild. Die beiden Frauen, die sich für eine Sekretariatsausbildung entschieden, waren der Meinung gewesen, ihre Fertigkeiten würden ihnen ein anerkanntes Sprungbrett in die Geschäftswelt verschaffen, und wenn sie erst dort wären, würden sie lernen. Für welches Hauptfach sie sich auch entschieden, sie sahen alle einen Zusammenhang zwischen dem Rüstzeug, das es ihnen ihrer Meinung nach geben würde, und der beruflichen Laufbahn, die sie anstrebten.

Sie arbeiteten alle hart. Semester für Semester standen sie auf der Liste der besten Studenten, und einige von ihnen graduierten mit der höchsten Auszeichnung und wurden dafür in die Akademikervereinigung «Phi Beta Kappa» gewählt. Sie behaupteten, die ganze Zeit ein aktives Leben in der Gemeinschaft geführt zu haben.

Die Strategie, die sie für sich entwickelten, bestand darin, daß sie Ziele setzten, planten, Prioritäten und Unterziele setzten, einen Kurs einschlugen, bei dem ablenkende Umwege erkannt und vermieden wurden. Wie eine der Frauen sagte, bemühten sie sich, «die Versuchungen neuer Situationen und Erfahrungen» zu meiden. Was, so fragten sie sich, ist die geradeste Linie zwischen dem, was ich bin, und dem, was ich sein möchte? Die von ihnen entwickelte Strategie war im eigentlichen Sinn eine Managementstrategie. Ein ehrgeiziger junger Mann richtet sich danach, ohne lange zu fragen. Ehrgeizige junge Frauen werden gewöhnlich erst mit zwanzig geboren, und der diesbezügliche Prozeß beginnt bei ihnen meist zehn Jahre zu spät.

Alle fünfundzwanzig lehnten das Leben in Studentinnenverbindungen ab und entschieden sich dafür, im Studentinnenheim zu wohnen. Sie sagten, das Verbindungsleben habe ihnen mißfallen, weil es «traditionell weiblich» sei und Frauen, wie sie ihnen als Ideal vorschwebten, in keiner Hinsicht unterstütze. Eine Frau erklärte:

«Ich wußte, daß ich als Widersacherin der ganzen Gruppe enden würde, wenn ich in eine Verbindung einträte. Ich glaubte nicht an dieselben Dinge wie sie, und mein Hauptziel auf dem College war nicht der beste Ehemann. Wir hatten einfach nichts gemeinsam, diese Verbindungsschwestern und ich! Ich kannte mich gut genug, um zu wissen, daß ich unglücklich sein würde und sie unglücklich machen würde, weil ich ihnen dauernd sagen würde, wie beschränkt sie mir vorkämen, und sie hatten schließlich das gleiche Recht auf ungehinderte Selbstentfaltung wie ich. Ich beschloß, im Studentinnenheim zu wohnen. Dort waren die Mädchen gewöhnlich mehr aufgaben- und berufsorientiert, so wie ich, und das gesellige Leben war genauso gut wie in den Studentinnenverbindungen. Außerdem machte ich mir einfach nicht so viel aus Frauen; das war schon immer so gewesen, und deshalb hatte ich ein koedukatives College und ein Hauptfach wie Betriebswirtschaft gewählt. Ich war die letzten drei Jahre Vorsitzende meines Studentinnenheims, und diese Arbeit machte mir wirklich Spaß. Ich arbeitete mit Mädchen zusammen, die mir ähnlicher waren. Wir haben in diesen drei Jahren eine Menge erreicht.»

Ihre Ablehnung der traditionellen Frauenziele war inzwischen endgültig. Doch die fünfundzwanzig lehnten keineswegs *Frauen* ab – sie lehnten vielmehr Frauen ab, die sich auf traditionell weibliche Art verhielten und erwarteten, andere Frauen sollten sich ähnlich verhalten. Es war die Ablehnung einer Rolle und eines Verhaltensstils und nicht die Ablehnung von Individuen, und emotional gründete diese Ablehnung in ihrer früheren Zurückweisung der Rolle ihrer Mutter als «traditionelle Frau». Infolgedessen lehnten sie in erster Linie die weiblichen Interessen und Betätigungen ab, deren Ziel darin bestand, sich einen Ehemann zu angeln. Sie lehnten das zu diesem Zweck erforderliche Verhalten ab – sie betrachteten eine passive und unterwürfige Haltung gegenüber Männern als unnötig, schlimmer noch, als abträglich für die Fähigkeit einer Frau, mit Männern in der Berufswelt, die sich völlig von der Welt der Familie unterschied und von dieser getrennt war, in Konkurrenz zu treten.

Obgleich die fünfundzwanzig «traditionelle Frauen» seit einem sehr frühen Stadium ihres Lebens als ihre wichtigsten Widersacher identifizierten, sprachen sie nur selten davon, wie Jungen oder – mit Ausnahme ihrer Väter – Männer auf sie reagierten. Als sie endlich von Männern in ihrer Collegezeit zu reden begannen, sprachen sie über «die Männer, die mir etwas bedeuteten, und die, die mir nichts bedeuteten». Sie neigten dazu, Männer nach Entweder-oder-Kriterien zu klassifizieren: «nette Burschen» und «miese Typen». Wie es «traditionelle Frauen» und «karriereorientierte Frauen» gab (zur ersten Gruppe gehörten ihre Mütter und zur zweiten sie selbst), fielen auch Männer in zwei Kategorien: Helfer wie ihre Väter und die anderen.

Interessanterweise wuchs jedoch ihre Sicherheit, mit «miesen Typen» zurechtzukommen, weil sie sich auf ihre eigene Tüchtigkeit verließen, um Beziehungen herzustellen, die manchmal zu Freundschaften wurden. Ohne sich richtig darüber klarzuwerden, lehnten sie den mehr innerlich ablaufenden Prozeß ab, bei dem Frauen bewußt und unbewußt persönliche Sympathien zur Voraussetzung für eine aufgabenorientierte Beziehung machen. Indem sie sich auf ihre Tüchtigkeit als Quelle ihres Selbstvertrauens verließen, entwickelten sie einen Stil für die Zukunft, der ihnen möglich machte, alle die Leute zu tolerieren und gleichzeitig nicht für voll zu nehmen, gegen die sie etwas hatten oder die etwas gegen sie hatten. Sie schufen, anders ausgedrückt, eine nützliche Distanz zwischen ihrer Fähigkeit, objektives Können anzuerkennen, und ihrem subjektiven Urteil über die Leute, die es besaßen.

Alle fünfundzwanzig sagten, sie hätten sich in ihrer Collegezeit regelmäßig mit Jungen verabredet, und sie glaubten, daß trotz aller miesen Typen ihre Beziehungen zu den männlichen Kommilitonen im großen und ganzen gut gewesen seien. Rückblickend waren sie der Ansicht, viele Männer hätten ihr Streben nach beruflichem Erfolg nicht ernst genug genommen, um sie ablehnen zu können. Damals hatten sie, von solchen Reaktionen verschont, einfach angenommen, daß man sie ernst *nahm.* Es ist sehr gut möglich, daß sie ihre Sicht von den Einstellungen und Meinungen ihres Vaters auf Männer im allgemeinen übertrugen. Infolgedessen *erwarteten* sie positive Reaktionen und handelten dementsprechend, bis ihnen das Gegenteil bewiesen wurde. Die stillschweigende Annahme, sie würden nicht zurückgewiesen, sondern akzeptiert, erlaubte ihnen viel später, auf jeder hierarchischen Stufe mit Männern auf eine Weise umzugehen, die jeden Ablehnenden zwang, den ersten Schritt zu tun – die Sache als Folge seiner persönlichen Schwierigkeiten aufzugreifen und nicht als Folge ihres Signals, sie *erwarte* negative Reaktionen. Mit anderen Worten: Sie meinten selbst dann, daß sie für eine Arbeit qualifiziert waren, wenn andere insgeheim glaubten, sie seien es nicht. Auf diese Weise leisteten sie sich selbst einen unschätzbaren Dienst und vermieden die schmerzhafte Falle, in die so manche andere Frau hineintappte. Eine solche Frau erwartet nämlich negative Reaktionen und projiziert deshalb die eigenen Zweifel so deutlich, daß sie wahrgenommen und mit den bereits bestehenden Zweifeln der anderen kombiniert werden – auf diese Weise stellt sie eine negative Reziprozität her, die sich nur sehr schwer durchbrechen läßt.

Vor allem scheint jedoch noch ein weiterer Faktor wirksam gewesen zu sein. Als die fünfundzwanzig die erste Hälfte des Studiums absolviert hatten, unterschieden sich ihre Ziele so sichtbar von denen der meisten anderen Frauen, daß andere Frauen zu einer Quelle potentieller Feindseligkeit wurden. Andere Studentinnen konnten sehen, daß diese Frauen *ihre* Ziele verworfen hatten, denn sie wollten sich keinen Ehemann angeln und rechneten nicht damit, sich demnächst als Hausfrau niederzulassen. Die männlichen Kommilitonen verkörperten dagegen ein weit geringeres Konfliktpotential, weil sie nicht unbedingt daran glaubten, daß es den fünfundzwanzig mit ihren Karrierezielen ernst war.

In Hennigs und Hackmans Untersuchung *Men and Women at Harvard Business School* berichteten die weiblichen Befragten, die ersten negativen Reaktionen von Männern hätten sie beim Eintritt in die Business School erlebt.[1] Sie sagten, bei einigen Männern, mit denen sie sich außerhalb der Schule verabredet hätten, seien zwar schon negative Einstellungen spürbar gewesen, aber die stärkste negative Rückkoppelung sei von unverheirateten männlichen Studenten auf der Universität selbst gekommen. Verheiratete Studenten hätten sie weit mehr unterstützt.

Eine Frau, die 1964 an einer großen Universität wie Harvard Betriebswirtschaft studierte, engagierte sich zweifellos viel mehr für eine künftige Karriere in der Wirtschaft als eine Frau, die Anfang der dreißiger Jahre ein College besuchte. Das Problem lag für die alleinstehenden Männer der Studie von Hennig und Hackman darin, daß sie sich über dieses Engagement und seinen beunruhigenden Kontrast zu ihren Klischees von Frauen und sich selbst klar wurden. Als die fünfundzwanzig den nächsten Schritt zum beruflichen Engagement machten und ihre erste Stelle antraten, stellten sie fest, daß die Männer sie nach dem gleichen Prinzip behandelten – verheiratete Männer neigten dazu, sie als Menschen zu sehen, alleinstehende Männer schienen der Auffassung zu sein, sie seien fehl am Platze! Es war eindeutig ihre eigene Entscheidung, daß sie da waren, aber sie gehörten nicht dazu und sollten nicht dazugehören.

Super[2] sowie Tiedeman und O'Hara[3], drei Wissenschaftler, die sich eingehend mit der beruflichen Entwicklung befaßt haben, waren der Meinung, der Prozeß der Berufswahl sei von entscheidender Bedeutung für den künftigen Erfolg oder Mißerfolg im Beruf. Sie wiesen besonders darauf hin, wie wenig die Forschung sich bislang damit befaßt hat, was an diesem Punkt im Leben eines Menschen *tatsächlich* geschieht. Mit dieser Einschränkung akzeptierten sie allgemein, daß die Berufswahl aus dem Wechselspiel oder Zusammenwirken einer Reihe wichtiger Variablen resultiert: psychologische Prädispositionen eines Menschen, Intelligenz, Fertigkeiten und Begabungen; sozioökonomischer Hintergrund und sozioökonomische Bedürfnisse; schließlich ein fortgesetztes Überprüfen der Umwelt. Sie stellten auch die Theorie auf, daß bei vielen Leuten Zufall und unbewußte Motivation eine Rolle spielten: man kann nicht unter Dingen auswählen, deren Existenz man nicht kennt oder von denen man nicht wissen kann, ob sie einem gefallen würden.

Bisher hat noch niemand zeigen oder messen können, inwieweit diese Variablen zusammenkommen und zu einer Berufswahl führen; man hat noch nicht einmal festgestellt, ob sie in jedem individuellen Fall alle vorhanden sein müssen. Man stimmt zwar darin überein, daß die Jahre auf dem College ein entscheidender Abschnitt sind, aber leider ist gerade über diesen Abschnitt am wenigsten bekannt. Über Frauen auf dem College ist noch weniger bekannt, und von diesem Wenigen ist nur ein geringer Teil praktisch zu verwerten. Die zusätzliche Variable, eine Frau zu sein, und ihr Einfluß darauf, ob man wenigstens ermutigt wird, sich auf einen Beruf vorzubereiten, wurde bisher kaum berücksichtigt.

Die wichtigen Variablen, die von Berufstheoretikern als Teil des Prozesses der Berufswahl *bei Männern* identifiziert wurden, haben übrigens den Beigeschmack eines traurigen, schlechten Witzes, wenn man sie in bezug auf Frauen betrachtet. Diese Theoretiker gehen zumindest davon aus, daß das betreffende Individuum Wissen und Können sowie Begabung und Intelligenz mitbringt; sie nehmen ferner an, daß sozioökonomische Zwänge zusammengekommen sind, um folgende Dinge zu entwickeln: Wünsche und Erwartungen, die Bereitschaft zum Erwerb von objektiv meßbaren, sichtbaren Fähigkeiten, die Anerkennung der Bedeutung von Umweltfaktoren und irgendeine Definition dessen, was man tun oder welchen Weg man einschlagen möchte. In Anbetracht der Unterschiede, die wir im ersten Teil dieses Buches diskutierten, sind die Aussagen der Theoretiker für die überwiegende Mehrheit der Frauen irrelevant, denn sie spiegeln allein die männliche Erfahrung.

Im allgemeinen treten Frauen ohne früher erworbenes Wissen über Verhaltensnormen und -erwartungen, ohne konkrete Kenntnisse darüber, was eine Karriere bedeutet und welchen Stellenwert die gegenwärtige Arbeit dabei einnehmen muß, ohne klare berufliche Wünsche und Ziele in das Berufsleben ein. Viele Frauen bringen auch nicht die Bereitschaft zum Erwerb von objektiv meßbaren, sichtbaren Fähigkeiten mit, weil sie in dieser Beziehung bisher so ambivalente Erfahrungen gemacht haben – wolltest du eigentlich beliebt sein, oder wolltest du Klassenbeste sein? Ein enger Horizont schränkt die Sicht ein, und da Frauen im Hinblick darauf, was sie tun können, einen viel engeren Horizont haben, mindern sie unwillkürlich die Bedeutung von Lebensbereichen, die sie nicht kennen, und rücken die wenigen, die sie kennen und meistern, viel zu sehr in den Mittelpunkt. Sie können nur mit Mühe definieren, was sie in der Managementwelt der Männer darstellen, und noch schwerer fällt es ihnen, das zu definieren, was sie werden möchten. Die Theoretiker sagen zwar, die Berufswahl werde womöglich durch einen zufälligen Kontakt – mit der betreffenden Tätigkeit – beeinflußt oder herbeigeführt, aber man muß sich fragen, ob uns das überhaupt weiterhilft, weil heranwachsende Mädchen auf dem Gebiet der beruflichen Möglichkeiten und Chancen bisher relativ schnell gegen eine Mauer rannten, was die Erfahrungen und Kontakte betraf – und weil sich das selbst heute nicht zu ändern scheint: 90 Prozent der berufstätigen Frauen sind immer noch auf fünf Beschäftigungskategorien konzentriert!

Die fünfundzwanzig Frauen der vorliegenden Studie wurden seit ihrer Kindheit von ihren Vätern unterrichtet, gefördert und unterstützt. Ihre Väter erwarteten, daß sie eine Karriere anstrebten und sich darauf vorbereiteten; ihre Väter vermittelten ihnen ihren eigenen Standpunkt zu einer beruflichen Laufbahn als integrierender Bestandteil des menschlichen Lebens; ihre Väter setzten im Umgang mit ihnen voraus – und das wurde nie in Frage gestellt –, daß sie als Erwachsene die meiste Zeit ihres Lebens genauso berufstätig sein würden wie ein Mann.

Barnett packte das Problem der weiblichen Berufswahl in einer Studie über Studentinnen höherer Semester des Radcliffe College an, indem sie versuchte, Einstellungstypisierungen zu identifizieren.[4] In einer Pilotuntersuchung der Testpersonen legte sie versuchsweise drei Haupttypisierungen fest, die mit dem Problem der Berufswahl zusammenhingen, und die Analyse dieser Typisierungen rückte später in den Mittelpunkt ihrer Arbeit. Sie bezeichnete die Vertreter der drei Gruppen als *Verinnerlichende*, *Identifizierende* und *Willfährige*.

Die *Verinnerlichende* war eine junge Frau, deren berufliche und private Ziele so gut integriert waren, daß sie für die nächsten fünf Jahre einen logischen Karriereplan entwickeln konnte. Ihre Selbsteinschätzung und ihre beruflichen Neigungen waren komplementär, kongruent und auf persönliche und berufliche Integration gerichtet. Sie hatte nicht nur starke weibliche Bedürfnisse, sondern auch ein eindeutiges Bedürfnis nach beruflicher Aktivität; diese Bedürfnisse waren jedoch unabhängig voneinander, überschnitten und widersprachen sich also nicht. Sie hatte die Bedeutung und die Folgen beider Bedürfnisgruppen mit bemerkenswerter Sorgfalt durchdacht und hielt sich für fähig, mit beidem zurechtzukommen, weil sie komplementäre Bestandteile ihrer Persönlichkeit und ihrer Selbsteinschätzung waren.

Die *Identifizierende* (etwa die Hälfte der untersuchten Gruppe) hatte verschwommenere Zukunftsziele. Sie sah einen Gegensatz zwischen ihren weiblichen und ihren beruflichen Bedürfnissen, und sie hatte einen Entweder-oder-Ansatz im Hinblick auf ihre Zukunft. Sie traf ihre Berufswahl in Zusammenhang mit dem oder den Menschen, mit dem oder denen sie sich am meisten identifizierte. Sie wollte einen bestimmten Beruf ausüben, weil sie eine Person, die diesen Beruf bereits ausübte, sehr mochte bzw. respektierte oder weil ihr das Image gefiel, das Leute in dem betreffenden Beruf auf sie ausstrahlten. Sie dachte, sie könnte eine Zeitlang berufstätig sein, dann eine Zeitlang Ehefrau sein, dann eine Zeitlang Mutter sein und dann vielleicht wieder in den Beruf zurückgehen. Sie sah aber keinen Weg, diese entgegengesetzten Dinge zu integrieren oder gleichzeitig zu bewältigen.

Die *Willfährige* war nicht imstande, klare persönliche Pläne zu entwickeln, und machte das, was sie im letztmöglichen Augenblick machen mußte. Wie die Identifizierende sah sie einen Gegensatz zwischen ihren weiblichen und ihren beruflichen Bedürfnissen, doch im Gegensatz zu den beiden anderen Gruppen wußte sie nur sehr wenig von sich, was diese Gebiete betraf. Sie neigte dazu, sich ihre unmittelbare Zukunft von dem Menschen diktieren zu lassen, der zum Zeitpunkt ihrer Wahl gerade den größten Einfluß oder Druck auf sie ausübte.

Der allumfassende Konflikt zwischen Weiblichkeit und Leistungsstreben hat auch viele Wissenschaftler beschäftigt, denen es nicht um die berufliche Entwicklung ging. Horners bekannte Untersuchung beleuchtet vor allem das große Dilemma der Studentin, das auf dem Gegensatz beruht, als den sie Weiblichkeit und Leistungsstreben sieht.[5] Rosenbloom hat bei einer Studie von verheirateten und im mittleren Managenemt tätigen Frauen festgestellt, daß die Bewältigung der Konflikte, die sich aus dem Zusammenprall der Rolle als Ehefrau und der Rolle als Berufstätige ergaben, mehr Energie erforderte als irgend etwas anderes.[6] Die meisten befragten Frauen sagten, sie hätten sich entscheiden müssen, welche Rolle dominieren sollte, und dann hätten sie lernen müssen, damit zu leben. Die meisten Frauen prophezeiten, sie würden eine der beiden Rollen letzten Endes aufgeben müssen – wenn sie weiterhin im Beruf blieben, würden sie versuchen, möglichst weit voranzukommen. Und für jenen Fall sähen sie keine Möglichkeit, wie sie noch die Zeit oder Energie aufbringen könnten, die nötig sei, um ihre Ehe intakt zu halten.

Unsere Untersuchung erfaßte außer den fünfundzwanzig noch vier andere Gruppen von Frauen. Eine Gruppe war im mittleren Management tätig und entsprach, was Herkunft und frühe Berufserfahrungen betraf, in etwa den fünfundzwanzig, mit einem wichtigen Unterschied: Sie hatten sich entschlossen, ihren Beruf kurz vor der Hochzeit an den Nagel zu hängen. Nach dem Grund gefragt, gaben sie an, Karriere und Ehe ließen sich nicht miteinander vereinbaren, und obgleich sie das beim Verlassen des College gewußt hätten, hätten sie gemeint, sie wollten es wenigstens «probieren». Als sie feststellten, daß es nicht möglich war, «zwei Herren gleichzeitig zu dienen», wie eine Frau sich ausdrückte, gaben sie ihren Beruf auf.

Angesichts dessen kann man sich nur fragen, ob die doppelte Rolle und doppelte Verantwortung – hier Ehefrau und Mutter, dort berufstätige Frau – wirklich so einfach bewältigt werden kann, wie Barnetts «Verinnerlichende» glauben. Wie *beginnt* eine Frau Mitte Zwanzig mit dem Konflikt zwischen Weiblichkeit und beruflicher Leistung fertig zu werden, und wie schafft sie es, wenn sie Mitte Dreißig ist? Besteht wenigstens die Möglichkeit, beide Dinge miteinander zu vereinbaren bzw. zu integrieren?

Der Preis für die Integration richtet sich notwendigerweise nach der Beziehung zwischen den Ehepartnern und ist im allgemeinen hoch, denn paradoxerweise findet in Wirklichkeit gar keine Integration statt. Eine Frau muß meist Ehefrau und Mutter sein und im Beruf etwas leisten, und sie bemüht sich darum, beides zu schaffen. Sie arbeitet den ganzen Tag und kommt nach Haus, um ein Abendessen für zehn Leute vorzubereiten. Sie arbeitet den ganzen Tag und nimmt die zusätzliche Last von Schuldgefühlen auf sich, falls einem Kind etwas passiert ist, als sie nicht da war, um es zu verhindern. Sie muß nicht nur eine doppelte Rolle beherrschen, sondern auch eine doppelte Bürde von Ängsten tragen, wobei die eine die Schwierigkeiten der anderen erhöht. Diese Zustände herrschen heute. In den dreißiger Jahren, als die fünfundzwanzig ihre erste Stelle antraten, waren sie noch bedrückender.

Die fünfundzwanzig waren nicht die ideal «Verinnerlichenden» aus Barnetts Untersuchung. Viel näher standen sie den «Identifizierenden» mit den «verschwommenen» Zielen, die ihre Energie jeweils nur auf eines richten konnten. Sie trafen ihre Entscheidungen, setzten ihre Prioritäten, entwickelten – wenn auch in einfacher Form – Pläne für sich, handelten danach und hofften den Lohn für das eine im anderen zu finden. Barnetts «Verinnerlichende» machten sich dagegen an die nahezu unmögliche Aufgabe, zu vieles zu schnell miteinander zu verbinden. Das erste Jahrzehnt einer Laufbahn in der Wirtschaft ist von entscheidender Bedeutung – es ist ein Jahrzehnt des Lernens, des Entdeckens seiner spezifischen Stärken, der Suche nach der Gelegenheit und Unterstützung, um diese Stärken zur Geltung zu bringen. Es ist eine harte und aufreibende Arbeit, und so grausam es auch klingen mag, die Frau, die eine Managementlaufbahn einschlägt und beschließt, mehr oder weniger gleichzeitig Kinder zu haben, stellt sich eine schwere Aufgabe – eine Aufgabe, die fast nicht zu schaffen ist. Und es bringt nichts, wenn man sagt, daß Männer sich nicht mit diesem Problem herumschlagen müssen. Es geht darum, daß Frauen es müssen.

Die Gruppe der fünfundzwanzig beschloß, das Problem aufzuschieben. In dem letzten Collegejahr schmiedeten sie ausnahmslos konkrete Pläne für ihre Laufbahn nach dem Examen. Die meisten von ihnen graduierten auf dem Höhepunkt der Wirtschaftskrise, als die Chancen auf dem Arbeitsmarkt praktisch gleich Null waren. Es gab zwar einige weiterführende Universitätsprogramme für Frauen (Frauen waren auf fast allen weiterführenden Universitäten unerwünscht), doch keine von ihnen erwog, sich unmittelbar nach dem College für ein weiterführendes, stärker berufsbezogenes Studium einzuschreiben. Eine der Frauen erklärte den Grund:

«Ich war aktionsbereit und glaubte, die Schule habe mir alles gegeben, was ich bekommen konnte. Ich hatte die Ausbildung absolviert, soweit ich es beurteilen konnte mit Erfolg, und jetzt brauchte ich neue und größere Herausforderungen. Ich hatte eine unglaubliche Angst davor, eine Stelle zu finden, konnte aber nicht mit der Vorstellung leben, keine zu haben. Solange ich zurückdenken konnte, hatte ich mich auf jenen Tag vorbereitet. Es war wirklich eine harte Zeit für mich gewesen. Es bedeutete, daß ich jetzt in der Wirklichkeit all den Dingen gegenübertreten mußte, die ich meiner Überzeugung nach bewältigen konnte – nicht nur in der Arbeit, sondern auch in sozialen Anforderungen.»

Karriere…

9
Die ersten zehn Berufsjahre

Trotz der Wirtschaftskrise fanden alle fünfundzwanzig eine Stellung. Dreiundzwanzig von ihnen begannen als Sekretärinnen in der privaten Wirtschaft. Eine wurde Verwaltungsassistentin und die andere stellvertretende Einkäuferin im Einzelhandel. Fast alle bekamen die Stellung durch Beziehungen ihres Vaters oder durch Freunde der Familie, und in den meisten Fällen wurde die Stellung eigens geschaffen, um ihrem Vater oder dem Freund der Familie einen Gefallen zu tun. Ihr Anfangsgehalt betrug durchschnittlich zwanzig Dollar die Woche, und ihre Befugnisse waren zunächst begrenzt. Einige von ihnen mußten im Sommer eine Sekretärinnenschule besuchen, um Maschineschreiben und Stenografie zu lernen. Alle bis auf zwei nahmen Stellungen in New York City an, das die größten Chancen und den geringsten Widerstand gegen karrierebewußte Frauen zu bieten schien.

Die Frauen schätzten ihre erste Stellung unterschiedlich ein, stimmten allerdings darin überein, daß sie froh gewesen waren, eine Arbeit in einer Zeit zu bekommen, in der so viele Männer keine hatten. Es war eine Anfangsstellung und in ihren Augen eine große Chance. Sie hatten einen Fuß in der Tür, und sie glaubten, sie würden eine Gelegenheit haben, zu beweisen, was sie konnten – und sie würden lernen. Keine von ihnen erinnerte sich daran, einen «idealen» Posten im Sinn gehabt oder auch nur gewünscht zu haben. Für den Anfang reichte es, daß man sie akzeptierte.

Einige der Frauen wechselten in den ersten beiden Jahren die Stellung, weil ihre erste Firma Frauen nur eintönigste Routinearbeiten erledigen ließ, und am Ende des dritten Jahres war noch keine einzige von ihnen befördert worden. Die Unternehmen, in denen sie arbeiteten, gehörten zu folgenden Branchen: Leicht- und Schwerindustrie, Konsumartikel, Einzelhandel, Banken, Public Relations, Finanzwesen, Versicherungen, chemische Industrie, Beratungswesen. Sie arbeiteten alle für Männer auf der untersten Verwaltungsstufe und waren diesen verantwortlich.

In den folgenden dreißig Jahren wechselte keine der Frauen die Firma. Eine von ihnen faßte zusammen, was die meisten dazu erklärt hatten:

«In meinem ersten Berufsjahr wechselte ich zu dieser Firma. Nachdem ich eine Weile hier gearbeitet hatte, kam ich zu dem Schluß, es sei eine gute Firma. Die Leute waren fair und tüchtig. Mir gefiel die Arbeit, die sie machten, und ich hatte einen unglaublich guten Chef. Damals beschloß ich, bei der Firma und bei meinem Chef zu bleiben, weil ich nie etwas Besseres finden würde, um zu beweisen, daß ich gut war. Wenn ich bei einer Firma bliebe, meinte ich, würde ich von Grund auf alles über sie – über ihre Geschäfte und ihre Führungskräfte – lernen können, und das müßte ich unbedingt schaffen, wenn ich wirklich gute Arbeit leisten und die Art von Unterstützung bekommen wollte, die ich von meinen Vorgesetzten brauchte.»

Diese Einstellung ist für einen stark motivierten, erfolgsorientierten männlichen Manager alles andere als typisch. Ein solcher Mann lauert auf jede sich bietende Gelegenheit, voranzukommen, und erklettert durch Firmenwechsel immer höhere Stufen in der Unternehmenshierarchie. Unsere fünfundzwanzig Frauen beschlossen in einem sehr frühen Stadium ihrer Laufbahn, es auf Gedeih und Verderb in *einem* Unternehmen zu versuchen, und die Motive für ihre Entscheidung erklärten sie mit den gleichen Argumenten. Sie sagten, sie seien sehr früh zu dem Schluß gekommen, eine Frau könne nur dann gehobene und höhere Führungspositionen erreichen, wenn sie ihre gegenwärtige Arbeit, eine Stufe tiefer und eine Stufe höher, besser beherrsche als jeder verfügbare Mann. Das beanspruchte enorm viel Energie und Konzentration. Sie waren auch zu dem Ergebnis gekommen, für eine Frau sei es weit schwerer, gute Arbeitsbeziehungen herzustellen, als für einen Mann, und wenn eine Frau diese Beziehungen erst einmal hergestellt habe, bedeute es eine Vergeudung ihrer Kräfte, die Firma zu wechseln und sie von Grund auf neu entwickeln zu müssen. Die fünfundzwanzig glaubten nicht, daß sie sich darüber klar gewesen waren, wie man diese Beziehungen herstellen könnte, hatten aber genau gewußt, daß sie all ihre Energie brauchen würden, um bei ihrer Arbeit Hervorragendes zu leisten, und daß sie nicht genügend Zeit und Kräfte hatten, um die ständig im Fluß befindlichen zwischenmenschlichen Beziehungen in den Griff zu bekommen. Das waren ihre ursprünglichen Gründe für den extrem frühen Entschluß, in einem und demselben Unternehmen voranzukommen. Später kamen andere Gründe hinzu.

In den ersten zehn Berufsjahren entwickelten und befolgten die fünfundzwanzig eine ganz spezifische Strategie. Sie bestand darin, die Firma, ihre Tätigkeit und ihre Menschen von Grund auf kennenzulernen; mit dem größtmöglichen Zeitaufwand solide Arbeitsbeziehungen zu den Leuten ringsum herzustellen; und – vor allem – in ihrer Funktion Hervorragendes zu leisten. Alle sahen ihre Anfangsfunktionen als erste Sprosse auf der Leiter nach oben. Eine Frau erklärte sogar, wenn sie einen ihrer drei ersten Arbeitsplätze als Endstation betrachtet hätte, hätte sie sofort jeden Gedanken an eine Karriere aufgegeben. Keine konnte sich jedoch erinnern, daß es ihr jemals in den Sinn gekommen war, sich als zukünftige Firmenchefin zu sehen. Sie malten sich aus, verantwortliche Positionen im mittleren Management zu bekommen, und das war damals ein sehr hochgestecktes Ziel.

Es half ihnen, sich ein Bild von der Zukunft zu machen und mit den täglichen Enttäuschungen zu leben. Sie hatten bereits einen entscheidenden, über Erfolg oder Mißerfolg bestimmenden Faktor erkannt: den guten Chef. Sie waren sich über die Notwendigkeit klargeworden, ihre berufliche Umwelt verstehen zu müssen, und sie hatten sich geschworen, bei ihrer Arbeit zu glänzen. Sie fanden, daß sie tüchtig waren und ihre Sachkenntnis zunehmend vergrößerten, sie fühlten sich imstande, produktive *Arbeits*beziehungen zu Vorgesetzten, Kollegen und Mitarbeitern herzustellen, die fast ausschließlich Männer waren.

Im genauen Bewußtsein ihrer Rolle als Frauen in Männerorganisationen und der Notwendigkeit, sich bei ihrem Aufstieg von den unteren Verwaltungsrängen, wo Frauen vorherrschten, zum mittleren Management, wo sie die einzigen weiblichen Angestellten waren, in diesem Rahmen zu etablieren, waren sie der Ansicht, die Entwicklung guter Arbeitsbeziehungen zu Männern hänge davon ab, die Bedeutung des sexuellen Unterschieds auf ein Minimum zu reduzieren und dafür zu sorgen, daß die Kommunikation sich auf die Funktion oder Aufgabe konzentrierte.

Sie hatten kurz gesagt einen Arbeitsplatz gefunden, wo sie auf Grund ihrer Fertigkeiten und Fähigkeiten von den anderen allgemein respektiert wurden, wo sie produktive, arbeitsorientierte Beziehungen zu anderen herstellen konnten und wo sie ihre Umwelt infolgedessen mit Erfolg gemeistert zu haben glaubten. Und, was noch wichtiger war: Wegen ihrer Konzentration auf die Arbeit und ihrer Zuversicht, daß sie diese schaffen konnten, ließ man sie nur selten als negativ empfinden, daß sie Frauen waren. Sie versuchten gezielt, diese Möglichkeit auf ein Mindestmaß zu beschränken, indem sie sich bemühten, Beziehungen zu entwickeln, die nur auf Arbeit und Kompetenz beruhten; engere Verbindungen ließen sie nur auf dieser Basis zu. Sie spielten herunter, daß sie Frauen waren, und benutzten Kompetenz als wichtigste Selbstdefinition. Deshalb konnten und mußten die Männer ringsum auf der objektivsten Basis mit ihnen verkehren und umgehen, die es gab – auf der Basis ihrer individuellen Tüchtigkeit, eine Basis, die sie kontrollieren konnten. Sie erlaubte den Männern, ganz folgerichtig zu sagen: «Sie ist zwar eine Frau, aber sie ist verdammt gut bei ihrer Arbeit – und ich kann und will und muß von der Zusammenarbeit mit ihr profitieren.» Inzwischen war die Firma ihr Heim und Hafen geworden, wie eine von ihnen sich ausdrückte.

In der Welt außerhalb des Berufs sah es ganz anders aus. Sie sagten, Kontakte mit anderen seien immer seltener geworden, seitdem sie sich bewußt dazu entschlossen hätten, immer mehr Zeit für ihre Karriere zu opfern:

> «Mit sechsundzwanzig kam ich zu dem Schluß, ich müsse mich zwischen der Karriere, die mir vorschwebte, und dem Gedanken an Heirat in den nächsten Jahren entscheiden. Ich wußte, daß beides nicht ging, denn um meine Vorstellung von einer Karriere zu verwirklichen, mußte ich völlig frei von anderen praktischen Verpflichtungen sein. Ich würde meine ganze Zeit für die Arbeit brauchen. Frauen, die versuchten, ein intaktes Familienleben zu führen *und* beruflich voranzukommen, fand ich inzwischen sympathischer und hatte mehr Verständnis für sie. Meine beruflichen Ziele zurückzustecken, kam für mich nicht in Frage. Ich hatte also nur zwei Möglichkeiten. Ich entschied mich dafür, bei der Karriere zu bleiben und erst später an eine Ehe zu denken. Ich sagte mir, ich sei jung und habe eine Menge Zeit. Ich wußte, daß ich erst dann eine gute Ehefrau sein konnte, wenn die Sache mit der Karriere geschafft war. Ich wußte, daß diese Entscheidung mich durchaus zwingen konnte, den Gedanken an eine Ehe für immer aufzugeben, weil nicht viele akzeptable Junggesellen auf Frauen Mitte Dreißig warten, die zu dem Schluß kommen, jetzt hätten sie Zeit für die Ehe. Die Beziehungen zu Männern, die ich damals wollte, hatte ich alle in der Firma, und ich fand, das müsse im Augenblick genügen.»

Die meisten der Frauen erinnerten sich, etwa in dem gleichen Alter eine ähnliche Entscheidung getroffen zu haben. Keine von ihnen heiratete, ehe sie nicht mindestens fünfunddreißig Jahre alt war, und sie sagten übereinstimmend, in den zehn Jahren davor hätten sie kaum Zeit für persönliche Beziehungen und Ferien, noch nicht einmal für Familienbesuche gehabt. Wenige hielten eine langfristige Beziehung zu Männern aufrecht, die nichts mit ihrer Arbeit zu tun hatte. Die meisten hatten nur eine oder zwei freundschaftliche Beziehungen zu Angehörigen des eigenen Geschlechts – gewöhnlich Schwestern oder andere Verwandte.

Ihre Entweder-oder-Entscheidung war weniger dramatisch als realistisch. Das Engagement, das ein Unternehmen von Mitarbeitern verlangt, die im ersten Jahrzehnt ihrer Managementlaufbahn für Führungspositionen vorgemerkt werden möchten, bringt traditionellerweise ein junger Mann mit, der schon vorher eine diesbezügliche Bildung und Ausbildung erworben hat, der sich damit abfindet, daß seine Karriere an erster Stelle kommen wird und seine Frau und seine Kinder sich entsprechend anpassen müssen, der bereit ist, so viele Überstunden zu machen, wie seine Arbeit erfordert, der kurzfristig verreisen kann – und der eine Frau braucht, die zu Haus mit allem fertig wird. Mit diesem jungen Mann konkurriert die engagierte junge Frau im ersten Berufsjahrzehnt, und wenn sie in den 1940ern erfolgreich konkurrieren wollte, reichte es nicht, auf jeder Stufe gleichwertige Leistungen zu erbringen. Sie mußte mehr leisten. Sogar mehr Engagement zeigen. Sie mußte sich den Satz verdienen: «Sie ist zwar eine Frau, aber sie ist so außergewöhnlich tüchtig, qualifiziert, nützlich, motiviert.» Der Preis war damals wie heute hoch.

Alle Frauen legten Wert auf die Feststellung, daß sie in diesem Abschnitt ihrer Berufstätigkeit nie eine sexuelle Beziehung zu Männern hatten, die in ihrer Firma arbeiteten oder mit denen sie beruflich zu tun hatten. Einige sagten, sie seien nach der Arbeit zu erschöpft gewesen, um die Energie dafür aufzubringen. Andere erklärten, sie hätten schon damals eine wichtige Lektion über Sex und Arbeit gelernt: «Sag nie ja, sag nie nein, sag immer vielleicht.»

Sie glaubten, Männer betrachteten Frauen mit wenigen bemerkenswerten Ausnahmen im Grunde als Sexualobjekte, und deshalb fanden sie, es sei zur Aufrechterhaltung ihrer Beziehungen wichtig, den Eindruck zu erwecken, Sex sei nicht völlig ausgeschlossen – er sei nur sehr sehr schwierig. Sie dachten, wenn sie eine sexuelle Beziehung entstehen ließen, würde es sich herumsprechen, und der Mann würde zwangsläufig Schuldgefühle entwickeln und sie zurückweisen. Andererseits fürchteten sie, wenn sie von vornherein klarstellten, eine sexuelle Beziehung komme nicht in Frage, würde man sie als unweiblich ablehnen.

Nur wenige von ihnen erklärten aber, sie seien imstande gewesen, eine erfolgreiche «Vielleicht-Beziehung» längere Zeit aufrechtzuerhalten, und sie erinnerten sich, daß ihre diesbezüglichen Bemühungen unsinnig viel Zeit beansprucht und zu echten Konflikten geführt hatten. Die übrigen versuchten, dem Problem gänzlich aus dem Weg zu gehen, indem sie der Beziehung die zu lösenden Aufgaben zugrunde legten, die Andeutungen, doppelsinnigen Bemerkungen und kaum verhüllten Anträge überhörten und versuchten, sich nicht viel daraus zu machen, wie man sie betrachtete.

Zu dem Mann dagegen, für den sie arbeiteten, entwickelte sich eine gute und beständige Freundschaft. Sie begannen ausnahmslos als seine Sekretärin oder Assistentin, und als er die Sprossen der Hierarchie erkletterte, kletterten sie mit – immer auf seine Bitte. In den ersten zehn Berufsjahren erreichten die Frauen auf diese Weise immer verantwortungsvollere Positionen im unteren und mittleren Management, und schließlich entwickelte sich zwischen ihnen und ihren Chefs das ausdrückliche Einverständnis, sie würden ihnen auf dem Weg nach oben folgen.

Als die Frauen ihren Chef und ihr Verhältnis zu ihm beschreiben sollten, verglichen sie ihn mit ihrem Vater und schilderten die Beziehung zu ihm entsprechend. Er half ihr, ermutigte sie, er war ihr Lehrer und ihre Stütze in der Firma. Er bewunderte ihre Tüchtigkeit und ihren Erfolgswillen. Sie war wiederum seine Schülerin, seine Bewunderin und seine Stütze. Er fand, Frauen sollten in der Privatwirtschaft vorankommen, und vertrat diese Ansicht ihr, den anderen Männern in der Firma und Kunden oder Klienten gegenüber. Eine Frau schilderte dies sehr anschaulich:

«Als mein Chef und ich in der Firma aufstiegen, mußte ich immer mehr Männer beaufsichtigen und Etats verwalten, was bedeutete, daß ich mit männlichen Klienten aus anderen Firmen zusammenarbeiten mußte. Ich meinte anfangs, mit den männlichen Untergebenen würde ich schon klarkommen, doch vom direkten Umgang mit den Klienten sollte ich lieber die Finger lassen. Ich fürchtete, die meisten männlichen Kunden seien nicht bereit, vertrauensvoll mit einer Frau zusammenzuarbeiten. Als mein Chef das hörte, explodierte er förmlich. Ich weiß noch, wie er mich anschrie, dies sei der verdammt schlechteste Zeitpunkt für mich, eine Identitätskrise zu haben. Was er dann tat, machte mich damals sprachlos: Er besuchte alle Klienten, die wir hatten, und erklärte ihnen, sie würden von nun an mit mir zusammenarbeiten. Er sagte ihnen, ich sei die tüchtigste Werbeagentin der Firma, und sie könnten sich glücklich schätzen, wenn ihre Etats zufällig auf meinem Schreibtisch landeten. Ehe ich wußte, was geschah, forderten die Klienten mich ausdrücklich an, und ich bekam mehr Etats, als ich mit meiner Gruppe bewältigen konnte. Im Laufe der Jahre habe ich lange und gute Freundschaften mit vielen männlichen Klienten aufgebaut, und viele dieser Männer sind inzwischen Geschäftsführer oder im Vorstand ihrer Firma. Ich hatte nie echte Schwierigkeiten mit Klienten. Neue Klienten waren manchmal reserviert, doch wenn ich mich eine Weile mit ihnen unterhalten hatte, merkten sie, daß ich auch viele andere Etats verwaltete und das schon lange. Ganz gleich, wie sie darüber dachten, daß ich eine Frau war – sie wußten, daß ich mein Metier beherrschte. Ich muß Jim [dem Chef] wirklich für all meinen Erfolg danken. Dad brachte mich zum College, und Jim holte mich dort ab.»

Dieser Bericht gibt die Ansicht und einen großen Teil der Erinnerungen aller fünfundzwanzig Frauen wieder. Der Chef fungierte als Makler der Frau, innerhalb und außerhalb des Unternehmens. Er nutzte sein Ansehen, um ihres zu entwickeln, und den Respekt, den andere ihm entgegenbrachten, um sie durchzusetzen. Bei unmittelbaren Konfrontationen mit Gruppen oder einzelnen betätigte er sich als Puffer und stellte sich zwischen die Frau und ihre bzw. ihren Widersacher. Er war der Beschützer und sie die Beschützte. Seiner Unterstützung verdankte sie nicht zuletzt die zusätzliche Portion von Selbstvertrauen, die sie brauchte, um neue Pflichten zu übernehmen, neue Beweise ihres Könnens abzulegen und neue Positionen anzutreten. Er bestärkte sie darin, die persönliche Tüchtigkeit zum obersten Wertmaßstab zu machen.

Diese Chef-Beziehung stützte die Frauen in einem kaum abzuschätzenden Ausmaß. Sie verschaffte ihnen das Fundament, um neue, umfassendere Fertigkeiten zu erwerben, was sie in der Gewißheit taten, daß es die Mühe lohnte. Sie bildeten sich selektiv weiter, wobei sie sich auf den Erwerb neuer fachlicher Fertigkeiten konzentrierten – eine in der Buchhaltung tätige Frau belegte zum Beispiel weitere Kurse über Steuergesetze. Keine von ihnen schrieb sich für die üblichen Universitätsprogramme ein, die Collegeabsolventen offenstehen; vielmehr wählten sie Kurse, die ihrer Meinung nach schnell und unmittelbar dazu beitrugen, ihr Können auf einer bestimmten Funktionsstufe und darüber hinaus zu erweitern.

Ihre Strategie bestand darin, die Anforderungen einer bestimmten Position in überdurchschnittlichem Maß zu erfüllen und sich dann (sie konnten die betreffende Arbeit jetzt «mit der linken Hand» bewältigen) auf die nächsthöhere Position vorzubereiten, indem sie zu Haus lernten und abends Kurse besuchten. Am Ende eines Funktionsabschnitts angekommen, waren sie für die betreffende Aufgabe bereits überqualifiziert und imstande, einen Posten auf der nächsten Sprosse der Hierarchie auszufüllen. Wenn ihr Chef befördert wurde, standen sie bereit, ihn zu begleiten.

Mit Anfang Dreißig beaufsichtigten und leiteten diese Frauen männliche Angestellte. Sie wurden mit fast identischen Problemen konfrontiert und entwickelten sehr ähnliche Taktiken. Die Schilderung einer Frau ist typisch:

> «Als ich zum erstenmal männliche Untergebene bekam, mußte ich die Lage überdenken und mich entscheiden, wie ich das in den Griff bekommen wollte. Bisher hatte ich nur Schreibkräfte und wissenschaftliche Mitarbeiter angeleitet. Jetzt mußte ich lernen, im eigentlichen Sinn des Wortes zu ‹managen›. Zunächst hatte ich mich damit abzufinden, daß die meisten Männer nicht gern für eine Frau arbeiten würden, und ich war eine Frau. Zweitens hatte ich mich damit abzufinden, daß ich den Stil entwickelt hatte, mich auf die Unterstützung meines Chefs zu verlassen, was bei Untergebenen nicht möglich war. Als nächstes mußte ich einsehen, daß sie sich wahrscheinlich nicht auf mich verlassen würden. Unter diesen Voraussetzungen mußte ich herausfinden, was ich von ihnen wünschte und was sie sich wohl von mir erhofften. Ich kam zu dem Ergebnis, es sei Lernen und Sachkenntnis. Ich wünschte also, daß sie lernten und Sachkenntnisse sammelten, und wenn sie vorankommen wollten, würden sie den gleichen Wunsch haben. Wenn sie meine Tüchtigkeit respektierten, würden sie vielleicht ebenso tüchtig werden wollen und deshalb weiterkommen. Ich kam zu dem Schluß, ich müsse versuchen, das Mann-Frau-Problem zu

übersehen, und mich darauf konzentrieren, meine Abteilung zu einer Ausbildungsstätte zu machen, von der sich bald herumspreche, daß sie der Ort sei, wo Männer gut arbeiten, gut lernen und gut vorankommen könnten. Das war meine Methode, Männer zu veranlassen, daß sie für mich arbeiten wollten. Es funktionierte sehr gut, und ich beschäftigte mich nie offen mit dem Mann-Frau-Problem, sondern versuchte, es im voraus zu kompensieren.»

Fachliches Können und Eignung waren die Schlüssel zu dem Erfolg, den diese Frauen in den ersten zehn Jahren ihrer Berufstätigkeit hatten, und ihre Tüchtigkeit am Arbeitsplatz wurde immer mehr durch die Fähigkeit ergänzt, das eigene Können als Kontrollinstrument für zwischenmenschliche Beziehungen zu benutzen – nicht einfach aus Selbstschutz, sondern zunehmend als gezieltes und bewußtes Mittel, Männer anzuleiten. Das bedeutete, Situationen durchdenken, Bedürfnisse und Wünsche einschätzen, mögliche Ergebnisse antizipieren und einen Aufsichtsstil für Mitarbeiter entwickeln, der sich stark von dem Stil unterschied, den sie bei ihren Chefs entwickelt hatten. Sicher, dies geschah an einem Punkt der Laufbahn, wo die Fertigkeiten von Untergebenen außerordentlich wichtig für einen leitenden Angestellten sind; wenn *er* vorankommen will, muß er sich mit Leuten umgeben, die zu seiner Leistung am Arbeitsplatz beitragen können. Außerdem waren die Untergebenen dieser Frauen in mittlerer Position in den meisten Fällen sicher neu, jung und lernmotiviert, weil sie weiterkommen wollten. Der Unterschied lag aber darin, daß die fünfundzwanzig *Frauen* waren, und als Frauen mußten sie Vorgesetzten und Untergebenen nicht nur demonstrieren, daß sie in fachlicher Hinsicht tüchtiger waren als der gängige Durchschnitt; sie mußten auch zeigen, daß es sich lohnte, für sie zu arbeiten, daß sie also imstande waren, andere anzuleiten, und daß sie es deshalb wert waren, auf noch höhere Stufen der Verantwortung berufen zu werden.

Mit ihren männlichen Kollegen hatten die fünfundzwanzig jedoch kaum Kontakte, und selbst diese wenigen Beziehungen waren gewöhnlich arbeitsorientiert. Die Kommunikation beschränkte sich auf das einzige Gebiet, auf dem sie sich ihrer Ansicht nach begegneten: Arbeit und Funktion. Sie übersetzten ihre Gedanken in die Ausdrucksweise der Männer. Sie sprachen Firmenchinesisch und bemühten sich, so zu handeln, daß die Tatsache ihrer Weiblichkeit verschleiert wurde. Eine Frau beschrieb, was das bedeutete:

«Bei den meisten Männern, mit denen ich zu tun hatte, die mich aber nicht gut kannten, wandte ich die Taktik an, als Frau unbemerkt zu bleiben und als erfahrene Spezialistin in den Vordergrund zu treten. Das war sehr schwer, und wenn ich mit diesen Burschen arbeiten mußte, versuchte ich, genauso zu sein wie sie – einer von den Jungs. Es kam sehr darauf an, nichts zu tun, was die Beschuldigung rechtfertigen könnte, man handelte wie eine Frau. Man kleidete sich sorgfältig und dezent, um keine Aufmerksamkeit zu erregen; man durfte nicht vergessen, dann und wann zu fluchen, ein paar schmutzige Witze parat zu haben und niemals zu weinen, wenn man angegriffen wurde. Man wehrte alle Versuche der Männer ab, einen als Frau zu behandeln; man öffnete die Tür, ehe sie sie aufhalten konnten, setzte sich hin, bevor einem ein Stuhl hingerückt wurde, und warf sich den Mantel über, ehe sie einem hineinhalfen. Man wollte begehrt werden, weil man tüchtig war, und nicht, weil man eine Frau war. Trotz dieser zusätzlichen Arbeit konnte man allerdings nie sicher sein, ob es dem Burschen, der sich um einen bemühte, um die Tüchtigkeit oder um die Frau ging. Es war schrecklich leicht, jemanden vor den Kopf zu stoßen, der sich um einen bemühte, weil man seinen Motiven nie richtig trauen konnte, und man wollte doch bei Gott nur, daß man für seine Arbeit anerkannt wurde.»

Wie problematisch und lästig es war, mit der «Bedrohung» eines sexuellen Engagements fertig zu werden, dürfte aus diesem Bericht klar hervorgehen. Die fünfundzwanzig Frauen waren der Ansicht, daß die meisten Männer sie im Grunde als Sexualobjekte betrachteten und ihre Intelligenz und Tüchtigkeit erst, weit abgeschlagen, an zweiter Stelle sahen. Wenn das stimmt, hatte der Entschluß, «jemanden vor den Kopf zu stoßen, der sich um einen bemühte», weniger mit einer sexuellen Bedrohung als mit einer intellektuellen Bedrohung zu tun. Und sie wurden intellektuell bedroht, wenn sie ihre Vorstellung von sich *als Frauen, die erfolgreiche Führungskräfte waren*, bedroht sahen. Auf der Suche nach einer Antwort auf die ewige Frage «Geht es ihm um die Tüchtigkeit oder um die Frau?» hatten sie sich in diese extreme Situation hineinmanövriert. Wenn sich herausstellte, daß es «die Frau» war, was bedeutete dann ihre Tüchtigkeit? Nichts? Wenn sie zuließen, daß eine sexuelle Beziehung entstand, konnten sie dann sicher sein, daß man sie nicht nur für das bloße Frausein schätzte? Sie schätzten ihre Fertigkeiten und Fähigkeiten. Sie lebten in der schmerzhaften Ungewißheit, ob ihre männlichen Kollegen es ebenfalls taten, und sie verzichteten auf eine Bestätigung als Frau, um sicher zu sein, daß man sie als Führungskraft anerkannte.

Nur bei ihren Chefs – wie bei ihren Vätern – waren sie sicher, daß ihr Geschlecht als Selbstverständlichkeit betrachtet wurde und nebensächlich war, daß man vor allem Wert auf ihre Intelligenz und Tüchtigkeit legte. Der Verhaltensstil, den diese Frauen in ihrem ersten Berufsjahrzehnt gegenüber Kollegen entwickelten, war infolgedessen direkt, berufs- und aufgabenorientiert und emotional distanziert. Nähere gesellige Kontakte wurden vermieden, und obgleich alle von mindestens einem etwa gleichrangigen Mann berichteten, mit dem sie eine gute Freundschaft aufgebaut hatten, antworteten sie auf die Frage, wie es gewesen sei: Er habe sie zu Frau und Kindern eingeladen – mehr nicht.

Allmählich vergrößerte sich der Kreis ihrer administrativen Pflichten und Zuständigkeiten. Im Umgang mit den Männern ringsum richteten sie sich weiterhin danach, welche Arbeit getan werden mußte und wie gut sie getan wurde: Die Aufgaben des höheren Managements verlangten ihrer Ansicht nach einfach gründlichere Fachkenntnisse und mehr Können. Als sie allmählich merkten, daß sie beides erwerben konnten, änderten sich ihre Wünsche und Ambitionen.

Während sie früher geglaubt hatten, eine Position im mittleren Management würde ihr höchstes Ziel sein, meinten sie nun, sie hätten das Zeug für höhere leitende Funktionen. Sie stellten fest, daß sie «erfolgreicher» waren, als sie jemals für möglich gehalten hatten. Sie spürten, daß sie in der Firma etabliert waren, daß sie eine Lebensstellung hatten, wenn sie wollten, und sie glaubten zum erstenmal, sie würden auch in Zukunft mindestens ebensoviel leisten wie jetzt. Sie waren sicher, die fachlichen Aspekte der Tätigkeiten ihres Unternehmens zu beherrschen, und fingen nun an, sich mehr um die fachlichen Voraussetzungen der höheren Positionen zu kümmern. Viele von ihnen sagten, ungefähr zu dieser Zeit habe sich das Verhältnis zu ihrem Chef allmählich geändert. Sie waren selbständiger geworden und waren persönlich nicht mehr so sehr auf ihn angewiesen, und die Beziehung selbst hatte begonnen, immer mehr den Charakter einer Beziehung von Gleichberechtigten anzunehmen. Er beschützte sie weniger, und sie gaben ihm dazu auch weniger Veranlassung.

Am Ende dieses ersten Jahrzehnts waren sie alle in recht verantwortungsvolle Positionen aufgerückt und fanden ihre Arbeit befriedigend und lohnend. Es war jedoch eine Zeit, in der sie ihr Leben dem Beruf geweiht hatten, so daß ihre sozialen Kontakte praktisch gleich Null waren. In der Welt des Berufs waren sie ihren Chefs nahe, und sie fühlten sich wohl bei der Arbeit mit Kunden und Untergebenen, die sie in ihrer Selbsteinschätzung als Spitzenkräfte bestärkten.

Sie hatten sich in dieser Zeit sehr gründlich um eine Bestätigung ihrer Selbsteinschätzung bemüht und es bewußt vermieden, mit sexuellen Problemen konfrontiert zu werden. Sie hatten solche Probleme aus ihrem Leben eliminiert, sie hatten nahezu jede Verbindung zu ihren Kollegen vermieden und nur sehr wenige, nicht bedrohliche Arbeitsbeziehungen als persönlich relevant identifiziert. Diese Taktik hatte sie daran gehindert, mit sich als Frau ins reine zu kommen. Sie versuchten nicht etwa zu leugnen, daß sie Frauen waren: Sie gingen vielmehr der Realität aus dem Weg, daß sie es waren, weil sie sonst vielleicht ihre Fähigkeit beeinträchtigt hätten, mit den Prioritäten zu leben, die sie sich gesetzt hatten.

Sie glaubten, daß sie an jenem Punkt ihrer Laufbahn von ihren männlichen Kollegen als ernsthaft, sehr tüchtig, arbeitsorientiert und ohne jeden Zweifel ehrgeizig betrachtet wurden. Sie hatten keine klare Vorstellung davon, ob man sie für «nett» hielt, waren sich aber bewußt, daß man oft auf sie reagierte, als seien sie kalt und reserviert. Alle sagten jedoch übereinstimmend, ihr Chef und manchmal auch ihre Kunden hätten auf sie so reagiert, wie sie selbst gesehen werden wollten, nett und herzlich.

Etwa auf halber Strecke ihrer beruflichen Karriere nahmen sie Positionen mit wachsenden Befugnissen ein. Ihre Erwartungen stiegen. Obgleich sie sich über den Wandel ihrer Beziehung zu Vorgesetzten klar waren, betrachteten sie sich einfach als erfolgreichere Versionen ihres früheren, aufgabenorientierten Ichs.

10
Erreichen des Berufsziels

Bei den fünf anderen Gruppen von Frauen, die im Rahmen dieser Untersuchung befragt wurden, kristallisierte sich ein deutlicher Unterschied in der Art und Weise heraus, wie sie über sich, ihre Laufbahn und den Zusammenhang zwischen beidem sprachen.* Für vier der Gruppen (Frauen, die ihre Karriere im mittleren Management aufgegeben hatten, den fünfundzwanzig aber in Alter und Hintergrund ähnelten; Frauen, die noch Positionen im mittleren Management bekleideten; graduierte Betriebswirtinnen und Frauen, die in Betriebswirtschaft graduieren wollten) war die Bewältigung von Karriere und Ehe eine Frage, die nur auf eine Weise beantwortet werden konnte: Sie glaubten, eine Frau müsse im Beruf ein Mann und zu Haus eine Frau sein.

Die Frauen der fünften Gruppe, die höhere Managementpositionen bekleideten (die zehn Frauen der Piloterhebung, die bei der endgültigen Studie unberücksichtigt blieben, weil sie nicht an der Ostküste wohnten), gaben dagegen zu, daß sie in den ersten zehn Berufsjahren ähnliche Ansichten gehabt hatten. Dann erklärten sie, daß sie ihren Kurs absichtlich geändert hatten, um ihr Verhalten im Beruf und im Privatleben mehr einander anzugleichen. Auf diese Weise führten sie eine größere Kongruenz der beiden Verhaltensstile herbei und setzten mehr Energie für das Leben im umfassenden Sinn frei.

Nach *ihren* ersten zehn Berufsjahren hatten sich die fünfundzwanzig eine Identität aufgebaut, die zum Teil entscheidend davon abhing, daß sie Konflikte vermieden, die auf Grund ihrer Geschlechtszugehörigkeit entstanden. Hätten sie diesen Konflikten ins Auge gesehen, wären sie gezwungen gewesen, die Diskrepanzen zwischen ihrer Vorstellung von sich und den weiblichen Rollendefinitionen der anderen zu bewältigen. Dieses Aus-dem-Weg-Gehen beeinflußte ihren Verhaltensstil weitgehend und veranlaßte sie letztlich, die Beziehungen zu den meisten der Männer und Frauen, die sie kannten, einschlafen zu lassen. Ähnliches hatten sie seit ihrer Kindheit praktiziert – eine Verhaltensweise, die dazu diente, ihre Selbsteinschätzung intakt zu

* S. Seite 65–67

halten. Ihre entscheidenden Bestätigungsquellen waren zuerst ihre Väter und dann ihre Chefs. Die besondere Hilfe dieser überaus wichtigen Männer stärkte sie bei der Abwehr von Konflikten, bestätigte sie als Frau und in ihrem Glauben, tüchtig und qualifiziert zu werden sei ein grundlegender Bestandteil des Lebens. Sie leugneten ihre sexuelle Identität nicht bewußt – sie weigerten sich einfach, sie in Anspruch zu nehmen. Im Alter von etwa fünfundzwanzig Jahren hatten sie «ihre Weiblichkeit auf Wiedervorlage abgelegt», wie eine von ihnen sagte. Ihre Ziele hießen Leistung, Erfolg, Anerkennung, und die hatten sie erreicht. Es war ein Zyklus, der die Richtigkeit der von ihnen getroffenen Entscheidungen immer wieder bestätigte.

Als sie Mitte bis Ende Dreißig waren, hatten die fünfundzwanzig höhere Stufen des mittleren Managements erklettert, und eine Reihe von Faktoren, die bisher konstant gewesen waren, hatten sich verändert. Ihre Väter waren älter geworden, hatten an Spannkraft verloren; einige waren gestorben oder senil geworden. Die bisherige enge Beziehung zu ihren Chefs änderte sich weitgehend, und die fünfundzwanzig wurden in der Arbeit sehr viel selbständiger. Unterdessen sahen sie das, was sie erreicht hatten, allmählich in einem neuen Licht.

Eine Frau sagte:

«Ehe ich die obere Stufe des mittleren Managements erreichte, bestand meine Philosophie über meine Weiblichkeit darin, sie möglichst zu verbergen, nicht nur vor den anderen, sondern auch vor mir selbst. Mein persönlicher Stil war geschäftsmäßig, und das bedeutete, daß ich mich wie ein gebildeter, wohlerzogener *Mann* benahm. Ich kleidete mich so zurückhaltend wie möglich; ich trug strenge Kostüme und Schneiderkleider und lehnte jeden modischen Firlefanz ab. Was Emotionen betraf, war ich davon überzeugt, nichts würde einen Mann mehr abstoßen als eine emotionale Frau, und ich zwang mich, so rational und logisch wie möglich zu sein, sobald ich es mit Männern zu tun hatte. Ich kämpfte oft gegen meine eigenen Emotionen an, aber nie so, daß andere es merkten. Dann geschah allerlei mit mir. Ich wurde mir allmählich darüber klar, daß ich es nicht mehr nötig hatte, mich bei den Leuten zurückzuhalten, mit denen ich arbeitete. Ich fühlte mich in meiner Stellung sicherer als je zuvor. Ich glaube, das machte mich ein bißchen lockerer, obgleich ich echte Schwierigkeiten hatte, mich lockerer zu geben. Ich begriff auch, daß ich nicht mehr so wie früher auf meinen Vater angewiesen war; meine Eltern waren vielmehr auf mich angewiesen, und er pflegte mich um Rat zu fragen.

Vor allem aber fand ich, daß meine Arbeit mich nicht mehr so befriedigte und herausforderte wie früher. Ich begann einzusehen, daß ich langsam älter wurde und außer dieser Arbeit kaum etwas im Leben hatte. Es gab wenige Aufgaben, die ich noch nicht gemeistert hatte, und meine Arbeit war in dieser Hinsicht keine Herausforderung mehr. Ich konnte wirklich nicht besser werden, als ich war. Mein Chef gehörte inzwischen zur Unternehmensspitze, während ich noch eine Abteilung leitete. Wir sahen uns immer weniger, und er hatte in meiner damaligen Position kaum noch unmittelbar mit mir zu tun.

Ich hatte irgendwie eine Abflachung meiner Karriere erreicht, und der Beruf fesselte mich im Augenblick nicht weiter. Ich wußte, daß ich etwas unternehmen mußte. Ich glaube, ich machte mir – am Anfang unbewußt – Sorgen darüber, eine unverheiratete Frau zu sein, und noch dazu in mittleren Jahren. Daran hatte ich bisher nie gedacht, weil ich immer gefunden hatte, ich sei noch jung und hätte dafür noch mehr als genug Zeit – wenn ich mich im Beruf etabliert hätte. Aber nun stand ich da und war fünfunddreißig; die Zeit hatte mich eingeholt, und ich ängstigte mich zum Beispiel darüber, ich würde bald keine Kinder mehr bekommen können. Das Berufsleben war nicht sehr faszinierend, und das Privatleben war praktisch nicht vorhanden.»

Die Aussagen der anderen Frauen waren in Inhalt und Ausdruck ganz ähnlich. Ihr Leben im Beruf und in der Welt draußen erforderte zum erstenmal seit Jahren eine kritische Überprüfung. Zum erstenmal beschäftigten sie sich vorrangig mit ihrer Weiblichkeit. Das war ein Problem, das sie bislang immer hatten zurückstellen können. Jetzt wurde es zu einer drängenden Sorge.

Es war schwer einzuschätzen, ob die «Karriereabflachung», die Routine, die Monotonie zu ihrem neuen Bewußtsein beitrug, oder ob es die Zeit als solche war. Wahrscheinlich kamen beide Faktoren zusammen. Die Frauen begriffen, daß sie die Überlegung, welchen Stellenwert Ehe und Mutterschaft für sie hatten, nicht noch einmal bis auf weiteres verschieben konnten. Sie konnten diese Überlegung außerdem nicht anstellen, ohne dabei ihre Arbeit, die Befriedigung, die sie brachte, und den ganzen Kurs ihres Lebens in Betracht zu ziehen:

«Schließlich mußte ich der Tatsache ins Auge sehen, daß ich keinen Mann und keine Kinder hatte und daß es höchste Zeit wurde, mich zu entscheiden, ob ich beides haben wollte. Die Zeit nahm mich in die Pflicht, und ich mußte einige Fragen beantworten, die ich auf Jahre zurückgestellt hatte. Damals, als ich anfing, hatte ich den Entschluß gefaßt, noch ein paar Jahre mit dem Heiraten zu warten, damit ich mich ganz meinem Beruf widmen konnte. Aber damals war ich noch jung gewesen, und die Probleme des biologischen Alters hatten keine Rolle gespielt. Dann waren aus den paar Jahren plötzlich zwölf Jahre geworden, und ich war sechsunddreißig. Ich stand praktisch vor den gleichen Entscheidungen wie mit vierundzwanzig. Nur war jetzt eine Krisensituation. Ich war klug genug, um zu wissen, daß es im Vergleich zu meinen bisherigen Positionen ein Unterschied wie Tag und Nacht sein würde, wenn ich weitermachte und versuchte, ins Topmanagement zu kommen, und daß es durchaus genauso zeit- und kräfteraubend sein könnte wie meine bisherige Karriere. Ich schien mir über das Verhältnis zwischen Ehe und Beruf viel weniger klar zu sein als zehn Jahre vorher.

Ich sah drei Möglichkeiten: heiraten und den Beruf an den Nagel hängen; heiraten und in meiner damaligen Stellung bleiben; oder nicht heiraten und die nächste Etappe meiner Laufbahn in Angriff nehmen. Ich wußte, daß es noch eine vierte Alternative gab – jenen einmaligen Typ von Mann heiraten, der bereit wäre, den zeitlichen und persönlichen Preis dafür zu zahlen, daß er eine Karrierefrau hatte. Ich rechnete mir jedoch aus, daß ich nicht einmalig genug sein würde, um eine derartige Ehe funktionieren zu lassen, falls ich einen solchen seltenen Mann finden sollte. Wie ich es auch drehte und wendete, an erster Stelle stand weiterhin die Entscheidung, zu heiraten oder nicht zu heiraten. Das schien irgendwie vor der Karriere zu kommen.

Ich kam zu dem Ergebnis, daß ich Zeit brauchte – etwas, was ich seit Jahren nicht gehabt hatte. Also beschloß ich, ein Jahr oder so nicht mehr an die Karriere zu denken, um zu sehen, was sich mit meinem privaten und geselligen Leben machen ließe. Irgendwie kam ich mir wieder vor wie in der Pubertät, als ich angefangen hatte, mir Freunde zu angeln. Ich dachte, die Frage, ob ich Kinder haben wollte, könne so lange warten, bis ich einen Mann gefunden hätte, und ich war gar nicht abgeneigt, Kinder zu adoptieren oder einen Witwer mit Kindern zu heiraten. Ich wußte allerdings, daß es mich nie glücklich machen würde, den ganzen Tag im Haus zu sitzen, und glaubte deshalb, am besten sei es wohl, in meiner damaligen Position zu bleiben.»

Diese Frau kam zu dem eindeutigen Ergebnis, ein «Karriere-Moratorium» sei notwendig. Sie brauchte Zeit, um ihr Privatleben, seine damaligen begrenzten Wünsche und künftige mögliche Befriedigung daraus neu abzuschätzen. Es war eine Strategie, die alle fünfundzwanzig Frauen unserer Gruppe befolgten, und zwar aus den gleichen Gründen.

Bis zu diesem Punkt hatten sie fraglos wichtige Aspekte ihrer Identität in der Schwebe gelassen. Die biologische Zeit und die Karrierezeit hatten sie eingeholt und eine Krise herbeigeführt, die ihre Bereitschaft weckte, sich wieder die unbeantworteten Fragen vorzulegen, die ihren Leistungsdrang und ihr Erfolgsstreben in den Hintergrund gedrängt hatten. Diese Fragen drehten sich um ihre Fähigkeit, die Tatsache ihres Frauseins und ihre beruflichen Interessen zu einem ausgewogenen, kohärenten Ganzen zu verschmelzen. Sie hatten immer mehr die Fähigkeit verloren, an die Botschaft ihrer Kindheit zu glauben – daß man eine Frau und außerdem noch vieles mehr sein kann, daß man sich nicht von den Definitionen anderer Leute, wer man sein sollte und sein müßte, einengen zu lassen braucht. Sie hatten als weibliche Führungskräfte in den 1940ern und 1950ern in Firmen kämpfen müssen, die starr maskulin geprägt waren. Als sie wiederholt «die erste Frau, die...» wurden, versuchten sie die Unvereinbarkeit, die sie zwischen sich und anderen fühlten, dadurch zu bewältigen, daß sie handelten, als seien sie weder Männer noch Frauen, sondern außerordentlich kenntnisreiche, unglaublich tüchtige und ungewöhnlich rationale Automaten. Während sie in ihrer Kindheit und Adoleszenz geglaubt hatten, eine Frau könne anders sein – könne etwas erreichen und trotzdem eine Frau sein –, hatte die Realität ihres Berufslebens sie zwangsläufig zu der Meinung bekehrt, eine Frau könne zwar das eine oder das andere haben, aber nicht beides, und dementsprechend hatten sie dann gehandelt. Beide Dinge mußten strikt auseinandergehalten werden, wenn das eine sich nicht negativ auf das andere auswirken sollte.

Die Änderungen, die nun stattfanden, waren sehr bedeutsam. Die Entweder-oder-Alternative, die Trennungslinie zwischen Leistung und *traditionellen* Definitionen der Weiblichkeit, war ihr Leben lang eindeutig gewesen. Konflikte mit sich und anderen über die Probleme Weiblichkeit und Leistung, Sex und Karriere waren bisher mit Hilfe einer Selbsteinschätzung geleugnet worden, die ihnen erlaubte, sich als «etwas Besonderes», anders als die traditionelle Frau zu sehen. Als es härter wurde, als sie weiter vorankamen und gezwungen waren, zunehmend mit Männern zu konkurrieren, hatten sie eines feststellen müssen, daß – wie sehr sie sich auch von traditionellen Frauen zu unterscheiden glaubten –, in den Augen vieler Männer eine Frau eine Frau war und blieb. Eine Frau schien nur dann eine Chance zu haben, wenn sie möglichst wenig wie eine Frau wirkte. Das spürten sie trotz der ungewöhnlichen Unterstützung ihres Chefs, und so unterdrückten sie ihre weibliche Seite absichtlich und betonten den Wert, den der Leistungsbegriff für sie hatte, immer mehr.

Das Problem der Weiblichkeit blieb bestehen. Bis zu diesem Punkt waren die Frauen der Meinung, jeder ernsthafte Versuch, den Konflikt zu lösen, könne ihre Energie so beanspruchen, daß sie riskieren würden, alles zu verlieren – die winkende Lösung und ihre Karriere. Nun, mit einem größeren Gefühl der beruflichen Sicherheit als je zuvor, begannen sie eine Lösung anzustreben. Die Erfahrungen, die sie dabei machten, unterschieden sich voneinander, aber die emotionale Dynamik und das Ergebnis waren mehr oder weniger gleich.

Sie begannen alle damit, ihren unmittelbaren Leistungsdrang zu reduzieren. Sie bemühten sich nach Kräften, ihre Arbeitslast zu vermindern. Sie lehnten zusätzliche Pflichten ab, um die sie sich früher gerissen hätten, und sie fingen an zu delegieren, während sie die Zügel früher so fest wie möglich in der Hand gehabt hatten. Zum erstenmal in ihrer Karriere hatten sie plötzlich mehr Zeit, und sie nutzten diese Zeit auf eine neue Art. Sie «renovierten» sich buchstäblich. Sie erklärten ausnahmslos, sie hätten neue, reizvolle Kleidungsstücke gekauft, und einige von ihnen gingen in teure Schönheitssalons – und verließen diese mit neuen Frisuren und neuen Make-ups. Sie beschlossen, so auszusehen und zu handeln, wie sie waren – weiblich. Ihre Vorstellung von einer angemessenen Rolle für Frauen änderte sich nicht. Was sich änderte, war die Art, wie sie sich in ihrer beruflichen Umwelt sahen.

Sie kamen allmählich zu der Überzeugung, daß sie es nicht mehr nötig hatten, die Symbole zu meiden, die sie und andere mit «traditionellen» Frauen assoziierten. Dies wurde sehr wichtig für sie, weil es ihrer Ansicht nach für ihre Umgebung bedeutete, sie seien nunmehr bereit, als Frauen betrachtet zu werden. Noch wichtiger war die Tatsache, sich Konflikten zwischen ihrer Rollenwahl und der Rollenansicht der anderen zu stellen, statt ihnen aus dem Weg zu gehen. Sie verfuhren dabei, wie heranwachsende Mädchen verfahren könnten: Sie legten die Uniform von Frauen an, um sich erstens selbst zu überzeugen und um zweitens die Berechtigung von vorgefaßten Meinungen und Sehweisen zu prüfen, die auf den allgemein akzeptierten Weiblichkeitsdefinitionen der anderen beruhten.

Sie sagten, sie hätten alte Kontakte wiederhergestellt, Bekannte aus früheren Tagen angerufen und begonnen, sich ein Leben außerhalb des Berufs aufzubauen. Gleichzeitig änderten sich ihre Arbeitsbeziehungen allmählich. Zum erstenmal verkehrten sie auch privat mit Leuten, die sie aus der Firma kannten. Eine Frau sagte:

«Ich verwandelte mich in eine richtige Betriebsnudel. Zum zweitenmal in meinem Leben. Das erste Mal tat ich es, weil es von mir erwartet wurde und weil ich es mußte – das glaubte ich jedenfalls damals. Diesmal tat ich es, weil ich es wollte. Ich war sehr neugierig darauf, mich mit anderen Leuten zu vergleichen. Fassen Sie es bitte nicht falsch auf, ich erwartete keine großen Dinge. Im Gegenteil, ich war keineswegs davon überzeugt, daß es mir gefallen würde oder daß etwas dabei herauskommen würde. Ich dachte, ich müsse die Erfahrung machen, um meine eigene Entscheidung zu treffen und damit zu leben. Ich meinte, die Entscheidungen, die ich jetzt über Dinge wie Karriere und Ehe treffen würde, seien für den Rest meines Lebens unwiderruflich, und ich wollte mir hundertprozentig darüber klarwerden, was ich für den Rest meines Lebens ad acta legte und welchen Preis ich dafür bezahlen mußte.»

Eine andere Frau erklärte:

«Als ich beschloß, ein neues Leben anzufangen, begann ich mit einer neuen Garderobe und einer neuen Frisur. Das waren *Dinge*, und Dinge boten den leichtesten Ausgangspunkt. Aber es zeigte sich schnell, was es bedeutete. Ich starb vor Angst, mit meinem neuen Aussehen ins Büro zu gehen. Die ersten paar Tage wurde ich dauernd angestarrt und sogar verwechselt, und einige Leute, die es sich leisten konnten, weil sie mich gut kannten, machten Witze und pfiffen ironisch. Alle schienen mich auf eine neue Art zu betrachten, und ich betrachtete mich ebenfalls auf eine neue Art, und es gefiel mir, so betrachtet zu werden. Mit der Zeit begann ich auf das neue Aussehen zu reagieren. Ich glaube, ich begriff endlich, daß jene Blicke mir als Frau galten. Ich sehnte mich danach, auf diese Weise von Männern bemerkt und bewundert zu werden. Glauben Sie bitte nicht, ich wüßte nicht, wie egozentrisch das klingt; bedenken Sie, daß ich mich seit fünfzehn Jahren völlig von diesem Bereich des Lebens abgeschnitten hatte. Ich hatte wieder Spaß daran. Zugegeben, der Effekt nutzte sich nach einer Weile ab, aber ich weiß, in jener Zeit änderte ich mich für immer. Ich lernte, einen anderen sehr realen Teil meines Ichs zu verstehen und zu akzeptieren, sogar zu mögen und zu genießen. Ich brauchte vielleicht Zeit und Kleider und Witze, um das zu schaffen, aber es machte mich zu einem neuen und stärkeren Menschen. Wenn ich mich jetzt reden höre, gefällt mir die Person, die ich früher war, nicht mehr so sehr, und es klingt albern – was alles nötig war, um zu entdecken, daß ich ein Mensch mit einem eigenen Leben war und daß dieser Mensch mir gefiel und anderen auch.»

In der Zeit des Rückzugs auf sich selbst und der daraus folgenden Änderung heiratete die Hälfte der Frauen Partner, die verwitwet oder geschieden waren und Kinder hatten. Diese Männer waren mindestens zehn Jahre älter als sie, und keine von ihnen brachte ein eigenes Kind zur Welt. Die übrigen entschieden sich, nicht zu heiraten, oder hatten keine Gelegenheit dazu, standen dem Gedanken an eine Ehe aber noch in den Fünfzigern positiv gegenüber.

Die Frauen, die geheiratet hatten, sagten uns, sie hätten gemeinsam mit ihren Männern den Entschluß gefaßt, ihre Karriere weiterzuverfolgen. Alle Frauen hielten ihren Mann für einzigartig in seiner Bereitschaft, eine solche Ehe zu akzeptieren, und in seinem Wunsch, sie im Weiterverfolgen ihrer Laufbahn zu bestärken. Ihre Männer freuten sich ihrer Ansicht nach darüber, wie sie in der Firma vorankamen. Sie glaubten, ihre Männer liebten und achteten sie als Frauen, für die eine Karriere in keiner Beziehung mit ihrer Weiblichkeit kollidierte. Wie kaum anders zu erwarten, hatten die Männer alle sichere Stellungen mit Einkommen, die damals etwa doppelt so hoch lagen wie der Verdienst ihrer neuen Frauen.

Alle fünfundzwanzig Frauen bewältigten diese Veränderungen in höchstens zwei Jahren und widmeten sich dann wieder ihrer Karriere. Sie fanden nun, daß sie das Zeug hatten, die obersten Ränge der Firmenhierarchie zu erklettern, und sie erwähnten ihre Fähigkeit, frei und offen darüber zu reden. Sie waren sich bewußt, daß sie sich endlich besser verstanden hatten, weil sie die Richtung ihres Lebens erfolgreich geändert hatten. Sie charakterisierten diese Periode als eine Zeit, in der sie *ganze* Menschen wurden, als eine Zeit, in der sie als reife, erwachsene Frauen mündig wurden.

Es war eindeutig eine Zeit, in der sie endlich mit sich selbst zu Rande gekommen waren. Sie waren endlich imstande, die Tatsache ihrer sexuellen Identität zu akzeptieren, und zwar nicht als etwas «Besonderes» oder «Anderes», sondern selbst nach den Begriffen anderer als wesentlichen Bestandteil ihrer selbst, und sie waren imstande, diese Identität und ihre Karriere zu einem kohärenten Ganzen zu verschmelzen. Sie fühlten sich nicht länger gedrängt, den Beweis dafür anzutreten, daß sie trotz des Nachteils, als Frau geboren zu sein, vollwertige Menschen waren. Sie *waren* Frauen. Sie *waren* Führungskräfte. Und sie waren fähig, beides zu sein. Sie berücksichtigten das, was sie geworden waren, und definierten neu, was sie erreichen wollten. Ihre Neudefinition stellte keine drastische Änderung des allgemeinen Kurses ihrer Laufbahn dar; sie hatte vielmehr etwas damit zu tun, daß sie sich selbst akzeptierten und ein Gleichgewicht zwischen Teilen ihrer Persönlichkeit herstellten, die sie bisher sorgsam voneinander getrennt hatten. Sie brachten ihre persönliche und ihre berufliche Autonomie, ihren bisher erreichten Erfolg, ihr vermindertes Bedürfnis, sich auf ihre Familie und ihren Chef zu verlassen, und ihre beruflichen Aussichten für die Zukunft bewußt zusammen. Dabei machten sie sich frei, um Probleme und Fragen akzeptieren und bewältigen zu können, die bisher Konflikte bedeutet hatten. Die Verdrängung der Weiblichkeit, die ihr früherer Verhaltensstil gefordert hatte, wurde aufgegeben. Sie befolgten nun einen Stil, der die anderen, die nur die traditionellen Frauenklischees akzeptierten, gezielt herausforderte. Sie taten es, indem sie offen zeigten, daß sie sich als Frauen wohl fühlten, und indem sie in Situationen, denen eine Frau nach dem geltenden Rollenklischee nicht gewachsen war, die Initiative ergriffen.

Alle sagten, ihre Arbeitsbeziehungen seien freier und offener geworden. Während sie früher einen großen Teil ihrer Energie dafür geopfert hatten, sich zu kontrollieren und die Frau in sich zu verdrängen und die männlichen Verhaltensweisen, wie sie sie sahen, zu übernehmen, gaben sie diese Bemühungen um ein Rollenspiel nun bewußt auf und ließen zu, daß sich allmählich ihr eigener Stil entwickelte. Sie sagten, sie seien ungeheuer erleichtert und befriedigt gewesen, als sie im wesentlichen das tun konnten, was natürlich für sie war. Eine Frau erklärte, zum erstenmal in ihrem Leben habe sie nicht das Gefühl gehabt, alles, was sie sagen und tun würde, im voraus planen zu müssen. Das habe aber nicht etwa bedeutet, daß sie sich ihrer Worte und Taten nicht bewußt gewesen sei, sondern daß sie nicht länger den Zwang gespürt habe, ihre Gefühle und Ansichten zu leugnen oder sich anderen gegenüber so zu geben, als fühlte und dächte sie anders. Die Ergebnisse dieser Änderung waren offenbar bemerkenswert. Eine Frau sagte:

«Ich schien plötzlich für alles mehr Zeit zu haben. Ich leistete bei der Arbeit mehr als vorher, und die Leute schienen mich gleichzeitig lieber zu mögen. Ich begann einzusehen, daß mein Arbeitsziel darin bestanden hatte, so etwas wie eine gutgeölte Maschine zu sein, die mit Höchstgeschwindigkeit läuft – was wirklich nicht sehr menschlich war. Jetzt, wo ich mich akzeptiert hatte, fing ich an, Menschen genauso zu genießen wie Aufgaben. Das Wesentliche der Managertätigkeit schien in die richtige Perspektive zu rücken. Es war eine Kombination aus sachlichem und menschlichem Interesse. Ich fand zufällig ein Buch wieder, das ich schon seit einiger Zeit besessen hatte; es hieß ‹Das Manager-Raster› oder ähnlich. Bei der ersten Lektüre hatte ich es für Unsinn gehalten; jetzt schaute ich noch einmal hinein, und es fiel mir wie Schuppen von den Augen. Ich glaubte, nun könnte ich mehr leisten und dabei glücklich sein. Nun könnte ich es schaffen.»

Die Frauen wurden sich zunehmend bewußt, daß ihr Bedürfnis, das zu sein, was sie ihrer Meinung nach waren, zu einer Änderung ihres Verhaltens anderen gegenüber führte, das von den Betreffenden als aufrichtiger und realer empfunden wurde, und diese Entwicklung hatte viele Folgen. In ihren Berichten über jenen Zeitraum benutzten sie ständig das Wort «glücklich», wenn sie sich charakterisierten, während sie früher die Worte «belohnt» und «befriedigt» verwendet hatten. Sie merkten, daß sie sich selbst akzeptiert hatten. Sie genossen die Wiederentdeckung ihrer Fähigkeit, Kontakte zu schließen. Sie sagten, sie hätten sich zum erstenmal imstande gefühlt, offen über ihr früheres Verhältnis zwischen Arbeit und Karriere einerseits und Ehe andererseits zu diskutieren. Sie fühlten sich frei, über ihre neuen Entscheidungen zu reden, ohne das unbehagliche Gefühl zu haben, die anderen betrachteten sie irgendwie als amputierte Frauen, weil sie sich so entschieden hätten. Einige von ihnen faßten das mit den Worten zusammen, jedermann ringsum habe offenbar gewußt, daß sie leistungs- und erfolgsorientiert sei, aber nun habe sie gemerkt, daß die anderen es besser fänden, wenn sie selbst es zugab. Während sie zu sich selbst ein realeres Verhältnis bekamen, wurden sie offensichtlich auch für ihre berufliche Umwelt faßbarer. Weil sie sich freier fühlten, mit anderen zu kommunizieren, fühlten die anderen sich freier, mit ihnen zu kommunizieren.

Eine weitere interessante Entwicklung, die in dieser Zeit stattfand, war die neue Art, ihre Einstellung zu anderen Frauen rational zu begründen. Sie berichteten, daß es immer weniger die «traditionelle Frau» war, gegen die sie etwas hatten. Sie hatten vielmehr etwas dagegen, mit jemandem zusammen zu sein, mit dem sie nichts gemeinsam hatten. Während sie früher nicht bereit gewesen waren, eine andere und vermutlich «traditionelle» Frau einzustellen oder beruflich zu fördern, weil sie befürchteten, diese könnte das empfindliche Verhaltensgleichgewicht, das sie Männern gegenüber hergestellt hatten, bedrohen oder umstoßen, waren sie darüber nun weniger besorgt und befürchteten eher, ihren einzigartigen «Bienenkönigin-Status» bei den Kollegen zu verlieren. Sie meinten, endlich etwas wirklich Besonderes geworden zu sein, das sie mit niemandem teilen wollten, und sie glaubten, «andere Frauen könnten eifersüchtig werden» – eifersüchtig auf das, was sie erreicht hatten. Fast alle von ihnen bezogen diesen Standpunkt und sagten, obgleich sie «darüber nicht froh» seien, könnten sie sich nicht dazu durchringen, arrivierte Frauen zu ihren Mitarbeiterinnen zu machen.

Innerhalb der nächsten Jahre brachten sie es alle zum Vorstandsmitglied oder stellvertretenden Vorstandsvorsitzenden. Ihre ehemaligen Chefs waren inzwischen Vorsitzende des Verwaltungsrats oder Vorstandsvorsitzender geworden oder – in einigen Fällen – in den Ruhestand getreten. Das Verhältnis zwischen ihnen hatte sich zu einer Beziehung zwischen Gleichrangigen gewandelt. Viele der unverheirateten Frauen bezeichneten es als «Arbeitsehe», bei der jede Partei auf die andere angewiesen *und* gleichzeitig von ihr unabhängig sei.

Der Wandel dieser Beziehung war eine weitere Folge der veränderten Einstellung, die die Frauen zu ihren Stellungen hatten. Früher waren sie fast nur fertigkeits- und aufgabenorientiert gewesen. Sie hatten sich und andere in ihrer Funktion intensiv kontrolliert. In der Zeit der Veränderung begannen sie, einen großen Teil der Routinearbeiten an andere zu delegieren und ihre Untergebenen zu überzeugen, statt zu beherrschen. Sie fingen an, ihre Mitarbeiter als Menschen und nicht mehr ausschließlich als Arbeitskräfte zu betrachten und ihre Beziehungen zu ihnen dementsprechend zu modifizieren, und während sie in ihrem Verhalten diplomatischer wurden, fühlten sie sich zunehmend imstande, weiter voranzukommen. Die Neubewertung ihrer selbst führte dazu, daß sie auch andere in einem neuen Licht sahen und Qualitäten und Fähigkeiten entdeckten, die sie bisher übersehen hatten. Sie begannen, menschliche und fachliche Qualitäten gleichermaßen zu betonen. Sie lernten, effektive Teams aus Menschen mit sehr unterschiedlichen Fertigkeiten und Fähigkeiten zu bilden. Und sie stimmten darin überein, das Problem der Ehe und die Zwänge des Alters hätten zwar die unmittelbare Krise ausgelöst und diese tiefgreifende persönliche Änderung herbeigeführt oder beschleunigt, doch das endgültige Resultat habe weniger mit ihrer eigenen Entfaltung und ihrer persönlichen Weiterentwicklung als mit ihrem Bedürfnis zu tun gehabt, mit sich als Mensch ins reine zu kommen, sich als Mensch zu akzeptieren.

Wenn man den letzten Abschnitt in der Karriere dieser Frauen mit dem betreffenden beruflichen Stadium der Frauen vergleicht, die auf der Stufe des mittleren Managements stehengeblieben waren, liegt der Hauptunterschied zwischen ihnen in dem «Karrieremoratorium». Für die Gruppe der fünfundzwanzig war dies eine Zeit der Selbsteinschätzung, der Neubewertung, des persönlichen Risikos. Sie schafften den Übergang vom mittleren zum oberen Management, weil sie sich befreiten und sich deshalb neue persönliche und organisatorische Fertigkeiten aneignen konnten. Die Frauen, die im mittleren Management blieben, machten diese Erfahrung nicht und blieben in erster Linie aufgaben- und fertigkeitsorientiert. Sie klammerten sich an Selbstvorstellungen und Verhaltensstile, die maskulin ausgerichtet waren, und sie besaßen nur wenige menschliche Qualitäten, die an ihrem Arbeitsplatz zum Tragen kamen. Kurz gesagt: Die zweite Gruppe von Frauen fand sich weiterhin damit ab, daß ein Konflikt zwischen ihrer sexuellen Identität und ihrer Karriere zwangsläufig war, und sie versuchte den Konflikt zu bewältigen, indem sie der Tatsache ihrer Weiblichkeit auswich. Diese Frauen fuhren fort, einen Verhaltensstil zu befolgen und zu intensivieren, der zu leugnen suchte, daß sie Frauen waren. Statt ihn zu überwinden, paßten sie sich seinem Image an. Sie hatten Ressentiments gegen Männer, die ihnen im Weg gestanden und ihren Aufstieg in höhere Positionen verhindert hatten. Sie erklärten, daß sie sich frustriert und betrogen vorkamen. Sie waren in der Mehrzahl unverheiratet und meinten, es sei ein Fehler gewesen, auf die Ehe zu verzichten, da diese ihnen vielleicht ihre gegenwärtige unglückliche Lage erspart hätte. Sie sahen sich als kalte und dominierende Menschen, durch schmerzliche Erfahrungen gezwungen, zu dem zu werden, was sie waren. Sie hegten im allgemeinen eine Abneigung gegen andere Frauen, deren «typisches Frauenverhalten» sie als Hemmschuh für das berufliche Vorankommen der Karrierefrau betrachteten.

Der Unterschied zwischen den beiden Gruppen lag in dem Ausmaß an Selbstkenntnis, Selbstverständnis und Selbstakzeptieren. Die fünfundzwanzig waren imstande, als Individuen und Führungskräfte zu wachsen, während die anderen auf beiden Gebieten gehemmt waren. Die fünfundzwanzig hatten ein Gefühl der Befriedigung und Harmonie, während die Frauen aus dem mittleren Management berichteten, sie fühlten sich in ihrer jetzigen Stellung eingeschränkt, verbittert, in der Defensive, unglücklich und festgefahren. Sie waren tatsächlich mitten in ihrer Karriere festgefahren.

Andere deutliche Unterschiede zwischen beiden Gruppen hingen damit zusammen, wie sie mit dem Gefühl des Verlusts zurechtkamen, das aus der jahrelangen Konzentration auf den Beruf auf Kosten der Gefühlswelt resultierte. Die fünfundzwanzig bemühten sich bewußt und systematisch, damit fertig zu werden. Sie versuchten nicht, ihre Firma, die Männer, mit denen sie arbeiteten, oder andere Frauen zu emotionalen Sündenböcken zu machen, was bei der Vergleichsgruppe aus dem mittleren Management der Fall war. Sie waren imstande, den Preis, den sie für ihre Karriere zahlen mußten, zu akzeptieren und ihn in erster Linie als Konsequenz ihrer eigenen Entscheidungen und Handlungen zu betrachten. Sie hatten genug Konflikte bei ihren Bemühungen durchlebt, mit den Problemen Ehe, Mutterschaft und Freundschaft zurechtzukommen. Die Tatsache, eine Frau zu sein, hatte die meisten von ihnen unglücklich oder sogar depressiv gemacht und schließlich dazu geführt, daß ihr Interesse an der Arbeit deutlich abnahm. Alle diese Probleme lösten dann die persönliche Krise aus, die zu einem Karrieremoratorium und einer Neubewertung ihres Lebens führte. Wir kennen kein Mittel, um in Erfahrung zu bringen, mit wie vielen inneren Konflikten sie fertig werden mußten. Die Lösung der Spannung und das Gefühl der Freiheit, die auf das Moratorium folgten, lassen gewiß darauf schließen, daß die Bewältigung dieser Konflikte viel Energie erfordert hatte.

Die schwierige und faszinierende Frage, warum die erste Frauengruppe fähig war, die Notwendigkeit einer Neueinschätzung und Neubewertung zu erkennen, die zweite aber nicht, läßt sich nicht mit letzter Sicherheit beantworten.

Zum Teil hängt das mit fast hundertprozentiger Gewißheit mit der Art der Firma zusammen, in der die Frauen beschäftigt waren, mit der Art, wie die Männer, mit denen sie arbeiteten, ihnen Unterstützung, Respekt und Sicherheit gaben.

Entscheidender waren womöglich ihre Kindheitserfahrungen, die den fünfundzwanzig soviel innere Kraft schenkten. Man erinnere sich an die Frau, die sagte, ihr Familienzusammenhalt sei so stark gewesen, daß jeder es wagte, etwas allein zu unternehmen, da sie alle wieder zusammenkommen würden, was auch geschähe. Ihre Familien und insbesondere ihre Väter hatten ihnen die unumstößliche Erkenntnis verschafft, daß Frauen keine Männer zu sein brauchen, um Menschen zu sein. In der Lebensmitte waren sie endlich imstande gewesen, nach dem zu handeln, was sie immer gewußt hatten.

Die fünfundzwanzig Frauen, die über das mittlere Management nicht hinausgekommen waren, kamen aus Familien mit völlig anderen Eltern-Kind-Beziehungen. Ihre Väter hatten sich ihnen gegenüber so verhalten, als *wären* sie Söhne. Der Konflikt, der dadurch entstand, daß sie als Frau in einem Männerberuf Erfolg haben wollten, war auf diese Weise verschärft worden. Die Väter hatten ihnen vermittelt, sie müßten ein Mann sein, um Erfolg zu haben. Diese Frauen, deren Weiblichkeit von Anfang an geleugnet worden war und von denen einige sogar einen Jungennamen hatten, wandten in ihren ersten Stellungen und dann auf den unteren Rängen des Managements einen «kumpelhaften» Stil an, der sie unbedingt als «einen von den Jungs» ausweisen sollte. Das Problem lag darin, daß «die Jungs» sie zuletzt hinter sich ließen und daß sie weiterhin in ihrem vorgeformten Stil, der einzigen ihnen geläufigen Art, Beziehungen zu knüpfen, auch der nächsten Kollegengeneration gegenüber handelten. Im mittleren Management zurückgelassen, nicht bereit oder imstande, sich zu überlegen, was sie vielleicht selbst zu ihrer Lage beigetragen hatten, richteten sie ihre Bitterkeit und ihren Groll gegen die Leute, «die ihnen das angetan hatten». Die Krise, die die erfolgreichen fünfundzwanzig im Alter von etwa fünfunddreißig Jahren erlebten und durchstanden, brach bei ihnen überhaupt nicht aus. Sie sahen sich vielmehr in einem fortwährenden Krisenzustand, den sie nicht herbeigeführt hatten, für den sie nicht verantwortlich waren und auf den sie nicht aktiv reagieren konnten und wollten.

Ihre Vorstellungen von sich und die darauf zurückgehenden Verhaltensstile leugneten, daß sie Frauen waren, der Konflikt war nicht zu übersehen. Sosehr sie sich auch bemühten, das von ihnen ausgestrahlte Image war weit entfernt von der männlichen Norm, die von Männern zwar recht viel fordert, es aber vor einem Hintergrund gemeinsamer Ambitionen, Vorbereitungen und Erwartungen, auf der Basis gemeinsamer Voraussetzungen und schnell begriffener und befolgter Verhaltensstile fordert. Die im mittleren Management steckengebliebenen Frauen versuchten, dieser Norm zu entsprechen – und scheiterten. Die fünfundzwanzig versuchten schließlich, sie zu ändern – und schafften es.

Teil III

11
Was Frauen tun können

In diesem Teil sehen wir uns mit dem entscheidenden Problem konfrontiert. Viele Frauen, die in leitenden Stellungen tätig sind oder eine leitende Stellung anstreben, werden einerseits durch die typischen Unterschiede behindert, die wir im ersten Teil besprachen, bringen andererseits aber kaum die einzigartigen Vorgaben aus der Kindheit mit, die so eindeutig zu dem beruflichen Erfolg der fünfundzwanzig beitrugen.

Es ist unmöglich, die Abstammung zu ändern, seine Familie neu zu schaffen oder seine frühen Beziehungen im nachhinein zu ändern, und es ist unmöglich, die Zeit umzukehren und vergangene Ereignisse rückgängig zu machen. Kann eine Frau, die die Vorgaben der fünfundzwanzig nicht hat, trotzdem lernen, mit den problematischen Unterschieden in Erwartungen, Sehweise und Verhalten zurechtzukommen, die im ersten Teil diskutiert wurden?

Wir glauben, daß sie es kann. Wir wissen, daß es nicht leicht sein wird. Wir sind sicher, daß es Zeit und viel Mühe kosten wird. Wir wissen aber auch, daß es zu schaffen ist, weil wir gesehen haben, wie es geschafft wurde.

Als erstes muß man sich damit abfinden, daß gewisse Unterschiede bis ans Ende unserer Tage fortbestehen bleiben werden. Eine Frau hat womöglich immer Angst vor dem potentiellen Konflikt zwischen Erfolg im Beruf und Erfolg als Frau. Sie reagiert auf Kritik vielleicht immer persönlicher als Männer. Sie betrachtet berufliche Risiken unter Umständen immer als ein bißchen gefährlicher. Es mag ihr immer schwerfallen, energisch zu sein und in eigener Sache die Initiative zu ergreifen. Diese Rudimente werden bleiben. Sie müssen identifiziert und bewältigt werden. Situationen, in denen sie verstärkt wirksam sind, müssen antizipiert und im voraus gemeistert werden, und man muß von Anfang an damit umgehen lernen, um die Faktoren, die Konflikt, Verwundbarkeit, Risiko, Aggressivität in sich tragen, in ihren einzelnen Abstufungen erkennen zu können.

Zweitens, und das ist der schwierigste Schritt, muß man sich entscheiden, ob man wirklich die Managementlaufbahn einschlagen will – eine Laufbahn, bei der man in erster Linie mit Männern konkurrieren muß, und zwar innerhalb eines Systems, das sie besser verstehen, und unter Bedingungen, bei denen sie sich viel wohler fühlen und mit denen sie viel vertrauter sind als wir.

Frauen fällt der Entschluß, ob sie Karriere machen wollen, von jeher schwer, ebenso die vorbereitende Planung. Bei den meisten Kursen und Programmen zur Karriereplanung ist nicht von den Konzepten und praktischen Tips die Rede, die sie als Frauen kennen müssen, um Kosten und Lohn realistisch für sich als Frauen zu berechnen. Unfähig zu analysieren, woher sie kamen, was sie mitbrachten und was sie wollten, konnten die Frauen kaum etwas an ihrer Situation ändern.

Vielleicht versuchen sie wirklich, ihr berufliches Vorankommen zu planen, viele tun es mit viel Sorgfalt und Weitsicht. Männer entwikkeln und befolgen jedoch regelrechte Aktionspläne für ihre Karriere, während Frauen im allgemeinen dazu tendieren, den Kummer über ihren beruflichen Stillstand zu unterdrücken. Pläne können befolgt, getestet, geändert und sogar aufgegeben werden, Gefühle bleiben.

Eine Frau muß zuversichtlich erklären können, daß sie Karriere machen will und bereit ist, sich den Problemen zu stellen, mit denen sie unweigerlich konfrontiert werden wird. Sie muß bereit sein, in ihrem Planen viel spezifischer zu sein als die Männer ringsum, und sie muß Situationen, die den von ihr gespürten Druck verschärfen oder ihre weiterhin bestehende Verwundbarkeit intensivieren könnten, mit größerem Scharfblick antizipieren können. Sie muß sich, anders ausgedrückt, über die Notwendigkeit klar sein, ihre Umwelt und sich selbst gleichzeitig zu «managen».

Das bedeutet nicht, daß sie eine andere werden muß. Sie wird die Ergebnisse ihres Berufslebens weniger dadurch beeinflussen, daß sie ihre Persönlichkeit modifiziert. Sie wird sie vor allem dadurch ändern, daß sie die Interaktion zwischen sich und der Umwelt, in der sie arbeiten muß, unter Kontrolle bekommt. Die Wahrscheinlichkeit, daß man sich von sämtlichen Rudimenten seiner Kindheit und Erziehung befreien kann oder will, ist gering. Die Wahrscheinlichkeit, daß man lernen kann, seine Persönlichkeit wirksamer in den Griff zu bekommen, ist groß. Die grundlegende Frage lautet: Will man das überhaupt? Und wenn ja, in welchem Maß?

Das führt zu einer Reihe von weiteren Fragen. Was ist der Preis und was ist der Lohn einer Karriere als Führungskraft? Ist die Bilanz positiv? Sind Sie sicher? Wenn Sie hundertprozentig sicher sind, sollten Sie sich vor Augen führen, daß Männer lange über eben diese Frage nachdenken, ehe sie Betriebs- oder Volkswirtschaft studieren oder bevor sie mit zweiundzwanzig Jahren als Vorbereitung auf ihren ersten Arbeitsplatz ein Management-Ausbildungsprogramm absolvieren. Da Frauen die Antwort meist vor einem viel komplizierteren Hintergrund finden müssen, müssen sie sich entsprechend bewußter sein, worum es geht. Der Prozeß der Bewußtmachung erfordert weitere Fragen, die sich die meisten Frauen vorher sicher noch nie gestellt haben: Rechne ich damit, für den Rest meines Lebens berufstätig zu sein ohne Rücksicht darauf, was ich sonst tun könnte? Ob ich heiraten werde oder nicht, ob ich Kinder haben werde oder nicht? Wenn ich damit rechne, auf lange Sicht berufstätig zu sein, was verspreche ich mir davon? Was möchte ich wirklich erreichen? Wo möchte ich in fünf Jahren, in zehn Jahren, in zwanzig Jahren stehen?

Am nützlichsten ist es vielleicht, wenn man erst einmal zwei oder drei Jahre weiter in die Zukunft plant. Es gilt, folgende entscheidende Fragen zu beantworten: Was für eine Arbeit möchte ich dann machen? Wo? Was muß ich wissen, um das zu schaffen? Welches Erfahrungsniveau ist nötig? Welche Wissensgrundlage? Welche Fertigkeiten sind erforderlich? Welcher Eignungsgrad? Was für Beziehungen werden wichtig sein? Zu wem?

Dann sollte man sich wieder der Gegenwart zuwenden und folgende Fragen beantworten: Wo stehe ich jetzt? Was ist mein jetziger Stand an Wissen, Fertigkeiten, Eignung? Wer sind die Leute, die ich kenne? Welche Positionen bekleiden sie? Womit können sie mir helfen? Was können sie mir beibringen? Über welche von mir benötigten Informationen verfügen sie? Kennen sie jemanden, der mir helfen kann, und wenn ja, wen?

Beantworten Sie sich diese Fragen möglichst genau und ausführlich, denn Sie müssen imstande sein, frühere Erfahrungen und das bisher Erreichte auf eine Art und Weise einzuschätzen, die Ihnen erlaubt, Ihr Potential zu messen. Viele Frauen setzen das, was sie bisher erreicht haben, automatisch herab. Bei jeder neuen Stellung oder Arbeit haben sie das deprimierende Gefühl, wieder von vorn anfangen zu müssen. Bewältigen Sie dieses Problem. Zwingen Sie sich dazu, jede Stellung oder Arbeit durchzugehen, die Sie bisher hatten. Zerlegen Sie jede Stellung oder Arbeit in das, was Sie dabei gelernt haben. Überlegen Sie genau, welches Wissen Sie sich dabei angeeignet haben und welche Fertigkeiten Sie dabei entwickelt oder gefördert haben. Schätzen Sie ab, wie effektiv Sie diese Fertigkeiten angewendet haben – welchen Eignungsgrad Sie erreicht haben. Wenn dieser Prozeß Ihnen Schwierigkeiten macht, analysieren Sie am besten bestimmte Vorfälle, Krisen, Tests, mit denen Sie bei der Stelle oder Arbeit fertig werden mußten und die Sie gemeistert haben. Wie haben Sie es gemacht? Welche Fertigkeiten waren dazu nötig – fach- und verhaltensbezogene? Wiederholen Sie das für jede Stellung, die Sie bekleidet haben, und betrachten Sie dann die so entstandene Auflistung. Sie wird Ihnen Auskunft darüber geben, was Sie wissen, was Sie tun können und wie gut Sie es tun können.

Diese Methode ist sehr wichtig für Frauen in den Vierzigern, die in den vergangenen Jahren mit Unterbrechungen berufstätig waren, noch wichtiger für Frauen, die ihre Erfahrungen über die Arbeitswelt ausschließlich in Freiwilligen-Organisationen sammelten. Ein sehr gutes Beispiel für das «Herabsetzen des bisher Erreichten» fanden wir in der Karrieregeschichte einer Hausfrau aus dem amerikanischen Mittelwesten, die in vielen Organisationen auf lokaler und nationaler Ebene ehrenamtlich führende Positionen bekleidet hatte, und das seit zwanzig Jahren. Dabei hatte sie siebenstellige Etats verwalten müssen. Sie hatte umfangreiche finanzielle Hilfsmittel auftreiben müssen. Sie war Vorsitzende von Ausschüssen, die Grundsatzprogramme entwickelten und verabschiedeten. Sie hatte Organisationen mit bezahlten und ehrenamtlichen Mitarbeitern geleitet. Nach 20 Ehejahren wurde ihr Mann schwer krank, und sie war gezwungen, sich eine bezahlte Arbeit zu suchen. Sie geriet in Panik. Ihr fiel nichts ein, wofür sie qualifiziert sein könnte. Schließlich meinte sie, sie könne als Taxifahrerin arbeiten. Sie konnte gut Auto fahren und kannte die Stadt in- und auswendig – das waren die einzigen Fertigkeiten, die sie zu haben glaubte! Glücklicherweise kannte sie den Generaldirektor einer Bank, mit dem sie bei gemeinnützigen Projekten zum Auftreiben von Geldern zusammengearbeitet hatte. Bei einer Verwaltungsausschuß-Sitzung für eines ihrer Projekte erzählte sie ihm, daß sie eine bezahlte Arbeit brauchte, und berichtete von dem Denkprozeß, der sie zu dem Entschluß gebracht hatte, Taxi zu fahren. Er war entsetzt. Er sagte ihr, sie habe mehr verwertbare Erfahrungen als ein durchschnittlicher stellvertretender Direktor oder Abteilungsleiter seiner Bank. Er bot ihr eine Stellung an und gab ihr die Möglichkeit, das anderthalbjährige Management-Ausbildungsprogramm seiner Bank mitzumachen (sie war damals fünfzig). Sie absolvierte das Programm in acht Monaten und trat als Vizepräsidentin für Public Relations in die Geschäftsführung ein.

Dieser glückliche Ausgang ist leider alles andere als typisch, weil es vielen Frauen mit reichen Verwaltungserfahrungen in Freiwilligen-Organisationen nie einfällt, das zu bewerten, was sie bisher gemacht haben. Wenn Sie eine solche Frau sind und nicht wissen, wie Sie diese Bewertung vornehmen sollen, bemühen Sie sich am besten um Hilfe. Setzen Sie sich mit einer Abteilung für weiterführende Bildung an einem örtlichen College oder mit einem Mitglied der betriebswirtschaftlichen Fakultät in Verbindung. Machen Sie ein Beratungszentrum für Frauen oder eine Gruppe für berufliche Aus- bzw. Weiterbildung ausfindig. Lernen Sie, wie Sie Ihre Erfahrungen als unbezahlte Arbeitskraft umsetzen und im Berufsleben verwerten können. Vergessen Sie vor allem nicht, daß die männlichen Führungskräfte, mit denen Sie bei ehrenamtlichen Projekten zusammengearbeitet haben, gleichzeitig Arbeitgeber von Tausenden bezahlter Kräfte sind. Sie kennen diese Männer, und diese Männer kennen Sie. Nutzen Sie die Bekanntschaft für Hilfe und Förderung.

Wenn Sie möglichst genau herausgefunden haben, was Sie bisher getan haben und was Sie tun können, bemühen Sie sich aktiv, Ihr künftiges Ziel zu erreichen. Eine Frau muß gewöhnlich viel mehr bewältigen als ein Mann und außerdem noch vieles wettmachen oder nachholen. Der Plan, der Sie von ihrem jetzigen Standort zu Ihrem Ziel bringen soll, muß spezifisch und sehr detailliert sein. Sie müssen jeden einzelnen Schritt definieren: *Welche* Positionen muß ich bis dahin eingenommen, welche Arbeiten gemacht haben? *Wie* und *wann* wird das der Fall sein? *Wer* wird mir dabei helfen? Was muß ich lernen und wie? Wer kann mir dabei helfen? Eine Frau muß die Anforderungen der Stellungen, Lernen durch Erfahrung, Ausbildungskurse in Rechnung stellen und vor allem die Leute berücksichtigen, mit denen sie es zwangsläufig zu tun haben wird. Zu wem kann sie mit diesem Plan gehen, um offen und objektiv darüber zu diskutieren? Zu ihrem Chef? Kennt sie sonst jemanden, der helfen könnte? Kennt sie eine andere Frau, deren Chef hilfreicher und kooperativer ist als ihrer?

In diesem Stadium muß sie sich langsam nach einem Trainer, einem

Paten oder einer Patin, einem Mentor, einem Gönner, jemandem in einer höheren Verwaltungsposition umschauen, der sie unterweisen, unterstützen, beraten, kritisieren kann. Wenn das gelingen soll, muß sie sich als Person darstellen, die eine Investition lohnt, als Person, die sich für die empfangene Hilfe revanchieren kann. Wenn sie all das getan hat, muß sie abschätzen oder berechnen, was wirklich notwendig ist, um Erfolg zu haben. Ist der Plan realistisch im Hinblick auf die zeitlichen Verpflichtungen? Kann sie ihn verbessern? Lohnt es sich überhaupt in Anbetracht der großen Schwierigkeiten, die sie persönlich auf sich nehmen muß?

Dieser Ansatz bringt konkrete Ergebnisse. Er hilft der Frau, eine Position zu erreichen, von der aus sie anfangen kann, ihr Berufsleben zu steuern. Sie wird aktiver, weniger reaktiv. Sie lernt zu bewerten, ob sie Karriere machen will, und kann für sich die Art von Karriere herausfinden, die sie sich wünscht, mit allen Nachteilen, die sie dafür in Kauf nehmen muß. Wenn sie dies realistisch und objektiv tut, kann sie entscheiden, ob es sich lohnt oder nicht, und selbst wenn ihre Entscheidung negativ ausfällt, profitiert sie von der Tatsache, daß sie das Steuer für ihren künftigen Kurs in die Hand genommen hat. Wenn sie mit Sicherheit weiß, daß sie nicht Karriere machen will, hat sie die Freiheit, andere Entscheidungen zu treffen oder zwischen anderen Alternativen zu wählen. Eine Frau aus unserer Bekanntschaft konnte sich auf diese Weise endlich darüber klarwerden, daß ihr wirkliches Ziel darin bestand, genug Geld für ein Haus zu sparen und dann die Arbeit an den Nagel zu hängen. Nachdem sie den entsprechenden Entschluß gefaßt hatte, begriff sie, daß sie von nun an immer die Stelle würde annehmen müssen, die am meisten einbrachte – und daß sie sich darum ohne Rücksicht auf ihr berufliches Vorankommen würde bemühen müssen. Wenn sie genug auf die hohe Kante gelegt hätte, würde sie ein für allemal kündigen. Das war die wichtigste Entscheidung für sie. Sie befreite sich von vielen Ängsten. Sie gab es auf, um höhere Posten zu konkurrieren, und zu dieser Entscheidung kam sie durch eine Reihe logischer Schritte, die nur für sie und für niemanden sonst relevant waren.

Eine andere Frau, die zweifelsfrei erkannte, daß sie Karriere machen wollte, entwickelte einen spezifischen Plan, zu dem unter anderem gehörte, daß sie eine schlechter bezahlte Arbeit in einer Funktion annahm, die für die Stellung, die sie anstrebte, von entscheidender Bedeutung war. Sie sah, daß es sich auszahlen würde. In einem gewissen Sinn investierte sie in berufliche Erfahrung statt in ein Studium der Betriebswirtschaft, und in einigen Unternehmen und Branchen mag dies durchaus die beste Investition sein.

Das Fehlen eindeutiger Karriereziele kann eine Frau dazu verleiten, das Gehaltsniveau als entscheidenden Maßstab für unmittelbaren beruflichen Erfolg oder Mißerfolg zu betrachten. Der Verdienst ist zwar immer ein wichtiger Faktor, doch die oben genannte Frau hätte sich unweigerlich anders entschieden, wenn das gegenwärtige Einkommen ihr einziges Kriterium gewesen wäre.

Karriereplanung ist gut und schön, könnte man jetzt sagen, und der diesbezügliche Prozeß ist insofern nützlich, als man sich dabei einige recht spezifische Fragen vorlegt. Wie kann man sich aber für ein Ziel entscheiden, das Jahre in der Zukunft liegt? Wie kann man überhaupt wissen, daß man gerade dies dann will? Und welchen Sinn haben die Bemühungen, wenn man es nicht weiß?

In diesem Fall, der übrigens ziemlich häufig ist, sind eine Reihe wichtiger und viel allgemeinerer Punkte zu berücksichtigen. Der erste hängt mit übermäßigem Investieren in eine bestimmte fachliche Fertigkeit zusammen. Überinvestieren diente dazu, sich eine Legitimation zu verschaffen, es bestätigte das Recht der Frau, die Stellung überhaupt einzunehmen – und mehr kommt auch in Zukunft nicht dabei heraus. Ihre Legitimation beruht nun darauf, daß sie *diese* Arbeit beherrscht, und nicht auf grundlegenden sichtbaren und übertragbaren Fertigkeiten im Management. Außerdem sind die Beförderungsmöglichkeiten innerhalb einer Funktion deutlich beschränkt. Wer weiterkommen will, läßt sie hinter sich.

Deshalb sollte der erste Schritt der Zieldefinition darin bestehen, andere Funktionen kennenzulernen. Um welche Funktionen handelt es sich überhaupt? Wie verhalten sie sich zu dem, was man im Augenblick macht? Welche Beziehungen bestehen beispielsweise zwischen Produktion und Verkauf oder zwischen Verkauf und Marketing? Zwischen Finanzwesen und Planung? Welche Stellenbeschreibungen hat die Firma zugrunde gelegt? In welchen Abteilungen würde man die weiterführenden Positionen am besten kennenlernen? Welche Positionen verschaffen einem die grundlegenden Erfahrungen, die die Firma verlangt?

Mit anderen Worten: Das endgültige Ziel wird nur in Umrissen herausgearbeitet: Vorankommen, mehr Verantwortung, eine Reihe von immer vielschichtigeren Aufgabengebieten. Unmittelbares Ziel ist es, weitere Erfahrungen zu sammeln, zusätzliche Fertigkeiten zu erwerben und in der Bewältigung verschiedener Funktionen aufzufallen. Noch wichtiger ist, Zahl und Vielfalt der Arbeitsbeziehungen zu vergrößern, mit Arbeitsplatzwechseln vertraut zu werden und Arbeiten, die man noch nicht kennt, zuversichtlicher und geschickter anzupacken.

Was die formalen Methoden des Zielsetzens und Planens betrifft, so gibt es eine Reihe von Methoden, mit denen man seine persönlichen Fertigkeiten entwickeln kann: offizielle Ausbildungsprogramme; firmeninterne Kurse; die Teilnahme an einer Planungsrunde in der eigenen Abteilung – notfalls zu Lasten der Freizeit. Außerdem gibt es viele nützliche Bücher über dieses Gebiet, und die Fortbildungsabteilungen einzelner Unternehmen können einen oft beraten, welches Werk sich am besten eignet.

Problemidentifizierung, Problemanalyse und Techniken der Problemlösung sind ebenso wichtige Voraussetzungen für eine Karriere als Führungskraft wie Zielsetzen und Planen. Die meisten Leute sind bereit und fähig, Probleme zu lösen, die sich bei der Arbeit ergeben. Die Eigenschaft, die eine tüchtige Führungskraft von den anderen unterscheidet, liegt weniger in der Bereitschaft, auftretende Probleme zu lösen, als in der Fähigkeit, rechtzeitig zu antizipieren, wo sie auftreten könnten, wie sie wahrscheinlich aussehen werden und welche Alternativen es unter anderem gibt, um sie entweder zu umgehen oder zielsicher zu bewältigen. Eine Frau, die das lernen möchte, könnte am Arbeitsplatz ein potentielles Problem identifizieren und versuchen, die Wahrscheinlichkeit, daß es auftreten könnte, abzuschätzen. Sie könnte seine eventuellen Auswirkungen analysieren und herausfinden, auf wen und was sie sich auswirken würden, welche Änderungen das zur Folge hätte. Anschließend könnte sie nach Mitteln und Wegen suchen, um es zu umgehen oder zu lösen, falls es tatsächlich auftreten sollte. All das müßte sie dann mit jemandem besprechen, der mehr Kenntnisse und Erfahrungen hat als sie, wobei sie die ganze Übung bewußt als Lernmittel benutzen sollte. Da Problemlösung eine Fertigkeit ist, die man oft in Gruppensituationen braucht, sollte man sich mit Gruppendynamik, Gruppenführung und Methoden der Problemlösung innerhalb von Gruppen vertraut machen. Die Forschung hat gerade auf diesem Gebiet viel getan, und wenn man nur aus eigener Erfahrung lernen will, wie man mit Gruppenbeziehungen zurechtkommt, hat man einen langen und oft dornenvollen

Weg vor sich. Deshalb ist es am besten, man lernt aus eigener Erfahrung *und* aus Einsichten, die man aus Forschungsergebnissen gewinnen kann. So lernt man zumindest in einem gewissen Grad, Intuition mit Fakten zu verbinden und zu prognostizieren, statt «nur» zu antizipieren.

Zielsetzung, Planung, Problemlösung. Fertigkeiten, die man sich gezielt aneignen und formal erlernen kann. Ihr Nutzen und ihre Effektivität hängen jedoch entscheidend davon ab, welche Arbeitsbeziehungen man zu anderen hat – zu Vorgesetzten, Kollegen und Mitarbeitern.

Wen stellen Sie dar in diesem inoffiziellen System von Beziehungen – einem System, in das die offiziellen Positionen in der Firmenhierarchie eingebettet sind? Wie werden Sie eingeschätzt? Von wem? Wie hilfreich, nützlich, wichtig können diese Leute sein, was die kurz- und langfristigen Karriereziele betrifft, die Sie sich gesetzt haben?

Männer beherrschen die inoffiziellen Systeme von Organisationen einfach deshalb, weil sie dort in der erdrückenden Überzahl sind. Frauen sollten als Außenseiter des Systems ein Interesse daran haben, daß es nicht zu ihrem Nachteil arbeitet, lassen es aber bei ihrer Karriereplanung trotzdem oft unberücksichtigt. Die Frauen, die sich über die Bedeutung des Systems klar sind, wissen in vielen Fällen nicht recht, wie sie damit umgehen sollen. Die ersten beiden Teile dieses Buches haben hoffentlich zum Verständnis des inoffiziellen Systems beigetragen, doch das theoretische Verständnis muß nun von jeder Frau, die als Führungskraft Karriere machen möchte, in Aktion umgesetzt werden. Frauen müssen also anfangen, neben den Kontakten, die sich bei der täglichen Arbeit automatisch ergeben, Beziehungen zu Leuten im Unternehmen zu knüpfen. Sie müssen anfangen, Schlüsselpersonen zu identifizieren, die sie in der nahen Zukunft kennenlernen sollten. Dies sind nämlich die Leute, die die Beförderung zum und den Erfolg am nächsten Arbeitsplatz ermöglichen. Gleichzeitig sollten Frauen versuchen, ein eigenes inoffizielles System von Querverbindungen zu anderen Frauen im Unternehmen zu entwikkeln. Im Hinblick auf das inoffizielle System der Männer sind sie Außenseiter und brauchen deshalb Unterstützung, Rat und Information von Quellen außerhalb dieses Systems. Eine der praktikabelsten Methoden, das zu erreichen, ist die Bildung einer «Hilfstruppe» von anderen Frauen.

Um ihr System funktionsfähig zu machen, müssen Frauen bereit sein, weniger als bisher aus unsinnigen Gründen miteinander zu konkurrieren. Statt zum Beispiel darum zu wetteifern, daß man *sie* nimmt, was die inzwischen sattsam bekannten sozialen und psychologischen Folgen hat, könnten sie sich darüber klarwerden, daß tüchtige Frauen berufliche Möglichkeiten haben und daß die Unterstützung, Hilfe und Beratung anderer Frauen ihnen weitgehend helfen kann, diese Möglichkeiten zu nutzen. Ein solches inoffizielles System kann Frauen helfen, Chancen in anderen Abteilungen der Firma herauszufinden. Es kann helfen, männliche Vorgesetzte zu finden, die Frauen besonders fördern, die gute Ausbilder sind und vielleicht bereit sind, auch solchen Frauen mit Rat und Tat beizustehen, die nicht zu ihren eigenen Mitarbeiterinnen gehören. Ein funktionierendes inoffizielles Beziehungssystem unter Frauen könnte eine entscheidende Informations-, Beratungs- und Förderungsinstanz sein.

Dieser Punkt wirft Fragen auf, die mit der Fähigkeit zusammenhängen, einander zu vertrauen, miteinander zu teilen, sich aufeinander zu verlassen. Als Außenseiter des Systems haben Frauen oft versucht, ihr Überleben dadurch zu gewährleisten, daß sie eine Arbeitssituation herbeiführten, in der sie sich allein und gänzlich auf sich verließen. Die Folgen dieser Strategie stehen in diametralem Widerspruch zu den Anforderungen einer leitenden Position. Auf dieser Stufe *ist* die Arbeit nämlich Koordinierung und Menschenführung und setzt die Fähigkeit voraus, einander zu vertrauen, sich aufeinander zu verlassen und an andere, besonders an Kollegen und Untergebene, zu delegieren. Menschenführung erfordert die Fähigkeit, sich auf die Menschen, die man führt, zu verlassen, ihnen zu vertrauen. Man muß sie motivieren können, indem man eine Atmosphäre schafft, die so zwanglos ist, daß sie darin nicht nur arbeiten, sondern sich auch entwickeln können.

Anderen zu vertrauen und sich auf andere zu verlassen ist anfangs außerordentlich schwierig, denn eine Führungskraft, die anderen bei der Arbeit vertraut und sich auf sie verläßt, muß – ein scheinbares Paradox – Ziele, Arbeitspläne und Pflichten so zuweisen, daß Untergebene sofort wissen, was sie zu tun haben und welche Voraussetzungen oder welches Eignungsniveau nötig sind, um das Ziel zu erreichen. Außerdem muß eine erfolgreiche Führungskraft so sehr für ihre Untergebenen dasein, daß diese das Gefühl haben, jederzeit um Rat, Hilfe und Unterstützung bitten zu können, wenn sie nicht weiter wissen.

Die Bereitschaft zu dem Risiko, sich auf andere zu verlassen und damit Verantwortung zu delegieren, wird sehr viel leichter durch die Einsicht, daß diese Dinge nichts mit persönlichem Vertrauen oder persönlicher Abhängigkeit zu tun haben. Entscheidend ist, ob man bereit ist zu glauben, daß ein Untergebener eine zugewiesene Arbeit schafft, weil er genau verstanden hat, worum es dabei geht.

Um diesen Prozeß in Gang zu setzen, muß die Autoritätsstruktur klar und *konsequent* und mit den gesetzten Zielen und delegierten Befugnissen verknüpft sein. Wenn man dauernd die Zuständigkeiten ändert oder zuläßt, daß sich das Autoritätsgefüge, das man offiziell hergestellt hat, inoffiziell verändert, kann man keine Konsequenz erwarten. Inkonsequenz erzeugt Mehrdeutigkeit, Mehrdeutigkeit erzeugt Angst, und Angst erzeugt Fehler. Fehler wiederum veranlassen die leitende Angestellte zu der Annahme, der eigentliche Fehler liege darin, nicht alles selbst gemacht zu haben. Dieser Punkt ist vor allem für Frauen mit umfassender Erfahrung aus Aufsichtsfunktionen von Bedeutung, die besonders empfindlich auf Beschuldigungen reagieren, sie könnten nicht delegieren, sie könnten anderen nicht vertrauen und glauben, diese seien imstande, ebenso gute Arbeit zu leisten wie sie.

Die innere Sicherheit einer leitenden Angestellten muß nicht etwa auf der Fähigkeit beruhen, jeden Aspekt der Sache selbst zu machen. Sie ist abhängig von der Errichtung einer klaren und effektiven Struktur von Zielen, Aufgaben, Befugnissen und Beziehungen sowie von der Entwicklung einer ebenso klaren Definition der Leistungsstandards. Das hat die Fähigkeit zur Folge, den Prozeß steuern zu können, der zum Ziel führen soll. Leistung läßt sich bewerten, indem man sie auf die notwendigen Elemente der Struktur bezieht: Geschwindigkeit und Effektivität beim Anstreben des gesetzten Ziels, Qualität der Aufgabenlösung, Ausmaß an Gründlichkeit und an Initiative bei der Ausführung zugewiesener Pflichten, Klarheit und vor allem Qualität der Beziehungen, die nötig sind, um das Geforderte leisten zu können.

Die Qualität der Beziehungen wird zu häufig außer acht gelassen, weil sie schwer faßbar ist. Sie ist jedoch wesentlich für die Gruppen- oder Teamleistung und für eine Frau, die mit Männern zusammenarbeitet, von entscheidender Bedeutung.

Die Suche nach einem effektiven Stil, der weder als zu «maskulin» (grob, hart, aggressiv, unweiblich) noch als zu «feminin» (nicht hart genug, überemotional, zu zögernd, nicht initiativ genug) empfunden wird, ist für Frauen in Männerteams das Problem Nummer eins. Wie wollen Sie Normen für die Qualität von Beziehungen setzen, die Ihre Untergebenen erfüllen müssen, wenn Sie nicht genau wissen, welchen Stil Sie anwenden sollen? Wenn Sie es trotzdem versuchen, wie widersprüchlich werden Sie sich dann verhalten? Wieviel Unsicherheit werden Sie ausstrahlen – und erzeugen?

Im zweiten Teil dieses Buches haben wir die Lebenswege von fünfundzwanzig Frauen analysiert, die an die Verwaltungsspitze ihres Unternehmens gelangten. Wir haben den Stil untersucht, den sie zwischen zwanzig und dreißig anwandten, und wir haben gesehen, wie sie ihn zwischen dreißig und vierzig änderten. In den Zwanzigern standen Tüchtigkeit und Leistung bei einer Arbeitsbeziehung im Vordergrund. Sie spielten, anders ausgedrückt, die persönlichen Aspekte ihrer Beziehungen in der Firma herunter, indem sie der objektiven Leistung eine hohe Priorität zuwiesen, und die Gründe, warum sie versuchten, das zu tun, sind immer noch sehr zutreffend.

Eine außerordentlich tüchtige Frau muß oft eine Beziehung zu einem Mann herstellen – ob Vorgesetzter, Kollege oder Mitarbeiter –, der ihre Existenzberechtigung als Führungskraft in Frage stellt. Vielleicht bemüht er sich systematisch, die Beziehung in das traditionelle Rollenklischee männlich-weiblich zu zwängen. Er ist Anführer, sie ist Helferin. Sie ist eine Frau, aber keine Führungskraft. In diesem Fall befolgt sie am besten die Taktik, die Beziehung wieder auf die Arbeit zu konzentrieren, die getan werden muß. Beharrlich. Konsequent. Wenn sie sich als Menschen darstellt, der der Leistung oberste Priorität einräumt, stellt sie ihn vor die Alternative: ihre Prämisse als Grundlage der Beziehung zu akzeptieren oder sich zurückzuziehen. Wenn er sich zurückzieht, macht er deutlich, daß Leistung bei ihm unter «ferner liefen» rangiert. Das kann auf längere Sicht sehr peinlich für ihn werden, und wenn er sich trotzdem weiter so verhält, schadet er unter Umständen sogar seiner eigenen Karriere. Sollten Sie diese Frau sein, müssen Sie Ihre Gefühle weitestgehend unter Kontrolle haben. Werden Sie nicht zornig. Wenn doch, zeigen Sie es nicht. Rechnen Sie von vornherein damit, daß es zu Zusammenstößen kommen wird, und durchdenken Sie im voraus, wie Sie damit fertig werden wollen. Wenn es dann passiert, gewinnen Sie ein paar wertvolle Sekunden, weil Sie sich sagen können: «Da haben wir's, ich habe damit gerechnet. Es ist passiert und wird zweifellos noch einmal passieren. Am besten ist es also, ich konzentriere mich sofort wieder auf meine Arbeit.»

Wenn diese Zusammenstöße meist in einer Gruppe passieren, in der Sie die einzige Frau sind (was oft der Fall ist), ist es noch wichtiger, keine Reaktion zu zeigen. Tun Sie es doch und bauen auf die Hilfe der Männer in der Gruppe, haben Sie meist vergeblich gehofft. Man wird bestenfalls mit Schweigen antworten, und das hilft Ihnen nicht weiter. Schlimmstenfalls werden ein oder zwei Anwesende den Angreifer aktiv unterstützen, besonders wenn Sie auf eine Weise reagiert haben, die ihn vor den Kopf stoßen oder herabsetzen soll.

Tun Sie also nichts. Indem Sie nicht reagieren, indem Sie den Zwischenfall übergehen, befreien Sie die anderen von einer lästigen Verpflichtung, die sie nicht wollen und meist nicht auf sich nehmen werden – nämlich Sie und die von Ihnen ausgehende Bedrohung ihrer Selbsteinschätzung als Männer zu unterstützen. Man wird Sie bei diesem Kampf allein lassen, weil man nicht im Traum daran denkt, sich vor Ihnen, einer Frau, gegenseitig in die Pfanne zu hauen. Wenn Sie sich in diesem Punkt von Männern helfen lassen wollen, dann dürfen Sie nicht darum bitten. Dann müssen Sie beweisen, daß Sie die Belastung aushalten können.

Dieses Beispiel führt unmittelbar zu dem Problem männlicher Gruppen, ihren ungeschriebenen Gesetzen, ihrer impliziten Funktion und ihrer Struktur.

Gruppen haben unter anderem die Funktion, ihre Mitglieder im Gefühl einer gemeinsamen Identität zu bestärken – und das Gefühl ihrer individuellen Identität zu bekräftigen, indem sie ihre Selbstschätzung unterstreichen. *Ich* bin ein Mitglied, *ich* bin ein Teil dieser Gruppe, *ich* gehöre dazu, *ich* teile die Identität der Gruppe. Indem man die Gruppenidentität teilt, sucht man seine eigene Identität auf eine Art zu bestätigen, die zur eigenen Selbstschätzung beiträgt. Der Status der Gruppe, ihr Ansehen wegen ihrer Leistungen, ihre Exklusivität, all das entscheidet darüber, in welchem Ausmaß man die Identität der Gruppe teilen und gleichzeitig imstande sein möchte, seine eigene Identität zu bekräftigen.

Denken Sie jetzt gut nach: Status, Achtung, Anerkennung, Einfluß, die Gruppe kann helfen, all das zu einem realeren und individuelleren Gewinn für die Selbstschätzung zu machen. Ist es wirklich so, daß die Gesellschaft uns den größten Teil unseres Lebens zu verstehen gibt, Männer und Frauen hätten einen ungleichen Status? Ist es wirklich so, daß damit nicht nur der soziale Status, sondern auch das vielschichtige Problem des sexuellen Status angesprochen wird?

Eine Frau, die zum erstenmal in eine Männergruppe eintritt: Liegt darin eine implizite Herausforderung des Status der Männlichkeit selbst – ob sexuell, sozial oder intellektuell? Wie wird eine Gruppe von Männern reagieren?

Die Reaktion eines Mannes hängt davon ab, wie sicher er sich seines Status ist, ob in sexueller, sozialer oder intellektueller Hinsicht – mit all den komplizierten Wechselwirkungen dieser Bereiche: Vielleicht heißt er einen gescheiten und tüchtigen Neuling willkommen; vielleicht ist er neugierig, ob sie es schaffen wird; vielleicht will er testen, ob sie es schaffen kann. Vielleicht – und das wird in den schlimmsten Fällen der primär sexuell begründeten Unsicherheit der Fall sein – unternimmt er aber auch den entschlossenen Versuch, sie wieder dorthin zu drängen, wohin sie gehört, das heißt, sie aus der Gruppe zu vertreiben, den männlichen Status der Gruppe zu wahren und auf diese Weise die Bedrohung seiner labilen sexuellen Identität als Mann durch die Anwesenheit einer tüchtigen Frau abzuwenden.

Leider gehören die meisten Männer nicht zu der ersten Kategorie. Zum Glück gehören die meisten Männer auch nicht zur letzten. Die meisten verteilen sich vielmehr auf die mittleren Kategorien, und deshalb werden bestimmte identifizierbare Normen im Verhalten der Gruppe überwiegen.

Die Anwesenheit einer Frau wird die Gruppenidentität herausfordern oder gar bedrohen. Die Gruppe ist nicht mehr ausschließlich männlich. Nach den Traditionen, mit denen wir aufgewachsen sind, wird die Anwesenheit einer Frau folgendermaßen empfunden (nicht unbedingt durchdacht): Sie mindert den sozialen und sexuellen Status der Gruppe und reduziert damit Aspekte der Gruppenmitgliedschaft, die die Identität des einzelnen bestärkten. Es ist jedoch gut möglich, daß die Frau den intellektuellen Status der Gruppe hebt. Sie wird nämlich ein Prüfstein für die Leistungsorientierung der Gruppe sein. In welchem Maße wird die zu erfüllende Aufgabe Priorität behalten? In welchem Umfang wird die Gruppe sich statt dessen um die so empfundene Minderung der anderen Aspekte ihres ehemaligen Status kümmern? Wahrscheinlich werden die Männer «die Neue» nicht kennen – und bedenken Sie, dies sind keine Probleme, die sich in einer bewußten, durchreflektierten Form stellen. Es sind meist keine rationalen, sondern emotionale, mit der Selbstschätzung zusammenhängende Fragen. Die Männer werden «die Neue» also testen, und zwar in allen drei Bereichen, dem intellektuellen, dem sozialen und dem eindeutig geschlechtsbezogenen.

Die sozialen Tests haben etwas mit den traditionellen Rollenklischees zu tun: Kaffee holen, Protokoll führen, «Sekretärin» werden – Wiedervorlage, nachfassende Hausmitteilungen, Termine regeln, für Ablichtungen sorgen. Man wird genau aufpassen, ob sie eher emotional reagieren, vielleicht sogar in Tränen ausbrechen wird. Man wird *alle* diese Spielchen mit ihr machen, und die eigentliche Absicht ist: «Können wir sie dahin bringen, daß sie sich gehenläßt?»

Spielen Sie nicht mit. Die sozialen Rollentests drehen sich meist um Dinge, die irgend jemand erledigen muß. Entscheiden Sie sich, was Sie übernehmen wollen, sagen Sie es, und sagen Sie dann, Sie fänden, um die Wiedervorlage und die Ablichtungen müsse sich ein anderer kümmern, und die Terminplanung solle ein dritter übernehmen. Weigern Sie sich nicht einfach, Kaffee zu holen oder Protokoll zu führen. Sagen Sie einfach, das solle am besten abwechselnd gemacht werden, diese Woche würden Sie es gern tun, nächste Woche sei dann jemand anders dran. Lassen Sie diese Dinge nicht zu Tests *werden*. Sie müssen erledigt werden, helfen Sie also bei der gerechten Verteilung. Verlieren Sie nicht die Geduld, bleiben Sie sachlich, und lassen Sie sich vor allem nie von einer Sache so fertigmachen, daß Sie in Tränen ausbrechen. Dann hätten die Spieler gewonnen – und Sie verloren.

Die eindeutig sexuellen Tests sind schwieriger, vor allem wenn sie von Männern mit einem höheren Rang und großem Einfluß durchgeführt werden. Die erste und beste Taktik besteht darin, das Problem gar nicht erst aufs Tapet kommen zu lassen. Sie sehen nichts, hören nichts, verstehen nichts. Sie sind so sehr mit Ihrer Arbeit beschäftigt, daß Sie bei einem Annäherungsversuch sagen: «Um wieviel werden Ihre Leute diesen Monat das Budget überschreiten?» Denken Sie sich rechtzeitig eine Reihe von arbeitsorientierten Antworten aus, die Sie solchen Männern geben können. Mit einiger Übung werden Sie es sogar fertigbringen, dabei zu lächeln. Bedenken Sie, daß die Abwehrmechanismen der meisten Männer darauf beruhen, sich etwas vorzumachen: Manchmal gewinnt man, manchmal zieht man den kürzeren, aber man verliert selten. Glauben Sie also nicht, Sie teilten einen Schlag aus, der sein Ego zerschmettert, wenn Sie den Annäherungsversuch im Keim ersticken. Der Herr wird sich schnell davon erholen. Das wahre Problem kommt, wenn Sie ihn ermutigen. Sie fühlen sich geschmeichelt, Sie flirten gern, oder Sie finden Zweideutigkeiten, anzügliche Witze, das Spiel mit dem Feuer aufregend. Später versuchen Sie, die Sache abzuwürgen, weil sie zu weit gediehen ist, und Sie tun es unweigerlich auf eine ungeschickte oder gar verletzende Weise. Inzwischen kann sein Ego echt engagiert sein, seine Reaktion ist womöglich unangenehm und kann Ihnen schaden. Lassen Sie es nicht erst so weit kommen.

Wenn der Druck stärker wird und der Mann eine wichtige Rolle in der Firma spielt, müssen Sie sich darüber klarwerden, daß Sie in einer Sache stecken, die weit schlimmer ist als ein Spiel. Wenn Sie mitmachen, machen Sie Karriere, wie es allgemein heißt, wenn nicht, dann nicht. Wirklich? Prüfen Sie es. Und prüfen Sie es unter der logischen Voraussetzung, daß Sie ohnehin nicht soviel zu verlieren haben, wenn Sie sich nicht hineinziehen lassen. Führen Sie genau Tagebuch – halten Sie fest, was gesagt wurde, wann, wo, unter welchen Umständen. Und weihen Sie andere Leute ein. Nicht nur Ihre Freunde, sondern wenigstens einen leitenden Herrn, dem Sie vertrauen können. Bitten Sie Ihren Personalchef um einen Termin und erzählen Sie ihm alles – ohne in diesem Stadium Namen zu nennen (Sie reden einfach von einem Mann, der eine höhere Position bekleidet als Sie): Daten, Zeitpunkt, Ort, Umstände, was gesagt wurde, was versprochen wurde, was angedroht wurde. Bitten Sie in aller Form darum, daß ein Protokoll Ihrer Erklärung in Ihre Personalakte aufgenommen wird, und schreiben Sie das Protokoll selbst. Bitten Sie ebenso offiziell darum, an einen anderen Arbeitsplatz versetzt zu werden, und lassen Sie sich nicht abwimmeln. Halten Sie in der Zwischenzeit durch und wahren Sie Distanz, so gut Sie können. Vielleicht brauchen Sie nie vor Gericht zu gehen, aber wenn Sie es müssen, können Sie sich heute (1976) auf Präzedenzfälle zu Ihren Gunsten berufen. Da Sie eindeutige und überzeugende Beweise brauchen werden, behalten Sie Kopien von allem, was Sie zu Ihrer Akte legen lassen, und führen Sie eine Liste mit den Namen und Positionen der Leute, die Bescheid wissen – wieder mit Daten, Zeit, Protokoll des Gesagten. Hören Sie vor allen Dingen auf, Angst zu haben, hören Sie auf zu denken, Sie könnten nichts tun, Sie seien solchen Situationen nicht gewachsen, Sie hätten nur die Alternative, nachzugeben oder zu kündigen. Die meisten Firmen werden von anständigen Leuten geleitet, und für Firmen, die nicht von anständigen Leuten geleitet werden, lohnt es nicht zu arbeiten.

Die intellektuellen Tests sind noch komplizierter, weil sie sowohl mit sozialen als auch mit sexuellen Fragen verwoben sind. Ignorieren Sie diese anderen Fragen, wenn Sie Ihre Fähigkeit bewahren wollen, stets genau zu wissen, was Sie tun. Ignorieren Sie also das Element der sexuellen Rivalität oder der sexuellen Herausforderung, das dem scheinbar so eindeutigen Problem des Wissens, der Fertigkeit oder Erfahrung so oft zugrunde liegt. Konzentrieren Sie sich auf die Arbeit, die getan werden muß. Ignorieren Sie die Teile einer Erklärung, die beweisen sollen, daß ihr Urheber, ein Mann, schlauer ist, mehr Erfahrung hat, über weit mehr Einfluß verfügt als Sie, und lassen Sie sich nicht zu dem Versuch hinreißen, es ihm gleichzutun oder ihn als Schwindler zu entlarven. Konzentrieren Sie sich statt dessen auf das wenige – oder viele –, das der Arbeit nützt, und richten Sie sich danach.

Wir hoffen, daß durch diese Diskussion etwas klar wurde, nämlich daß Tüchtigkeit und Leistung die Grundlage der Entwicklung von Arbeitsbeziehungen zu Vorgesetzten, Kollegen und Untergebenen ist. Genau das konnten wir aus den Karrieregeschichten der fünfundzwanzig Frauen, die es schafften, herauslesen und heraushören. Es ist eine sehr wichtige Information, denn der Prozeß der Sozialisation und seine tiefere Bedeutung – für Mädchen, Jungen, Männer, Frauen – hat sich trotz der augenscheinlichen Entkrampfung der Einstellungen zur Sexualität gar nicht so sehr geändert. Die Entscheidung, eine sexuelle Beziehung zu jemandem aus der Firma zu unterhalten, ist eine sehr persönliche Entscheidung, und wir versuchen hier nicht etwa, die Situation der Frau zu diskutieren, die eine solche Beziehung haben möchte. Uns geht es um folgendes: Wenn Sie eine solche Beziehung nicht wollen und wenn man Sie auf die Probe stellt, was mit fast hundertprozentiger Gewißheit geschehen wird, gibt es Mittel und Wege, mit diesen Tests fertig zu werden, und einige dieser Mittel und Wege kommen Sie längst nicht so teuer zu stehen wie andere. Selbst wenn Sie eine solche Beziehung eingehen wollen, bestehen Sie am besten vorher den Test, etablieren Sie sich entsprechend Ihrem eigenen Können, werden Sie eine Person mit Fertigkeiten und einem beweisbaren Eignungsniveau, ehe Sie beschließen, sich zu involvieren. Wenn Sie das nicht tun, kommen Sie vielleicht nie über das Niveau «Frau» hinaus. In Anbetracht der Unterstellungen, mit denen Sie dann bald konfrontiert werden (denn ein Verhältnis im Büro spricht sich in Windeseile herum), werden Sie womöglich dreimal so lange brauchen, um zu beweisen, daß Sie «trotz der Tatsache, daß Sie eine Frau sind», Verstand haben und fähig sind.

Bisher haben wir über einige sehr spezifische Dinge gesprochen, die eine Frau tun kann, um sich erstens darüber klarzuwerden, ob sie als Managerin Karriere machen will, um zweitens zu planen und zu durchdenken, was eine solche Karriere nach sich zieht, und um drittens mit den Schwierigkeiten zurechtzukommen, die wegen ihrer sexuellen Identität auftauchen werden. Jetzt möchten wir das Problem betrachten, das womöglich auf dem hartnäckigsten Klischee beruht – die Kontrolle von Emotionen und Gefühlen. Daß Klischees bis zur Karikatur gehen können, mindert nicht die Bedeutung dieses Problems, denn auch in diesem Klischee liegt ein Körnchen Wahrheit.

Frauen wachsen in einer Umwelt heran, die ihnen erlaubt und sie oft darin bestärkt, Emotionen ungehindert und offen auszudrücken. Es ist absolut akzeptabel, daß Mädchen weinen. Männer lernen dagegen schon sehr früh, daß Weinen unmännlich ist, daß nur Muttersöhnchen Emotionen zeigen, die nicht aggressiv, also nicht «maskulin» sind. Die meisten Männer lernen schon sehr früh, Abwehrmechanismen gegen Gefühlsäußerungen aufzubauen, die sie als «feminin» zu betrachten gelernt haben, und über den Zusammenhang zwischen dieser kulturell bedingten Hemmung und dem steilen Anstieg von Gewalttaten in allen Bereichen der Gesellschaft müssen noch dicke Bände geschrieben werden.

Diesen Punkt möchten wir hier nicht weiter behandeln. Wir möchten untersuchen, welche Wirkung das Klischee über berufstätige Frauen, dem viele Männer anhängen, auf einzelne Frauen hat, und wir möchten bei dieser Diskussion jede Wertung vermeiden. Das Klischee sieht so aus: unter Druck, bei Kritik und bei Angriffen geraten Frauen so außer Fassung, sind so unfähig, ihre Gefühle zu kontrollieren, daß sie zusammenbrechen und weinen.

In diesem Klischee liegt, wie gesagt, ein Körnchen Wahrheit. Frauen neigen dazu, Gefühle viel unmittelbarer auszudrücken, und das ist Männern oft peinlich. Für viele Männer beweist ein Mensch, der vor anderen Leuten und insbesondere vor Männern weint, daß er unkontrolliert ist, daß man ihm nicht in seinen Entscheidungen vertrauen kann. 1972 weinte der US-Senator Muskie bei den Vorwahlen im Bundesstaat New Hampshire und verlor die Unterstützung seiner Partei. Gut für ihn, könnten wir als Frauen sagen, wichtig war letzten Endes nicht, ob er gewann oder verlor, wichtig waren vielmehr seine

Aufrichtigkeit und Fairness. Die Frage ist jedoch: Was will man erreichen? Wenn er es nun geschafft *hätte*, von seiner Partei aufgestellt zu werden, wenn er dann bei der entscheidenden Wahl gewonnen *hätte*... Dabei können wir es belassen.

Wie schafft man es, Karriere zu machen in Organisationen, die überwiegend aus Männern bestehen? Wie muß man sich darstellen? Was muß man in Anbetracht der traditionellen Struktur und ihrer maskulinen Codices herunterspielen, wenn man nicht als Außenseiter des Systems betrachtet werden möchte?

Es gibt Methoden, seine Emotionen zu kontrollieren, und Frauen sollten sie lernen. Vielleicht wird man sie nie brauchen, nie benutzen, aber es ist wichtig, sie zu kennen. Zuerst müssen Sie sich hinsetzen und die letzten Jahre überdenken. In was für Arbeitssituationen gerieten Sie außer Fassung oder konnten Ihre Gefühle kaum noch beherrschen? Notieren Sie das. Schildern Sie, was geschah; wo Sie waren, in welcher Umgebung es passierte, wer daran beteiligt war, was gesagt wurde und – hier drücken Sie sich bitte möglichst präzise aus – was Sie so zornig machte oder so sehr verletzte, daß Sie in Tränen ausbrachen. Suchen Sie anschließend nach übereinstimmenden Aspekten. Gibt es zeitliche Übereinstimmungen? Gibt es Übereinstimmungen, was die Beteiligten angeht? Geschah es meist, wenn man Sie kritisierte? Wenn man Sie herausforderte? Wenn Sie sich isoliert fühlten? Je mehr Sie darüber in Erfahrung bringen können, weshalb es früher geschah, desto besser können Sie antizipieren, wann es künftig vorkommen könnte – und das ist der erste Schritt, seine Emotionen in solchen Situationen zu kontrollieren.

Die Methode, Übereinstimmungen in den Situationen zu identifizieren, die einem früher Schwierigkeiten bereiteten, ist außerordentlich nützlich. Man setzt sich mit Bleistift und Notizblock hin und schreibt alle Einzelheiten auf, die einem einfallen. Ein umfassendes Bild der Vergangenheit hilft einem, die Zukunft besser vorauszusagen. Man kann seine eigenen Reaktionen und die Reaktionen anderer vorhersehen und sich im voraus überlegen, wie man damit zurechtkommen wird.

Wenn Sie zum Beispiel prognostizieren können, wann, in was für Situationen, unter welcher Art von Druck Sie wahrscheinlich weinen werden, können Sie damit zurechtkommen, indem Sie die Signale rechtzeitig erkennen und handeln, bevor es geschieht. Sie könnten in einem solchen Fall vorschützen, Sie erwarteten einen wichtigen Anruf und Ihre Sekretärin sei nicht da. Sie könnten sich einfach einen Augenblick entschuldigen und, sobald Sie allein sind, die Fassung zurückgewinnen, indem Sie sich zur Ordnung rufen und ein Glas kaltes Wasser trinken (was hilft) – oder Sie können bleiben und die Nerven verlieren. Noch eine Erwägung, und zwar eine sehr simple: Wenn Ihnen nach Weinen ist, haben Sie das Recht zu weinen. Das löst einen großen Teil der Spannung des «Ich sollte nicht weinen, ich darf auf keinen Fall weinen», die in den meisten Fällen doch nur dazu führt, daß man losheult. Sie haben das Recht. Sie wollen aber selektiver vorgehen, was die Situationen betrifft, in denen Sie dieses Recht wahrnehmen.

Dieser Punkt führt uns zu einer Reihe einfacher Feststellungen. Es handelt sich um stereotype Redewendungen, und Frauen benutzen sie oft, wenn sie beschreiben wollen, wie ihnen zumute ist. Wie viele treffen auf Sie zu? Wenn Sie gründlich darüber nachdenken und all das in Betracht ziehen, was wir bisher gesagt haben – was bedeuten die, die auf Sie zutreffen, für Ihre berufliche Laufbahn? Wie schwer würde es wirklich sein, den Kurs zu ändern, den diese Stereotypen ausdrücken?

Frauen sagen oft, sie warteten darauf, daß die Wahl auf sie fällt – daß sie entdeckt, aufgefordert, überredet, gebeten werden, eine Beförderung anzunehmen. Wie käme man dazu, nicht mehr zu warten, sondern zu handeln? Die Leute wissen zu lassen, was Sie möchten und was Sie zu tun bereit sind, um es zu bekommen? Sie merken zu lassen, daß Sie sich darum bemühen und darauf hinarbeiten?

Frauen sagen oft, sie zögerten und warteten darauf, daß man ihnen sagt, was sie tun sollen. Wie käme man dazu, nicht mehr reaktiv zu sein und statt dessen die Initiative zu ergreifen? Nach Beförderungen und vielversprechenden neuen Arbeitsplätzen zu fragen? Darum zu bitten, neue Fertigkeiten zu erlernen, zusätzliche Aufgaben zu bekommen, neue Projekte in Angriff zu nehmen?

Frauen sagen oft, sie seien in einem Konflikt, sie fühlten sich unsicher und verwirrt, was ihre eigenen Ziele betreffe. Wenn man diesen Konflikt überwinden will, muß man sich über ihn klarwerden, ihn analysieren und von allen Seiten abklopfen, ihn in denGriff bekommen. Dann kann man ihn normalerweise lösen. Vielleicht können Sie nur eines der Elemente ausscheiden, die Ihre Unsicherheit bewirken. Vielleicht werden Sie sogar zu dem Ergebnis kommen, daß der Konflikt bleiben wird. In diesem Fall müssen Sie sich zu dem Schluß durchringen, daß Sie mit ihm leben können und wollen und daß Ihr Leben weitergeht. Ein Konflikt, den man nicht versteht und mit dem man sich nicht auseinandersetzt, bedeutet eine fortwährende emotionale Belastung. Man fühlt ihn und die physischen Folgen, ohne den Grund zu verstehen, und oft meint man, man könne ihn bekämpfen, indem man die physischen Symptome bekämpft.

Frauen sagen, sie bekämen schreckliche Angst, wenn sie es mit etwas Unbekanntem zu tun hätten. Angst entsteht, wenn man etwas nicht weiß, was man glaubt, wissen zu müssen. Darauf zu warten, daß es einem erzählt wird, ist keine Lösung. Wenn Sie Angst haben, versuchen Sie die Situation zu klären. Wenn es Dinge gibt, die Sie nicht wissen, Dinge, die Sie wissen sollten, suchen Sie nach der Antwort und hören Sie auf, auf jemanden zu warten, der sie Ihnen von sich aus sagt. Schon der Prozeß, nach einer Antwort zu suchen, ist besser als die Angst zu ertragen, die aus Warten und Hoffen resultiert, daß jemand kommen möge, der es einem abnimmt. Dann kann es nämlich passieren, daß die Angst in Groll und Ressentiments umschlägt, weil «sie» einem nicht geholfen haben – sie haben einem nicht geraten, einen nicht informiert, einem nichts gesagt. Gibt es sachliche Gründe, warum sie es von sich aus hätten tun sollen?

Frauen sagen, es falle ihnen schwer, mit Kritik fertig zu werden. Fragen Sie sich als erstes, warum Sie so verletzlich sind. Was haben Sie Ihrer Ansicht nach unterlassen oder übersehen? Warum geht es Ihnen so an die Nieren? Fassen Sie es vielleicht als *persönliche* Kritik auf und denken Sie nicht daran, daß es eine möglicherweise zutreffende und objektive Stellungnahme zu einer bestimmten Arbeit ist? Können Sie keine Kritik einstecken, weil Sie sich immer nur die Dinge zuschreiben, die Sie *richtig* gemacht haben? Die Abwehrmechanismen der Männer funktionieren in dieser Beziehung viel besser. Ihre Verwundbarkeit hängt viel weniger mit dem Gefühl des persönlichen Versagens zusammen als mit der Macht und dem Einfluß des Kritisierenden. Das veranlaßt sie viel eher dazu, korrigierende Maßnahmen zu ergreifen. Außerdem sind sie in ihrer Beurteilung und Kritik meist nicht so persönlich, fassen also auch die Beurteilungen anderer weniger persönlich auf. Eine Frau berichtete uns, sie habe endlich begriffen, daß Männer einen Mann, der einen dummen Einfall gehabt hat, einfach als jemanden betrachten, der einen dummen Vorschlag gemacht hat. Sie sagte, ihr sei plötzlich klargeworden, daß sie immer gedacht (und manchmal gesagt) habe: «Was ist das bloß für ein Trottel!» Wenn das auch bei Ihnen der Fall ist, hören Sie sofort damit auf. Je unpersönlicher und objektiver Sie in der Kritik anderer sind, desto unpersönlicher und objektiver werden Sie die Kritik der anderen interpretieren.

Frauen sagen oft, es widerstrebe ihnen, Risiken einzugehen. Wenn Sie Angst vor dem Risiko haben, fragen Sie sich nach dem Grund. Sehen Sie Risiken ausschließlich negativ? Halten Sie das Risiko für ein unkontrollierbares Glücksspiel und nicht für eine Sache, mit der man fertig werden kann? Glauben Sie, bei einem Risiko entschieden allein die äußeren Umstände darüber, ob Sie den Einsatz verlieren oder ihn mit einem Gewinn zurückbekommen? Haben Sie bei einem Risiko nie daran gedacht, es sei etwas, was man bis zu einem gewissen Grad selbst steuern kann?

Stellen Sie sich ein karrierebezogenes Risiko vor, das Sie eingehen könnten. Nehmen Sie ein Blatt Papier und machen Sie links und rechts eine Zusammenstellung. Schreiben Sie links die positiven Folgen auf, die eintreten können, notieren Sie dann rechts die negativen. Sind auf beiden Seiten Einträge? Besteht ein annäherndes Gleichgewicht zwischen ihnen? Ist eine Seite im Übergewicht? Ergänzen Sie die Einträge. Wie wahrscheinlich sind die einzelnen Folgen? Warum? Was könnten Sie tun, um das Maß an Gewißheit zu vergrößern oder zu vermindern, wo es für Ihre Zwecke günstig wäre? Anders ausgedrückt: Wie können Sie anfangen, Ihre Haltung einem Risiko gegenüber auf eine realistische Weise zu sehen und gegebenenfalls zu modifizieren?

Frauen erklären oft, sie könnten mit den Schuldgefühlen wegen ihrer Berufstätigkeit nur fertig werden, indem sie versuchen, gleichzeitig eine perfekte Frau / Ehefrau / Mutter zu sein. Wie sehr haben Sie sich darum bemüht, Ihr Berufsleben streng von Ihrem Privatleben zu trennen? Sie haben sich ziemlich viel Mühe gegeben, und das scheint ganz logisch zu sein, nicht wahr? Es gibt in der Tat grundlegende Konflikte zwischen den Fähigkeiten einer Frau, im Beruf oder als Ehefrau, Freundin oder Mutter Erfolg zu haben. Achten Sie auf die Widersprüche. Es *gibt* Konflikte. Das Problem liegt darin, daß viele Frauen meinen, die logische Art, sie zu bewältigen, bestehe darin, allen Leuten einschließlich sich selbst zu demonstrieren, man sei in beiden Rollen vollkommen. Dann könnten sie von niemandem, auch nicht von sich selbst, in einer der beiden Rollen kritisiert werden. Bedenken Sie den Preis dieser Taktik. Und machen Sie sich noch eine

Liste. Führen Sie in getrennten Kolumnen alles auf, was Sie im Beruf und zu Haus tun. Stellen Sie alles zusammen, die Stunden, die Aufgaben, die Pflichten, die Sorgen, die Sie zu bewältigen haben, und beurteilen Sie dann, ob es menschenmöglich ist, die Trennung, um die Sie sich bisher bemühten, ewig fortzuführen. Statt zu sagen, Sie seien ein Mensch, der berufstätig ist, der Mutter, Ehefrau oder Freundin ist, ertappen Sie sich vielleicht dabei, daß Sie sagen, Sie seien zwei ganz verschiedene Menschen, einer im Beruf und ein anderer zu Haus, Sie füllten zwei verschiedene Rollen mit ganz verschiedenen emotionalen, arbeitsmäßigen und zeitlichen Verpflichtungen aus. Wie wollen Sie in diesem Fall mit den emotionalen, arbeitsmäßigen, zeitlichen Konflikten zwischen Rollen fertig werden, um deren Trennung Sie sich so sehr bemüht haben?

Vielleicht müssen Sie die Trennungstaktik aufgeben, denn sie ist nicht nur zeitraubend, sondern auch konfliktträchtig. Sie werden womöglich wie ein Mann Kompromisse zwischen beiden Rollen schließen und z. B. der einen momentan nicht genug Zeit und Energie widmen, um die andere besser ausfüllen zu können. Sie werden dies bewußt und gezielt tun müssen.

Zunächst müssen Sie Ihre beruflichen Pflichten mit Ihrem Mann oder mit demjenigen besprechen, der für Ihr Privatleben wichtig ist. Sie werden besprechen müssen, was Sie tun, mit allen Vor- und Nachteilen, was für Pläne Sie haben, wovon Sie träumen. Sie werden sich gezielt bemühen müssen, anderen Leuten in Ihrem Leben verständlich zu machen, welche Verpflichtungen Sie auf sich genommen haben, wie wichtig diese sind und wieviel Zeit sie neben Ihren häuslichen Pflichten verschlingen. Wenn Sie damit noch nicht begonnen haben, wird es höchste Zeit. Wenn Sie und Ihr Partner eine berufliche Laufbahn eingeschlagen haben, bei der Sie sich mehr oder weniger verausgaben müssen, können Sie bei einer realistischen Diskussion der Aufgabenlast, die auf beiden von Ihnen ruht, nur zu dem Ergebnis kommen, daß die Haushaltsarbeit geteilt werden muß. Andernfalls kommen Sie nicht darum herum, Ihre eigenen Prioritäten von A bis Z neu zu überdenken.

Einen funktionierenden Kompromiß, wie diese Arbeit am besten aufzuteilen ist, findet man vielleicht nicht auf Anhieb, doch Sie sollten das Thema unverzüglich anschneiden – besonders wenn Sie Kinder haben. Wenn ein Kind erkrankt, kann es zum Beispiel außerordentlich wichtig sein, daß Sie ins Büro gehen oder an einer Besprechung teilnehmen. Dann könnte Ihr Mann zu Haus bleiben. Wenn Sie ihm aber nie gesagt haben, wie verantwortlich Ihre Stellung ist, können Sie logischerweise kaum erwarten, daß er sofort versteht, warum ausgerechnet an diesem Morgen alles anders sein soll als sonst.

Studien von Frauen, die an weiterbildenden Collegekursen teilnahmen, haben gezeigt, daß viele der Frauen, die diese Kurse nicht erfolgreich absolvierten, ihre Ziele nie mit ihrem Mann besprochen hatten. Die Männer hatten nie richtig begriffen, warum ihre Frauen plötzlich wieder die Schulbank drückten, und die Frauen hatten versucht, zu Haus genauso weiterzuarbeiten wie früher. Frauen, die bei diesen Programmen erfolgreich abschnitten, z. T. wider Erwarten, berichteten dagegen, sie hätten ihre Ziele ausführlich mit ihren Männern diskutiert, und ihre Männer hätten ihnen sehr geholfen, indem sie eine Reihe von häuslichen Pflichten auf sich nahmen, damit die Frauen mehr Zeit für die neuen schulischen Anforderungen hatten.

Daraus kann folgendes geschlossen werden: Diskutieren Sie Ihre Karriere mit den Menschen, die für Ihr Privatleben wichtig sind. Erkennen Sie, daß die Trennungstaktik eine sichere Verlierertaktik ist. Sie müssen sich über die Reihenfolge Ihrer Prioritäten klarwerden und sich überlegen, welche Abstriche möglich sind. Vielleicht können Sie zu Haus gelegentlich alle fünfe gerade sein lassen. Vielleicht kann eine Haushaltshilfe Ihnen einen Teil Ihrer Pflichten abnehmen. Vielleicht können Ihre Kinder dem Beispiel Ihres Mannes folgen und mehr Verantwortung übernehmen. Besprechen Sie es, und probieren Sie es aus. Es mag noch so schwierig sein, aber wenn Sie es nicht tun, wird es noch schwieriger werden.

Für alleinstehende Frauen stellen sich diese Probleme auf einer ganz anderen Ebene. Viele Frauen und Männer hängen zwar dem Irrglauben an, Alleinstehende gingen den Schwierigkeiten der gemeinsamen Pflichten aus dem Weg, doch jede unverheiratete Frau weiß, daß dies nur die eine Seite der Medaille ist. Die verheiratete Frau hat zumindest alle traditionellen Erwartungen erfüllt. Die alleinstehende Frau hat das noch vor sich, und sie ist viel verwundbarer für die Konflikte, die es mit sich bringen kann. Als Alleinstehende kann man von anderen – und sich selbst – beschuldigt werden, man habe als «traditionelle» Frau versagt. Man muß die Möglichkeit berücksichtigen, daß die Berufstätigkeit eine Barriere für potentielle Partner ist. Der Konflikt zwischen seinen Erwartungen von Ihnen und dem, was Sie sind und sein möchten, ist oft sehr spürbar. Der Preis für den Konflikt zwischen Weiblichkeit und Leistung im Beruf ist hoch; fast jede Frau muß sich darüber klarwerden, ob sie ihn nicht leichter aufbringen könnte, wenn sie das, was sie tut, unter einem anderen Blickwinkel sähe und dabei auch ihre erklärten und geheimen Ziele berücksichtigte.

Es wird schließlich noch lange Zeit dauern, bis die Männerwelt der Wirtschaft eine Welt wird, in der nicht in erster Linie Männer, sondern Menschen arbeiten. Millionen von Frauen werden ihr Berufsleben lang in einer Umwelt leben und arbeiten, deren Traditionen, Regeln und stillschweigende Codices von den Erfahrungen der Männer geprägt sind. Das Ausmaß, in dem wir als Frauen diese Umwelt verstehen und unsere Existenz in ihr «managen» können, wird darüber entscheiden, wie weit wir kommen können und welchen Preis wir dafür zahlen müssen. Wir mußten schon immer härter arbeiten, und daran wird sich auch in Zukunft nichts ändern. Wir sollten wenigstens einsehen, daß harte Arbeit ohne Ziele und praktikable Pläne, um diese Ziele zu erreichen, das bleibt, was es ist – harte Arbeit.

Wir alle können nur ein begrenztes Maß an Energie aufbringen, und als Außenseiter der traditionell strukturierten Organisationen haben wir unsere Energie oft unklug eingesetzt. Da wir uns nicht bewußt waren, wie Organisationen funktionieren, und da wir von alters her ein einengendes Korsett von Erwartungen und Voraussetzungen mitbrachten, hat uns das, was uns widerfuhr, manchmal gelähmt, frustriert und erzürnt. Wir neigten dazu, unsere Hoffnungen darauf zu richten, wie die Dinge sein sollten, und nicht darauf, wie sie sind, und wir waren infolgedessen bereit zu glauben, wenn wir die formalen Leistungstests bestünden, würden wir schon den gerechten Lohn bekommen. Viele von uns waren über die Ergebnisse dieser Taktik tief enttäuscht, und die Schuld an dem, was wir als Scheitern ansahen, haben wir oft uns selbst oder den Männern gegeben, mit denen wir arbeiteten. Wir meinten weniger wert zu sein, als wir ursprünglich gedacht hatten, und entwickelten mehr Zorn und Feindseligkeit auf bzw. gegen andere. Einige von uns haben es einfach aufgegeben, weitere Anstrengungen zu unternehmen. Tatsache ist jedoch, daß wir lernen können. Die Probleme haben etwas mit *Lernen* zu tun, und es ist nie zu spät, damit anzufangen.

Angenommen, wir sollten einen längeren Aufenthalt in einem fremden Land antreten. Dann würden wir alle darin übereinstimmen, daß es lohnender wäre, wenn wir die Sprache der dort lebenden Menschen beherrschten. Wir würden versuchen zu lernen, welches Verhalten dort als höflich gilt und was als beleidigend oder verletzend betrachtet wird. Wir würden uns so verhalten wollen, daß wir Freunde gewinnen. Wir hätten den Wunsch, uns anzupassen und verstanden zu werden. Wir würden wissen wollen, was die Währung jenes Landes im Vergleich zu unserer wert ist, und wir würden Karten studieren, Ratgeber und vielleicht einen oder zwei historische Abrisse lesen, damit wir die Vergangenheit kennenlernen und verstehen, was wir tun können, wohin wir fahren können.

Wir würden nach den besten Möglichkeiten suchen, um von einem Ort zum anderen zu kommen, wir würden Ausflüge planen, uns den Besuch von Sehenswürdigkeiten vornehmen und Reiserouten entwerfen. Zuerst würden wir uns vielleicht einen Führer nehmen müssen, aber dann könnten wir das Land auf eigene Faust erkunden.

Wir würden versuchen, Organisationen und Einzelpersonen ausfindig zu machen, die uns behilflich sein könnten, und wir würden nicht zögern, ihre Dienste in Anspruch zu nehmen, wenn wir ihrer bedürften. Am Anfang unseres Aufenthalts würden die Leute, die unsere Sprache beherrschen, außerordentlich wichtig sein. Wir würden uns an sie wenden und sie bitten, uns beim Übersetzen dessen, was wir gehört haben, zu helfen.

Wir würden von vornherein damit rechnen, daß wir uns oft frustriert fühlen werden. Es würde uns nicht überraschen, wenn wir manchmal Angst bekämen und uns einsam fühlten. Wir wären immerhin allein in einem fremden Land.

Wenn wir mit einem Freund reisten, würde die Zweisamkeit eine gewisse Hilfe sein. Wenn dort ein Freund von uns lebte, wäre das eine noch größere Hilfe. Wir würden von vornherein mit Schwierigkeiten rechnen, wir würden uns wahrscheinlich nach besten Kräften bemühen, sie zu antizipieren, und deshalb darauf vorbereitet sein, sie zu bewältigen, wenn sie dann aufträten.

Und wir würden all das akzeptieren, weil wir ein verständlicherweise schwieriges und herausforderndes Wagnis einzugehen bereit wären. Wir würden uns oder den Leuten, mit denen wir zusammenkämen, nicht die Schuld für die Probleme geben, mit denen wir konfrontiert werden. Wir würden vielleicht denken, daß bestimmte Dinge in unserem Heimatland besser sind, aber es würde ganz gewiß Aspekte des neuen Landes, seiner Kultur und seiner Menschen geben, die wir bewundern könnten. Wir würden uns darüber klar sein, daß wir unterschiedliche Traditionen haben. Wir würden uns darüber klar sein, daß es – ganz gleich, was unsere historischen Abrisse und Ratgeber uns erzählt haben – Feinheiten gibt, die wir nur dort kennenlernen könnten. Wir würden Antennen für die Nuancen dessen entwickeln, was wir sehen und hören, und wir würden lernen wollen und uns entsprechend verhalten.

Wenn wir irgend etwas wirklich wünschten und brauchten, würden wir aber darum kämpfen, uns verständlich zu machen. Wir würden den Leuten immer wieder sagen, was wir brauchen – so oft, bis wir es bekämen. Wir würden mit der Sprache kämpfen, bis wir das Gefühl hätten, verstanden zu werden. Wir würden keine Sekunde lang damit rechnen, das, was wir haben wollen, allein deshalb zu bekommen, weil wir nette Ausländerinnen sind, die sich nach Kräften um Anpassung bemühen.

Bei einer solchen Reise würden wir uns von Anfang an darüber klar sein, daß wir eine Menge lernen müssen. Wir würden uns damit abfinden, schon vor der Abfahrt hart zu arbeiten und nach der Ankunft noch härter zu arbeiten. Wir würden merken, daß all das, was wir vorher gelernt haben, uns nach der Ankunft nur eine kleine Starthilfe verschafft. Wir würden wissen, daß wir noch mehr lernen müssen, wenn wir dort sind. Wir würden uns darüber klar sein, daß wir einen großen Teil unserer Zeit, Energie und Reserven verschwenden, wenn wir nicht vorher planen, was wir während unseres Aufenthalts machen wollen. Wir würden uns darüber klar sein, daß wir nicht all das werden tun können, was wir gern tun würden, und wir würden Prioritäten setzen, um dafür zu sorgen, daß wir das tun können, was wir uns am meisten wünschen. Wir würden einsehen, daß wir unsere Pläne womöglich modifizieren müssen, weil Situationen oder Umstände eintreten, die wir nicht vorhergesehen haben, und wir würden bereit sein, die Pläne zu ändern.

Ganz gleich, wie unzulänglich wir uns bei der Ankunft fühlen würden – wir würden uns deshalb nicht schuldig vorkommen, und wir würden auch nicht der Ansicht sein, wir könnten nichts daran ändern; wir hätten uns nämlich von vornherein mit allen möglichen Hilfsmitteln und mit dem Glauben ausgerüstet, wir würden unsere Sprachkenntnisse erweitern, die Menschen besser verstehen lernen und die Fähigkeit entwickeln, in einer völlig fremden Kultur nicht nur zu leben, sondern auch Spaß an ihr zu haben, sie zu genießen.

Vielleicht möchten Sie diese Geschichte noch einmal lesen. Sie ist die beste Parabel, die uns für die Situation einfiel, in der wir als Frauen stehen, die eine Karriere in der Wirtschaft machen wollen – für die Art, wie wir uns, die Unternehmenskultur, ihre Menschen, die Aufgaben sehen sollten, für die Art, wie wir uns auf die neuen Arbeiten vorbereiten und sie anpacken sollten, wie wir unsere Fertigkeiten und unsere Kompetenz weiterentwickeln sollten und wie wir – das ist besonders wichtig – Spaß daran haben sollten.

12
Unternehmen und die Männer, die sie leiten

Frauen können vieles tun, um dafür zu sorgen, daß sie und andere Frauen mehr Erfolg im Beruf haben. Aber was können Männer tun, um Frauen zu helfen? Es gibt gute Gründe, die Männer darin übereinstimmen lassen, es sollten mehr Frauen auf allen Stufen des Managements arbeiten, aber es gibt ebenso stichhaltige Gründe, warum sie ihnen womöglich nicht helfen wollen, dorthin zu kommen. In welchem Ausmaß Unternehmen und ihre leitenden Manager auf die Probleme der Durchsetzung der Chancengleichheit reagieren, wird darüber entscheiden, wie viele Frauen im Management vorankommen – und wie schnell und zu welchem Preis und mit welchem Nutzen für Männer, Frauen und Unternehmen.

Um zu diskutieren, was Unternehmen tun können, müssen wir zunächst eindeutig definieren, was Chancengleichheit ist und entsprechendes Handeln, das heißt die Bevorzugung von Minoritäten, bedeutet [laut Gesetz müssen amerikanische Firmen, Organisationen, Universitäten usw. Minderheiten so lange bevorzugt einstellen, aufnehmen oder zulassen, bis ihre Angehörigen ebenso stark repräsentiert sind wie die Angehörigen der Mehrheit (Anm. d. Übers.)]. Es erübrigt sich, an dieser Stelle von der Gesetzgebung über die Chancengleichheit und von juristischen Definitionen zu reden. Darüber sind bereits Tausende von Seiten geschrieben worden. Eine praktikable Definition liegt in der Antwort auf folgende Frage: Was sind die wahren Ziele der Chancengleichheit, und wie können sie am besten erreicht werden? Die meisten Topmanager von Unternehmen sind der Ansicht, *juristisch gesehen* gebe es heute in den meisten Firmen Chancengleichheit. Sie haben recht. Die meisten Topmanager sind wirklich der Meinung, für eine frei werdende Stelle sollte nur der Qualifizierteste in Frage kommen. Sie würden einzelne Leute oder Gruppen in ihrer Firma bestrafen, die diese Richtlinie offen leugneten oder aktiv bekämpften. Chancengleichheit bedeutet nicht mehr und nicht weniger, als daß sich jeder entsprechend Qualifizierte für eine offene Stelle bewerben kann und in Betracht gezogen werden muß.

Das entscheidende Problem, dem Frauen und Minderheiten (alle Außenseiter der Unternehmen) gegenüberstehen, ist nicht mehr das *Fehlen* eines Rechts auf gleiche Chancen, sondern das Entwickeln der gleichen Fähigkeit, sie zu nutzen. Das Recht auf einen Arbeitsplatz ist nicht das gleiche wie die Fähigkeit, ihn zu bekommen.

Wenn wir nicht beginnen, größere Zahlen von Frauen für den erfolgreichen Wettkampf mit Männern zu trainieren, bleibt die Gleichheit ein Traum. Unternehmensleiter *müssen* begreifen, daß die Firmenwelt automatisch Männer begünstigt und daß Frauen nur dann unter gleichen Bedingungen konkurrieren können, wenn sie die Chance bekommen, das zu lernen, was ihre männlichen Konkurrenten oft automatisch gelernt haben. Bevorzugte Berücksichtigung von Minoritäten oder entsprechendes Handeln bedeutet also, daß man aktiv wird und Programme durchführt, die es Frauen ermöglichen können, die in den vorigen Kapiteln dieses Buches beschriebenen Unterschiede wettzumachen – Unterschiede in Sehweise, Wissen und in Fertigkeiten, die ihren beruflichen Erfolg so unmittelbar beeinflussen. Es bedeutet, die finanziellen und edukatorischen Maßnahmen zu ergreifen, die es Frauen erlauben, an Schulungskursen teilzunehmen, sich am Arbeitsplatz und in speziellen Firmenlehrgängen weiterzubilden, individuelle Führungskurse, Praktika und weiterführende Schulungen zu absolvieren. Dabei müssen Frauen sich das objektive Wissen und die verhaltensbezogenen Fertigkeiten aneignen können, die sie brauchen, um den Startvorsprung ihrer männlichen Kollegen einzuholen.

Kompetente, motivierte und leistungsorientierte Frauen können Männer im mittleren Management davon überzeugen, daß sie ein Recht auf Unterstützung haben. Die Fähigkeit der Frauen, ihre Kompetenz und ihr Potential unter Beweis zu stellen, hängt jedoch davon ab, ob eine genügende Zahl von ihnen gezielt darauf trainiert ist, in einer Umwelt zu konkurrieren, die gegenwärtig noch Männer begünstigt.

Die Unternehmensführung muß auch Sorge dafür tragen, daß Abteilungschefs die unterschiedlichen Voraussetzungen verstehen, die Frauen in die Firmenwelt mitbringen. Diese Männer müssen sich wiederum darüber klar sein, wie sie als Führungskräfte den Frauen helfen können, sich zu entwickeln und zu entfalten. Sie sind es schließlich, die die unmittelbare Verantwortung für die Auswahl, Ausbildung und Beförderung von Frauen und anderen Minderheiten tragen, und sie üben deshalb die unmittelbarste Kontrolle über den Zugang der Frauen zu Karrierechancen aus. Es sind meist weiße Männer in Positionen des mittleren Managements. Es gibt zwar eine gesetzlich verankerte Chancengleichheit, die von der obersten Geschäftsleitung formell unterstützt wird, doch die Möglichkeit, die Chancengleichheit wahrzunehmen, wird von den mittleren Managern – eben den Abteilungschefs – kontrolliert. Die leitenden Manager können sie motivieren, diese Möglichkeit zu schaffen, sie können sie aber auch derart einschüchtern, daß sie sich sperren. Die Männer im mittleren Management müssen auch wissen, daß die Unternehmensleitung beschlossen hat, Zeit und technische Hilfsmittel einzusetzen, um Frauen gleichermaßen konkurrenzfähig zu machen. Leitende Manager müssen veranlassen, daß Systeme zur Leistungsbewertung entwickelt werden, um den Erfolg zu messen und zu belohnen, den ein mittlerer Manager bei der Schulung und Förderung von Frauen hat. Dies alles hat etwas mit Ausbildung und Weiterbildung zu tun und definiert am unmittelbarsten, was Handeln nach dem Gesetz der Chancengleichheit heißt.

Die Frage, ob Frauen letzten Endes in die Hierarchien amerikanischer Unternehmen aufgenommen werden oder nicht, ist bereits mehr oder weniger entschieden. Die Unternehmen müssen nun in erster Linie die Frage beantworten, ob die Aufnahme freiwillig vorgenommen wird oder ob sie von dritter – offizieller – Stelle erzwungen werden soll. Ein aufgezwungenes Programm garantiert, daß das Unternehmen bestimmte Ziele und Zeitpläne für die Beförderung von Frauen erreichen bzw. einhalten muß. Die Ziele und Zeitpläne würden durch festgelegte Normen, Quoten und Verfahren ergänzt werden. Ein freiwilliges Programm, das effektiv und ehrlich gemeint ist, könnte offizielle Stellen davon überzeugen, daß keine Zwangsmaßnahmen nötig sind. Überzeugt werden müssen aber nicht nur die offiziellen Stellen, sondern auch die Frauen, die gegenwärtig bei der betreffenden Firma beschäftigt sind. Die offiziellen Stellen werden in vielen Fällen nicht durch das Unternehmen selbst, sondern durch Petitionen oder Anfragen der weiblichen Arbeitnehmer informiert.

Unternehmen, die bereits eine juristische Vereinbarung (*consent decree*) getroffen haben und sich danach richten, stehen vor ganz anderen Problemen als Firmen, in denen es noch keine von außen erzwungenen Lösungen gibt. In einem großen amerikanischen Versorgungsunternehmen fragt die Geschäftsleitung beispielsweise nicht mehr, wie viele Frauen wann befördert werden sollen. Sie bemüht sich statt dessen, die Ziele und Zeitpläne zu erreichen bzw. einzuhalten, die ihr vorgeschrieben sind. In diesem Unternehmen müssen die

Manager aller Stufen nun in kürzester Zeit herausfinden, welche weiblichen Beschäftigten das größte Führungspotential haben und wie sie in der kurzen verfügbaren Zeit die Fähigkeit entwickeln können, die Arbeitsplätze auszufüllen, die ihnen zugewiesen werden sollen.

Vor vier Jahren interviewten wir männliche und weibliche Arbeitnehmer eines Unternehmens, das in diese Kategorie fällt. Die Firma hatte soeben ein Consent Decree unterzeichnet, und wir forderten die Männer und Frauen auf, uns offen zu sagen, welche Folgen sie befürchteten. An die Ausführungen einer Frau erinnern wir uns besonders gut:

«Ich bin nun schon seit achtzehn Jahren bei dieser Firma. Ich habe hart gearbeitet, und ich müßte eigentlich weiter sein, als ich bin. Jetzt befürchte ich aber, statt mich langsam auf meinem eigenen Gebiet weiterkommen zu lassen, wird man mich gewaltsam in eine Funktion befördern, von der ich nichts verstehe. Ich werde dann nur eine Nummer sein, und man wird mir das Gefühl rauben, daß ich die Beförderung verdient habe. Vielleicht werde ich über den Kopf eines Kollegen hinweg befördert, der jahrelang auf seinem Gebiet gearbeitet hat, um die Stelle zu bekommen, die ich nun eingenommen habe. Wenn das passiert, wird es mir sehr schaden. Vielleicht werde ich die Firma verlassen müssen. Es ist beinahe Ironie, daß eine Sache, die nur deshalb gemacht wird, um mir zu helfen, für mich womöglich so negativ sein kann.»

Ein Mann schilderte sehr anschaulich:

«Ich habe immer wieder darüber nachgedacht. Ich will Ihnen sagen, zu welchem Ergebnis ich gekommen bin. Ich glaube, daß es eine Menge guter Frauen in dieser Firma gibt. Ich bin zu dem Schluß gekommen, daß ich mich damit abfinden kann, wenn man eine Frau vorzieht, die wirklich gut ist – mindestens ebenso für den betreffenden Arbeitsplatz geeignet, wie ich es meiner Ansicht nach bin. Aber ich glaube ehrlich gesagt nicht, daß ich damit fertig werde, wenn ich wegen einer weniger tüchtigen und weniger erfahrenen Frau übergangen werde. Das wird meiner Meinung nach geschehen, wenn Sie mich fragen. Und wenn das geschieht, werde ich mich dagegen wehren.»

Erzwungene Lösungen bedeuten einen erheblichen Druck auf die männlichen und weiblichen Arbeitnehmer einer Firma, und dieser

Druck könnte sehr wohl negative Folgen für sie und die Produktivität des Unternehmens haben.

Unternehmen mit erzwungenen Lösungen stehen außerdem vor dem Problem, daß sie die Ziele selbst dann erreichen und die Zeitpläne selbst dann einhalten müssen, wenn die Geschäfte aus irgendwelchen Gründen schlecht gehen oder wenn sie schwierige technologische Veränderungen bestehen müssen – das heißt, wenn die Beförderungsmöglichkeiten gering sind. Dann dürfen nämlich nur noch Frauen und Minderheiten befördert werden. Manche Frauen würden auch auf leitende Posten in technischen Bereichen befördert werden, die schnell überflüssig werden. Sie würden also in eine Sackgasse getrieben, die keine langfristigen Aussichten bietet. Beim Erreichen ihrer unmittelbaren Ziele steht die Firma also vor der paradoxen Situation, daß sie auf lange Sicht ernstliche Schwierigkeiten für sich und die betroffenen Frauen schafft.

Das Klima, das aus einer erzwungenen Bevorzugung von Minoritäten resultiert, ist für beide Seiten alles andere als positiv. Die Reaktion, die *negative Rückkoppelung* der männlichen Beschäftigten kann sehr heftig sein. Da die Männer selten unmittelbar gegen die Beförderung der Frauen reagieren können, werden sie mittelbar dagegen opponieren und so die Motivation und Produktivität der Firma insgesamt negativ beeinflussen. Männer brauchen nicht die Beförderungschancen der Frauen zu beschneiden, um eine große Zahl von ihnen am Weiterkommen zu hindern. Sie brauchen nur ihre Möglichkeiten zu übersehen, so daß sie keinen Grund mehr haben, ihre beruflichen Fähigkeiten zu schulen, zu entwickeln und zu fördern. Ist diese Reaktion erst einmal in Gang gekommen, so läßt sich nur noch schwer die Ursache dafür herausfinden, und noch schwerer ist es, etwas dagegen zu unternehmen.

Besonnene Unternehmensführer, die sich über die vielen negativen Folgen erzwungener Lösungen im klaren sind, neigen gewöhnlich dazu, sofortige und umfassende Maßnahmen zu ergreifen, die nicht nur Chancengleichheit, sondern auch gleichen Zugang zu den Chancen und vor allem eine bevorzugte Berücksichtigung der weiblichen Beschäftigten garantieren. Es scheint auf der Hand zu liegen, daß die dabei entstehenden kurzfristig höheren Kosten viel leichter zu verkraften sind als der unmittelbare *und* langfristige Schaden, der dem Unternehmen bei erzwungenen Lösungen in ökonomischer und personeller Hinsicht erwächst.

Die Art und Weise, wie Unternehmen die Probleme bewältigen, die durch die bevorzugte Berücksichtigung von Minoritäten auftraten, spitzte die vorher bestehenden schwierigen Situationen in allzu vielen Fällen noch zu. Die Topmanager der meisten amerikanischen Betriebe meinten, die Probleme der Chancengleichheit und ihrer Durchsetzung könnten auf freiwilliger Basis von der Personalabteilung gelöst werden. Die meisten Personalabteilungen waren leider unfähig, die Chancengleichheit durch bevorzugte Berücksichtigung der Minderheiten durchzusetzen, was letzten Endes zu Zwangslösungen führte.

Die Durchsetzung der Chancengleichheit ist Sache der Abteilungsleitungen. Vorher muß die Betriebsleitung allerdings Richtlinien schaffen, die für sämtliche leitenden Angestellten verbindlich sind. Die Richtlinien müssen in Ziele umgesetzt werden, wie und wann Frauen imstande sein sollen, sich auf das Weiterkommen in der Unternehmenshierarchie vorzubereiten. Dann muß man diese Ziele in den unteren Bereichen bekannt machen und ein System schaffen, das Erfolg oder Scheitern bei der Befolgung der Richtlinien belohnt bzw. bestraft. Alle diese Aktionen müssen von der Unternehmensleitung ausgehen. Die Topmanager müssen auch in Betracht ziehen, daß Männer des mittleren Managements meist überlastet sind.

Männer des mittleren Managements, die ohnehin bereits voll ausgelastet waren, haben in den letzten Jahren noch zusätzliche Aufgaben bekommen: die Förderung von Frauen und Minderheiten, die Klärung ökologischer Fragen und die Berücksichtigung der sozialen Verantwortung ihrer Firma. Alle diese Tätigkeiten wurden als *zusätzliche* Pflichten definiert und nicht irgendwie in die bestehende Funktion integriert. Männer des mittleren Managements sind für die neuen Pflichten nicht ausreichend geschult. Auswahl, Entwicklung und Beförderung von Arbeitnehmern gehört zu den wichtigsten Aufgaben und Zuständigkeiten jedes Managers. Viele Firmenleitungen haben große Teile dieser Aufgaben jedoch an Personalabteilungen abgetreten. Sichtbares Ergebnis dieses Fehlverhaltens ist z. B. die Unfähigkeit der leitenden Angestellten, unmittelbar und effektiv Frauen und Minderheiten zu fördern. Chancengleichheit kann für sie erst dann eine Realität werden, wenn das Topmanagement diese Aufgabe den Abteilungschefs überträgt und sie für die Durchführung verantwortlich macht.

Der einzige Aspekt beim Durchsetzen der Chancengleichheit, den man erfolgversprechend an eine Personalabteilung delegieren kann, ist die Planung und Durchführung unmittelbarer Aktionsprogramme. Ein Unternehmen, das aufgezwungene Ziele erreichen und aufgezwungene Zeitpläne erfüllen muß, findet in vielen Fällen nicht genug qualifizierte Frauen unter den eigenen weiblichen Beschäftigten und muß sie dann auf dem Arbeitsmarkt suchen. Mit freiwilligen Schulungsprogrammen und Lernerfahrungen werden sich viel mehr weibliche Beschäftigte die Fähigkeit aneignen können, sich um höhere Posten in ihrer Firma zu bewerben. Auf diese Weise lassen sich die negative Reaktion und die Demotivierung der Frauen vermeiden, die schon länger zum Mitarbeiterstamm gehören. Die Tatsache, daß die Mehrzahl dieser Frauen bekannt und engagiert und mit den Firmenangelegenheiten vertraut ist, muß sie zu wertvollen Arbeitskräften machen, deren Beförderung sich lohnt. Mit solchen Programmen schafft man ein Reservoir von Beförderungskandidatinnen, die imstande sein sollten, den Anforderungen jedes Abteilungsleiters gerecht zu werden, und die sich ungehindert um die betreffende Stelle bewerben können. Doch hier endet die Kompetenz der Personalabteilungen. Sie bekommen statt dessen die Aufgabe, dem Abteilungschef oder der Abteilungschefin bei dem zu helfen, wofür er oder sie von nun an verantwortlich und zuständig ist. Bitten um weitere Hilfe müssen aus den einzelnen Abteilungen kommen.

Die erzwungene Anwendung des Gleichheitsprinzips wird naturgemäß in vieler Hinsicht mit der Arbeitsweise des betreffenden Unternehmens kollidieren. Sie wird der Firmenpolitik widersprechen und Autoritätslinien verwischen. Sie wird gewiß mit der Art und Weise kollidieren, wie das Unternehmen seine Beschäftigten normalerweise fördert und aufsteigen läßt. Einige Formen dieses Konflikts können durchaus positive Ergebnisse haben, doch dieselben Verbesserungen lassen sich ohne den Preis, den ein erzwungener Wandel unweigerlich fordert, durch freiwillige Maßnahmen herbeiführen. Die Hauptgefahr einer Zwangslösung liegt darin, daß sie zur Schaffung von Sonderämtern führt, die nur dazu da sind, die erzwungene Lösung zu überwachen. Diese Ämter erlassen dann bestimmte Vorschriften, wie die Lösung durchzuführen ist, und behindern die Integration der Beteiligten in das bestehende organisatorische System, da sie die eigentlichen Firmenaktivitäten blockieren.

Freiwillige Maßnahmen dagegen erlauben einem Unternehmen, die spezifischen Vorzüge seiner Organisation mit einzubeziehen. Ein

Unternehmen kann seine Verfahrensweise, seine Einteilung und sein Managementsystem ausnutzen. Es kann die allgemeine Qualität seiner Verwaltung verbessern, indem es sich immer effektiver um die Chancengleichheit bemüht. Dadurch, daß es seinen Managern die Verantwortung für die Förderung von Frauen und Minderheiten überträgt und zu größerer diesbezüglicher Initiative anreizt, kann es den gesamten Prozeß der Mitarbeiterschulung und -förderung verbessern. Es kann bei der Entwicklung seines Aktionsprogramms zur Bevorzugung von Minderheiten kreativ und firmenspezifisch sein. Es hat die Möglichkeit, die Methoden und Aktivitäten zu wählen, die sich seiner Meinung nach am besten für seine Organisationsstruktur und seinen Stil eignen. Von diesem Prozeß profitieren nicht nur die Frauen, sondern auch das Unternehmen selbst.

Die Integration neuer Gruppen in die bestehende Struktur einer bereits geformten Unternehmensorganisation erfordert einen permanenten Wandel in der Organisation selbst. Der Erfolg hängt also auch von einem Wandel in den grundlegenden Verwaltungspraktiken ab. Nur Unternehmen, die gewillt sind, sich diesem grundlegenden und permanenten Wandel zu unterziehen, können hoffen, eine wahre Chancengleichheit zu erreichen.

Wir haben auf den wichtigen Beitrag hingewiesen, den das mittlere Management bei der Anwendung dieses Prinzips leisten kann. Was müssen wir bei einem Mann des mittleren Managements und seiner Rolle berücksichtigen? Wie können Unternehmen ihn dazu motivieren, die Weiterentwicklung weiblicher Mitarbeiter zu fördern, und wie können ihn die Frauen selbst ermutigen? Die meisten von uns, ob Männer oder Frauen, unterschätzen die Bedeutung der Probleme, die durch die herrschende Art des Firmenlebens und die Aufnahme von Frauen in die leitenden Positionen für die Männer geschaffen werden, die bisher diese Positionen einnahmen.

Alle Menschen sind das Produkt ihrer Erziehung und wenigstens teilweise durch ihr kulturelles Erbe geprägt. Jede Generation neigt dazu, einige der kollektiven richtigen und falschen Meinungen früherer Generationen zu übernehmen. Nur wenige Menschen werden sich der Fundamente ihrer Vorurteile und Klischees jemals richtig bewußt, und die meisten Leute merken noch nicht einmal, daß und wie viele Vorurteile sie haben. Glücklicherweise gehen viele der negativen Verhaltensweisen von Männern gegenüber Frauen eher auf nicht in Frage gestellte Meinungen als auf Vorurteile zurück, die fast nie mehr geändert werden können. Viele Handlungen von Männern, die negative Folgen für Frauen haben, geschehen nicht aus Feindseligkeit gegen Frauen – sie werden vielmehr durch die historisch bedingte kulturelle Forderung veranlaßt, Männer und männliche Gruppen müßten ihre traditionelle Rolle weiterspielen. Man betrachte einmal den sozialen Hintergrund vieler der Männer, die heute Unternehmen leiten.

In den fünfziger und Anfang der sechziger Jahre traten Millionen weißer Männer in amerikanische Unternehmen ein. Sie akzeptierten die damaligen Regeln, Erwartungen und Verheißungen, was ihre Zukunft betraf. Kurz nachdem sie ihre Stellungen angetreten hatten, begann die Bewegung der Schwarzen, und soziale Zwänge und Bundesgesetze veranlaßten Unternehmen im ganzen Land, schwarze Männer bevorzugt in alle Beschäftigungsbereiche aufzunehmen bzw. auf allen Beschäftigungsstufen zuzulassen. Infolgedessen änderten sich die ursprünglichen Verheißungen, Hoffnungen, Erwartungen und Regeln, unter denen jene weißen Männer angetreten waren. Ihre Chancen wurden gemindert, sie mußten ihre Erwartungen niedriger schrauben und ihre Wünsche modifizieren, da die Konkurrenz nunmehr schärfer wurde. Das war zwar schmerzhaft, doch viele Männer stimmten letzten Endes darin überein, daß es richtig und gerecht war, und irgendwie fanden sie sich mit den Änderungen ab. Sie richteten ihre Energie wieder auf die Arbeit und kamen weiter voran. Und in jener Zeit gaben die Unternehmensleitungen gegenüber diesen Männern nicht ein einziges Mal zu, daß ihre Chancen jetzt tatsächlich begrenzter sein könnten. Sie akzeptierten nie, daß diese Männer Schmerz und Zorn darüber empfanden und daß sie ein Recht hatten, so zu empfinden. Juristisch unter Druck gesetzt, behaupteten die Topmanager vielmehr steif und fest, es sei alles in Ordnung, nichts habe sich geändert, und es habe immer Chancengleichheit gegeben. Dann veröffentlichten die Firmenleitungen Grundsatzerklärungen wie die folgende:

> Wir sind ein Unternehmen, das für Chancengleichheit eintritt und eingetreten ist, und es ist richtig und gerecht, daß wir in unserem Bemühen fortfahren, Angehörige von Minderheiten bei uns zu beschäftigen. Es ist richtig und erwünscht, daß der Wettbewerb auf allen Stufen dadurch intensiviert werden kann. Jeder gute Arbeitnehmer sollte diese Änderung willkommen heißen, weil sie dafür sorgen wird, daß die begabtesten und tüchtigsten Leute auf allen Funktionsstufen für Beförderungen ausgewählt werden müssen.

Die Ironie des Statements liegt auf der Hand. Die berechtigte Furcht der weißen Männer vor zunehmendem Konkurrenzdruck wurde nicht nur bestätigt, sondern vergrößert. Daß die Männer zunehmend negativ reagierten, war ein Ergebnis dieser frühen und naiven Firmenmaßnahmen.

Kaum hatte sich diese Generation von weißen Männern all den Veränderungen angepaßt, die die Bewegung der Schwarzen für ihre Karriere mit sich brachte, begann die Frauenbewegung. Die US-Bundesregierung verabschiedete weitere Gesetze. Der Präsident der Vereinigten Staaten erließ Durchführungsbestimmungen, die garantieren sollten, daß Frauen die gleichen Rechte am Arbeitsplatz hatten wie Männer. Abermals versuchte die amerikanische Wirtschaft, Angehörige dieser «neuen» Minderheit beschleunigt anzustellen bzw. bei der Beförderung zu berücksichtigen, und dieselbe Generation von weißen Männern, von denen viele inzwischen Positionen im Management erreicht hatten, sah plötzlich, daß man ihre Chancen, Hoffnungen und Träume nun erneut modifizieren und sogar beschneiden würde. Da sie zum mittleren Management gehörten, würden sie zu allem Überfluß noch diejenigen sein, die letzten Endes für die Auswahl, Schulung und Beförderung der Gruppe von Konkurrenten verantwortlich waren, von der die neue Bedrohung ausging.

Viele Männer aus dieser Generation sind nun verwirrt, verbittert und zornig. Sie haben in Anbetracht ihrer speziellen Erfahrungen durchaus ein Recht dazu. Und doch haben nur wenige Firmenleitungen hierzulande etwas unternommen, um ihnen zu verstehen zu geben, daß sie diese Gefühle verstehen und plausibel finden. Wenige Firmenleitungen haben erkannt oder akzeptiert, daß sie die Pflicht haben, diesen Männern etwa folgendes zu sagen: «Meine Herren, wir haben volles Verständnis dafür, wie Sie fühlen. Man verbraucht freilich sehr viel Energie, um zornig, verbittert und feindselig zu sein. Frauen und Minderheiten werden aber auf jeden Fall berücksichtigt, heute und in Zukunft. Meine Herren, wir stellen Sie vor eine Herausforderung. Eine Herausforderung, die davon ausgeht, daß wir ungeachtet Ihrer berechtigten Gefühle mit der Realität fertig werden müssen. Wir müssen Frauen und Minderheiten berücksichtigen. Wir haben wenige Alternativen. Wir können jedoch wählen, ob es uns durch Ämter und Gruppen außerhalb dieses Unternehmens aufgezwungen wird oder ob wir uns alle, Männer, Frauen, Mehrheit oder Minderheit, zu einer gemeinsamen Anstrengung entschließen. Wir neigen zu dieser Lösung, weil wir der Ansicht sind, daß eine richtige und gerechte Sache verwirklicht werden muß. Unsere Herausforderung und unsere Chancen liegen darin, daß *wir* diejenigen sind, die es tun.

Wenn Sie Energie zu investieren haben, würden Sie sie dann nicht lieber so investieren, daß Sie Ihre Karriere mit dem Gefühl fortsetzen können, zu einem konstruktiven Prozeß beigetragen zu haben? Würden Sie Ihren Zorn und Ihre Verbitterung nicht überwinden, wenn Sie dafür das Gefühl hätten, zu einer bleibenden Verbesserung der Lebensqualität im Beruf beigetragen zu haben? Der Lohn wird wahrscheinlich nicht mehr unserer Generation, aber ganz gewiß der Generation unserer Kinder zuteil werden. Meine Herren, würden Sie Ihre Energie nicht lieber so einsetzen? Ob ‹sie› berücksichtigt werden, ist keine Frage. Die einzige Frage, vor der wir alle stehen, dreht sich darum, welches der auslösende Faktor ist – Zwang oder freier Entschluß.»

Nur wenige Firmenleitungen haben in irgendeiner Form eingestanden, daß es nötig ist, die Gefühle der weißen Männer unter ihren Arbeitnehmern zu bedenken, nur wenige haben eingesehen, daß der Erfolg oder Mißerfolg bei der Berücksichtigung von Außenseitern entscheidend von diesem Eingeständnis abhängt. Das alles zeugt davon, welche Stufe der Lebensqualität von der Mehrzahl amerikanischer Unternehmen als adäquat betrachtet wird.

Wenn wir von einem Problem sprechen, das damit zusammenhängt, die Zahl der Leute zu vergrößern, die in einer Umgebung konkurrieren, die für jeden einzelnen, der dort beschäftigt ist, wichtig ist, behandeln wir ein sehr menschliches Thema. Ein Thema, das die persönlichen Glaubenssätze, Erwartungen, Wertbegriffe und Emotionen jedes Beteiligten an der Wurzel berührt. Das amerikanische Firmenleben ist jedoch so strukturiert und so stark aufgabenorientiert, daß Emotionen selten die Unternehmensaktivitäten oder die Mitarbeiter des Unternehmens beeinflussen dürfen. Es ist, als müßten alle Beschäftigten, ob Männer oder Frauen, diese bedeutenden Aspekte ihres Menschseins ablegen, sobald sie die Tür zum Arbeitsplatz erreicht haben. Wir sehen die lähmenden Resultate dieses Zustands, wenn wir mit einem Unternehmensproblem konfrontiert werden, das irgendwie mit Gefühlen zusammenhängt, die im Rahmen der Organisation nicht erlaubt sind. Dann wird das Unternehmen unbeweglich. Die Firma oder ihr Management hat keine Methode der Menschenführung, was die emotionalen Aspekte betrifft.

Unseres Erachtens ist es von entscheidender Bedeutung, daß alle Leute, Männer und Frauen, Minderheit und Mehrheit, die eine Managementlaufbahn eingeschlagen haben oder einschlagen wollen, dieses Problem sehr ernst nehmen. In den meisten amerikanischen Unternehmen wird die Lebensqualität fast nur noch von Zweckdienlichkeitserwägungen, von Sachkriterien bestimmt.

Die amerikanische Gesellschaft hat eine hohe Verwaltungsposition in der Wirtschaft als wesentliches Männlichkeitsmerkmal definiert. Wir haben beobachtet, wie sich parallel dazu Meinungen herausbilden, die Männer wie Frauen glauben machen, das Management sei die rechtmäßige Welt des Mannes. Die Menschen dieser Gesellschaft tendierten zu der Ansicht, eine sehr hohe Position im Management bedeute, man habe als Mann wirklich Erfolg gehabt. Entsprechend lehrte unsere Gesellschaft ihre Jungen und Männer, wer als erfolgreicher Mann gesehen werden möchte, dürfe im Beruf niemals Emotionen zeigen oder eingestehen und müsse andere Männer darin bestärken, solche Gefühle ebenfalls zu leugnen und zu unterdrücken. Kinder lernen von Anfang an, daß kleine Jungen nicht empfindsam sein dürfen, weil sie sonst keine erfolgreichen Männer werden können. Nur selten bringt man ihnen bei, daß ein Unterschied zwischen Empfänglichkeit für die Gefühle eines anderen und dem undisziplinierten Freisetzen von Emotionen besteht.

Es ist für alle Menschen, Männer und Frauen, gesund und natürlich, unmittelbar in der Sach- *und* in der Gefühlswelt zu leben. Das können wir sehr gut am Beispiel des Mannes veranschaulichen, der sagte: «Meine Chefin ist der beste Chef, den ich je hatte. Wenn man zu ihr hineingeht und sie Kritik an der Arbeit übt, die man gemacht hat, sorgt sie jedesmal dafür, daß man mit dem Gefühl geht, man sei ein guter und wertvoller *Mensch*, der einen schlechten Bericht geschrieben hat.» Es ist für Männer und Frauen gesund, kreativ und produktiv, nicht nur Ideen, sondern auch Gefühle auszudrücken und außer der Logik auch den Instinkt zu benutzen. Wenn wir bedenken, wie wichtig es ist, Gefühle wie Verbitterung, Zorn und Feindseligkeit bei einer Generation von Männern zu berücksichtigen, die aufgefordert wurde, Hunderte von Jahren sozialer Ungerechtigkeit auszubaden, müssen wir uns folgendes vor Augen führen: Wenn die Gefühle dieser Männer berücksichtigt würden, brauchte man sie vielleicht nicht mehr so krampfhaft von der Notwendigkeit zu überzeugen, man müsse möglichst viel für die Leute tun, die eine menschlichere

Arbeitswelt fordern. Wenn diese Männer mit den Leuten arbeiten, die bisher gezwungen waren, als Außenseiter der amerikanischen Unternehmen zu leben, würden sie vielleicht durch die Entdeckung ermutigt werden, daß viele dieser Leute imstande waren, sich mehr menschliches Empfinden zu bewahren. Vielleicht werden die Männer das begreifen und sogar unterstützen, daß die Hoffnung auf eine Verbesserung der Lebensqualität bei der Arbeit wachsen wird, wenn es gelingt, «Außenseiter» in beliebiger Zahl auf allen Stufen des Managements zuzulassen.

Das könnte in der Praxis bedeuten, daß ein Beschäftigter die Möglichkeit bekommt, seine beruflichen Pflichten besser mit seinen familiären Pflichten zu vereinbaren. Es könnte bedeuten, daß für jeden jungen Vater ein Vaterschaftsurlaub eingeführt wird. Versetzungen innerhalb der Firma und an einen anderen Ort könnten freiwillig werden, und wer sich weigert, eine Versetzung zu akzeptieren, müßte sich damit nicht mehr automatisch die Zukunft verbauen. Es könnte zu Karrieren führen, die nicht mehr vertikal sein müssen, um als erfolgreich zu gelten. Es könnte einem Menschen, der seine Arbeit liebt, die Möglichkeit geben, seinen Arbeitsplatz zu behalten, ohne das Stigma befürchten zu müssen, als Versager betrachtet zu werden. Es könnte zu einem Arbeitsklima führen, das die Beschäftigten dazu ermutigt, über ihren offiziellen Funktionsbereich hinweg zu experimentieren und zu lernen. Es könnte sogar die Grenzen der Produktivität erweitern und zu einem neuen kreativen Aufschwung der amerikanischen Wirtschaft führen. Zumindest würde es aber bewirken, daß mehr Menschen bei der Arbeit gesünder und glücklicher sind. Die Männer müssen sich langsam entscheiden, welchen Standpunkt sie zu diesem Problem beziehen wollen. Die Welt wird für mehr Menschen ein besserer Platz sein, wenn die Männer diese Forderungen nach mehr Lebensqualität bei der Arbeit unterstützen.

Viele Leute sind auch zu leichtfertig mit der Beschuldigung umgegangen, die Männer seien als Gruppe voreingenommen und hätten einzeln oder kollektiv im Weg gestanden. Man hat sie verdächtigt, sich zusammengetan zu haben, um Frauen zu sabotieren, die versuchten, als Führungskraft Karriere zu machen. Gewiß gibt es Männer, die Vorurteile gegen Frauen haben. Es gibt auch Männer, die persönlich von tüchtigen Frauen bedroht sind und aktiv werden, um sich zu verteidigen. Geht dieses Verhalten aber auf männlichen Chauvinismus zurück, oder ist es ein Verhalten, das für jeden bedrohten Menschen typisch ist? Es gibt überall einzelne und Gruppen, die Vorurteile gegen andere einzelne und Gruppen haben. Es gibt sogar Frauen, die Vorurteile gegen andere Frauen haben. Bei der Arbeit mit männlichen Führungskräften aus allen Teilen der Vereinigten Staaten haben wir zu unserer Freude festgestellt, daß nur wenige von ihnen echte Vorurteile gegen Frauen haben. Viele reagieren im beruflichen Bereich negativ auf Frauen, weil sie bestimmte vorgefaßte Meinungen darüber haben, wo die Aufgaben von Männern und Frauen liegen. Und viele Frauen haben dieselben vorgefaßten Meinungen. Sie sind als Erwachsene nie angeregt worden, sie in Frage zu stellen. Die Feststellung, daß man es nicht mit Vorurteilen, sondern mit vorgefaßten Meinungen zu tun hat, ist besonders erfreulich, weil man den Betreffenden dann neue, logische und objektive Daten vorlegen kann, die die Art und Weise in Frage stellen, wie sie die Dinge bisher gesehen haben und darauf reagiert haben. Sie sind dann oft bereit, ihre vorgefaßten Meinungen zu ändern. Vorurteile lassen sich dagegen nur sehr selten durch Tatsachen revidieren.

Wir haben bei der Arbeit mit männlichen Führungskräften herausgefunden, daß die meisten von ihnen gute und faire Menschen sind, die nicht nur Leitungsfunktionen in der amerikanischen Wirtschaft einnehmen, sondern auch die Frauen umsorgen, mit denen sie verheiratet sind, und sich um die Töchter kümmern, die sie erziehen. Es gibt viele Männer, die sich wirklich um Verständnis dafür bemühen, was es bedeutet, in dieser Gesellschaft eine Frau zu sein. Viele Männer werden sich jedoch in der Mitte ihres Lebens darüber klar, daß sie jahrelang gearbeitet haben, um das zu erreichen, was sie und ihre Gesellschaft als eine der Voraussetzungen für den Erfolg als Mann definierten. Nun sehen sie außerordentlich tüchtige Frauen, die die gleiche Arbeit verrichten, ein Phänomen, das sie vor eine Reihe von Problemen stellt, die für jeden erwachsenen Menschen sehr schwer zu bewältigen sind. Wir wissen, daß die Fähigkeit, in der Wirtschaft Karriere zu machen, nicht darauf beruht, als Mann auf die Welt gekommen zu sein, aber wie soll ein Mann, dessen beruflicher Erfolg für ihn eine Bestätigung seiner männlichen Identität war, nun auf einmal auf diese Bestätigung verzichten? Kann man von ihm erwarten, daß er es auch nur versucht?

Viele Männer der amerikanischen Wirtschaft werden sich sogar gegen die Vorstellung wehren, daß es in unserer Gesellschaft viele Frauen gibt, die ebenso fähig wie die meisten Männer sind, was Führungsaufgaben betrifft. Vielen Frauen geht es ebenso. Leider haben die meisten Menschen unserer Gesellschaft noch nicht einmal versucht, das zu verstehen. Die Männer von heute sind für das, was unsere Gesellschaft jahrhundertelang als echte Männlichkeit definiert hat, genausowenig verantwortlich wie die heutigen Frauen, und Frauen sind für unsere Definition der echten Weiblichkeit ebensowenig verantwortlich wie Männer. Wir haben jetzt die gemeinsame Pflicht, unser kulturelles Erbe zu verstehen. Sowohl Männer als auch Frauen neigten dazu, sich teilweise durch die Unterschiede der beiden Geschlechter zu definieren: Ein Mann ist das, was eine Frau nicht ist, und eine Frau ist das, was ein Mann nicht ist. Dieses Phänomen lähmte und verminderte unsere Fähigkeit, unser Potential als menschliche Wesen auszuschöpfen. Daß wir Tätigkeitsmerkmale als wichtigen Teil des Definitionsprozesses heranzogen, war ebenfalls sehr destruktiv.

Die Wirklichkeit von heute und morgen sieht so aus: Die meisten Menschen, die arbeiten, tun es, weil sie es müssen. Künftig werden immer mehr Menschen arbeiten, um zu überleben. Während dieser Druck auf alle Menschen zunimmt, wird unser Bedürfnis, Tätigkeiten als unabhängig von Geschlechtszugehörigkeit einzustufen, gewaltig zunehmen. Der Schlüssel für eine Änderung dieses Zustands – eine Änderung, die wenigstens von der Mehrheit der Männer und Frauen unserer Gesellschaft unterstützt und akzeptiert wird – liegt vielleicht in einer neuen Denkrichtung. Warum denken wir nicht daran, in was für einer Arbeitswelt unsere Kinder später ihr Brot verdienen sollen? Ein amerikanisches Ethos, das offenbar mit Macht fortbesteht, ist das Bestreben der Eltern, wenigstens den Versuch zu machen, dafür zu sorgen, daß ihre Kinder einmal in einer besseren Welt leben werden. Die Lebensqualität bei der Arbeit ist gewiß eine Verbesserung, die Eltern ihren Kindern schulden.

Wir haben bei unserer Arbeit oft viele Stunden damit verbracht, einen Manager zu überzeugen, wie wichtig es für ihn ist, die anderen Voraussetzungen zu verstehen, die Frauen in die betriebliche Umwelt mitbringen. Er pflegte auf unsere Argumente zu reagieren, indem er wiederholt erklärte, er stimme insofern mit uns überein, als Männer und Frauen verschieden seien, aber er danke Gott dafür. Er sei auch der Meinung, daß Frauen als Führungskräfte weniger Erfolg hätten, aber auch dafür danke er Gott. Schließlich fragten wir ihn dann, ob er Kinder habe. Wenn er entgegnete: «Ja, ich habe einen Sohn und eine

Tochter, und sie sind sehr verschieden», sagten wir: «Beantworten Sie uns bitte nur noch eine Frage. Wenn Sie bei der Geburt Ihrer Tochter gewußt hätten, daß sie von ihrem zwanzigsten Geburtstag bis an ihr Lebensende würde arbeiten müssen, um zu überleben, hätten Sie sie dann anders behandelt als bisher?» Diese Frage verschlug den meisten Männern zunächst die Sprache. Wir erinnern uns noch sehr gut an einen Vizepräsidenten, der einen Augenblick lang den Kopf senkte und dann wieder zu uns aufblickte, aber kein Wort sagte. Wir mußten ihn fragen, was er denke. Er sagte: «Ich *denke* nicht, ich *fühle* mich ganz elend. Wenn sie bis an ihr Lebensende arbeiten muß, war alles, was ich gemacht habe, falsch.» Selbst ein solcher Mann hat gewöhnlich keine Vorurteile. Er ist sich nur schrecklich sicher, daß seine vorgefaßten Meinungen über Männer und Frauen zutreffen.

Nach dem Studium der neueren Statistiken sind wir zu der Ansicht gelangt, daß die Mehrheit der Frauen unserer Gesellschaft in den nächsten fünfundzwanzig Jahren über einen längeren Zeitabschnitt hinweg arbeiten muß, um ökonomisch zu überleben. Die meisten dieser Frauen werden dauernd berufstätig sein müssen. Folgende Statistiken machen diese Schlußfolgerung verständlich.

Heute, 1976, ist rund die Hälfte der amerikanischen Frauen in arbeitsfähigem Alter berufstätig. Etwa ein Viertel der berufstätigen Frauen steht einem Haushalt vor und muß sich und wenigstens einen Angehörigen ernähren. Über ein Drittel der berufstätigen Frauen hat Kinder unter achtzehn, und fast jede vierte von ihnen hat Kinder unter vier. Die überwiegende Mehrheit der Ehepaare, bei denen beide Partner berufstätig sind, könnte ihren festen monatlichen Verpflichtungen wahrscheinlich nicht ohne einen Beitrag aus dem Gehalt der Ehefrau nachkommen. Projiziert man die neueren Scheidungsziffern in die Zukunft, dann ergibt sich, daß über ein Drittel der Frauen, die als Teenager oder mit Anfang Zwanzig heiraten, spätestens Anfang Dreißig geschieden sein wird und sich selbst ernähren muß. Die Geburtenziffer beträgt in den USA 1,7 Kinder je Ehepaar und sinkt weiter. Mit der Einführung verfeinerter Methoden der Geburtenkontrolle wird man Kinder so planen können, daß sie sich noch mehr mit den beruflichen und privaten Vorhaben vereinbaren lassen und diese noch mehr ergänzen. Wenn die Gleichberechtigung als Verfassungsgrundsatz ratifiziert ist, wird die diskriminierende Unterhaltsregelung abgeschafft werden müssen, die in vielen Bundesstaaten der USA noch gang und gäbe ist. Die Gerichte werden nur dort eine Unterhaltspflicht feststellen, wo die Umstände keine andere Möglichkeit lassen, und in manchen Fällen werden sicher auch Frauen unterhaltspflichtig gemacht werden. Der Unterhalt der Kinder wird als gemeinsame Pflicht betrachtet werden. Frauen, die arbeiten können, werden zu ihrem und ihrer Kinder Unterhalt beitragen. Unseres Erachtens weisen alle diese Trends in eine Richtung. Mehr und mehr Frauen werden berufstätig sein, weil sie gar nicht anders können. Männer werden sich also mit Frauen in leitenden Positionen abfinden müssen – und sie werden mit Frauen konkurrieren müssen, die wie sie arbeiten, weil sie gar nicht anders können.

Männer haben uns immer wieder gesagt, ihre berufliche Motivation gehe großenteils darauf zurück, daß sie seit ihrer frühesten Kindheit gewußt hätten, sie würden später für den Rest ihres Lebens arbeiten müssen. Sie erklären, das Wissen, daß sie außerdem noch für mehrere andere Menschen verantwortlich sein würden, hätte diesen Druck weiter verstärkt. Eine Familie unterhalten zu müssen, motivierte sie dazu, aus der Berufstätigkeit, um die sie nicht herumkommen würden, möglichst viel herauszuholen. Wenn das zutrifft, werden Frauen, die sich und andere ernähren müssen, ebenfalls dazu motiviert werden, höhere Positionen zu erreichen, höhere Gehälter zu verdienen und mehr Verantwortung zu tragen. Nach allem, was bisher gesagt und getan wurde, ist die Zulassung von Frauen auf die höheren Verwaltungsstufen moderner Organisationen wahrscheinlich nicht nur eine Frage der sozialen oder juristischen Gerechtigkeit, sondern reduziert sich letzten Endes auf eine Frage der ökonomischen Gerechtigkeit, die von der Notwendigkeit zu überleben diktiert wird.

Die amerikanische Wirtschaft muß sich in Wirklichkeit darüber klarwerden, daß sie weniger mit der unmittelbaren Drohung juristischer Maßnahmen oder sozialer Ächtung konfrontiert wird. Sie wird weit mehr von den langfristigen Folgen der ökonomischen Bedürfnisse von Frauen bedroht und steht vor dem Problem, daß sie zu dem betreffenden Zeitpunkt wahrscheinlich nicht imstande sein wird, all die Menschen zu beschäftigen, die arbeiten müssen. Die Unternehmen sollten schon heute erkennen, daß sie es mit einem schwerwiegenden Beschäftigungsproblem der Zukunft zu tun haben. Die Reaktion auf eine Gesellschaft, in der es mehr Arbeitssuchende als Arbeit gibt, wird letztlich von der Erkenntnis bestimmt werden, daß das ökonomische Überleben von der Aufteilung dessen abhängt, was man gemeinsam eingezahlt hat.

Das ist keineswegs so gemeint, daß irgendein radikaler politischer oder sozialer Wandel erforderlich wäre. Es besagt vielmehr, daß sich die amerikanische Familie wahrscheinlich ändern wird. Sie wird sich vielleicht insofern ändern, als nur der Partner arbeitet, der am besten arbeiten kann oder am liebsten arbeitet; sie wird sich vielleicht insofern ändern, als verschiedene Familienmitglieder zu verschiedenen Zeitpunkten zum Hauptverdiener werden, wobei es sich nicht in jedem Fall um einen Mann handeln muß. In vielen Familieneinheiten wird das ökonomische Überleben von dem abhängen, was ihre Mitglieder einzahlen, selbst wenn das Resultat darin besteht, daß jeder von ihnen etwas weniger verdient. Mit anderen Worten: Womöglich wird man mehr Arbeitsstellen mit weniger Verdienst schaffen müssen, wenn das Bruttosozialprodukt nicht mehr schnell genug wächst. Vielleicht wird der Lebensstandard in den USA vorübergehend sinken müssen. Ein beschleunigtes Anwachsen des Bruttosozialprodukts mag teilweise davon abhängen, ob es den Unternehmen gelingt, mehr Menschen anzustellen. Der Zugang zu bisher ausgeschlossenen Gruppen wird sich vielleicht als wichtigster Einzelfaktor für eine neue Kreativität der amerikanischen Wirtschaft erweisen. Letzten Endes kann man also nur eins tun, nämlich die Arbeit und ihren Lohn gleichmäßiger unter einer größeren Zahl von Menschen aufteilen. Die Viertagewoche kann durchaus zur normalen Praxis werden. Womöglich wird sogar das Konzept der Dreitagewoche verwirklicht, damit in jeder Arbeitswoche mehr Stellen für mehr Leute zur Verfügung stehen – jede Stelle würde dann weniger Arbeitszeit erfordern, aber auch weniger Lohn einbringen.*

Wenn sich unsere Gesellschaft und insbesondere die Unternehmensleitungen aber so sehr auf den Versuch konzentrieren, Sofortlösungen für das zu entwickeln, was sie als «die unmittelbaren Bedrohungen durch die Frauen» sehen, gehen sie an den entscheidenden Problemen der Zukunft vorbei. Wenn sie an diesen Problemen vorbeigehen, werden sie auch die Fragen übersehen, die damit verbunden sind. Sie werden also nicht darauf vorbereitet sein, mit praktikablen Lösungen auf diese Probleme zu reagieren, wenn es soweit ist. Bei unserer Arbeit mit Mitgliedern des Vorstands einiger ungewöhn-

* Eine längerfristige Abnahme der Bevölkerung könnte diese Situation letzten Endes entschärfen. Eine sofortige Verbesserung wird allerdings nicht spürbar werden.

lich weitsichtiger amerikanischer Unternehmen nutzen wir nur die Hälfte der Zeit für die Durchführung von Sofortprogrammen. Die andere Hälfte verwenden wir dafür, die langfristigen und schwerwiegendsten Probleme zu antizipieren und zu durchdenken. Das erlaubt uns, die von uns gewählten Sofortlösungen auch daran zu messen und zu bewerten, inwiefern sie uns helfen werden, die längerfristigen und wichtigeren Probleme zu lösen.

Das heutige Problem der Chancengleichheit am Arbeitsplatz kann sich durchaus zum künftigen Problem der Chancengleichheit beim Überleben entwickeln – wobei sich das Überleben auf einzelne, Familien und Unternehmen bezieht. Wenn es das ist, was die Zukunft für uns bereithält, liegt die Notwendigkeit einer Kooperation und Koalition von Arbeitgebern und Arbeitnehmern, Männern und Frauen, Mehrheit und Minderheit auf der Hand. Wir stehen dann vor einem gemeinsamen Problem, das wir nur gemeinsam lösen können. Wir können uns nicht länger die Bequemlichkeit von Selbstdefinitionen leisten, die darauf beruhen, welche Unterschiede wir zwischen uns feststellen und pflegen. Wir müssen darum kämpfen, die Kraft unseres gemeinsamen Menschentums zu finden, und diese gemeinsame Kraft dann benutzen, um die Probleme anzupacken, die unsere legitimen Ansprüche auf ein gerechtes, faires und lohnendes Berufsleben bedrohen.

Anmerkungen

Worum es in diesem Buch geht

1. US-Arbeitsministerium, Verwaltungsabteilung Beschäftigungsstatistik, Abteilung Frauen: *Women managers*, Februar 1972, und *Women Workers Today*, Juli 1975.

Kapitel 4

1. Gregory Rochlin, *Man's Aggression*, Boston: Gambit, 1973, S. 20.
2. *Ms. Magazine*, Jahrgang II, Nr. 3, September 1973.
3. Eleanor Maccoby und Carol Nagy Jacklin, *The Psychology of Sex Differences*. Nachgedr. mit Erlaubnis der Stanford University Press, 1974.
4. Ebd., S. 151.
5. Ebd., S. 160.
6. Ebd., S. 161.
7. Ebd., S. 157.
8. Ebd., S. 157.
9. Ebd., S. 157–158.
10. Ebd., S. 158.
11. Ebd., S. 154.
12. Ebd., S. 172.
13. Ebd., S. 211.
14. Ebd., S. 351–352.
15. Ebd., S. 368.

Kapitel 5

1. Margaret Hennig, *Career Development for Women Executives.* Diss. Harvard University, Graduate School of Business Administration, 1970.
2. Siehe auch «Personality Correlates of Vocational Planning» von Rosalind Chait Barnett, in *Genetic Psychology Monographs*, 1971, 83, S. 309ff. Nachgedr. mit Genehmigung von The Journal Press.
3. D. V. Tiedeman und R. P. O'Hara, *Career Development, Choice and Adjustment.* New York: College Entrance Examination Board, 1963, S. 84.
4. E. C. Lewis, *Developing Women's Potential.* Iowa State University Press, 1968, S. 11–12.

Kapitel 6

1. Margaret Hennig und Barbara Hackman Franklin, *Men and Women at Harvard Business School* (unveröffentlichte M.B.A.-Untersuchung).
2. Elizabeth Douvan und Joseph Adelson, *The Adolescent Experience*. New York: Wiley, 1966, S. 81.

Kapitel 7

1. Elizabeth Douvan und Joseph Adelson, a. a. O., S. 247 ff.

Kapitel 8

1. Margaret Hennig und Barbara Hackman Franklin, a. a. O.
2. Donald E. Super, «A Theory of Vocational Development», in: Peters und Hansen, *Vocational Evidence Development*. New York: Macmillan, 1966.
3. D. V. Tiedeman und R. P. O'Hara, a. a. O.
4. Rosalind Chait Barnett, a. a. O.
5. M.S. Horner, «Femininity and Successful Achievement: Basic Inconsistency», in: J. M. Bardwick, E. Douvan, M.S. Horner und D. Gutman, *Feminine Personality and Conflict*. Belmont, California: Brooks Cole Publishing Company, 1970, S. 45 ff.
6. Theodore Rosenbloom, *A Study of Middle Management*. Unveröffentlicht. Iowa State University, 1965.

Sachregister

Personenregister

Frauen und Beruf

Dorothea Assig
Mut gehört dazu
Informationen für Frauen, die beruflich selbständig sind oder werden wollen (8343)

Margaret Henning/Anne Jardim
Frau und Karriere
Erwartungen, Vorstellungen, Verhaltensweisen (8376)

Marlene Kück (Hg.)
Der unwiderstehliche Charme des Geldes
Vom Umgang mit Geld aus der Sicht der Frauen (8506)

Katja Leyrer
Rabenmutter – na und?
Essays und Interviews (8501)

Evelyn Schultz-Medow
Nehmen Sie kein Blatt vor den Mund
Ein Rede-Kurs für Frauen (8433)

Ruth Markel
Karriere ist weiblich
Wegweiser für Frauen in ein erfolgreiches Berufsleben (8501)

Satt, aber hungrig

Renate Göckel
Eßsucht oder die Scheu vor dem Leben
Eine exemplarische Therapie
(rororo sachbuch 8444)

Marilyn Lawrence
«Ich stimme nicht»
Identitätskrise und Magersucht
(rororo sachbuch 7965)
Satt, aber hungrig
Frauen und Eßstörungen
(rororo sachbuch 8511)

Bettina Muermann
Lexikon Ernährung
(rororo sachbuch 6328)

Geneen Roth
Essen als Ersatz
Wie man den Teufelskreis durchbricht
(rororo sachbuch 8493)

Alice Schwarzer (Hg.)
Durch dick und dünn
Ein EMMA-Buch
(rororo sachbuch 6328)

rororo SACHBUCH
C 2369/2

Medizin und Gesundheit

Eine Auswahl

Paavo Airola
Natürlich gesund
Ein praktisches Handbuch biologischer Heilmethoden (8314)

Allan Knight
Asthma und Heuschnupfen
Erkennen – lindern – heilen
(8412)

Shitsuto Masunaga/Wataru Ohashi
Shiatsu
Theorie und Praxis der japanischen Heilmassage (8416)

Claudia Reuße/Martina Holler
Menstruation
Eine Begegnung mit uns selbst
(8401)

Ulrich Sollmann
Bioenergetik in der Praxis
Streßbewältigung und Regeneration
(8484)

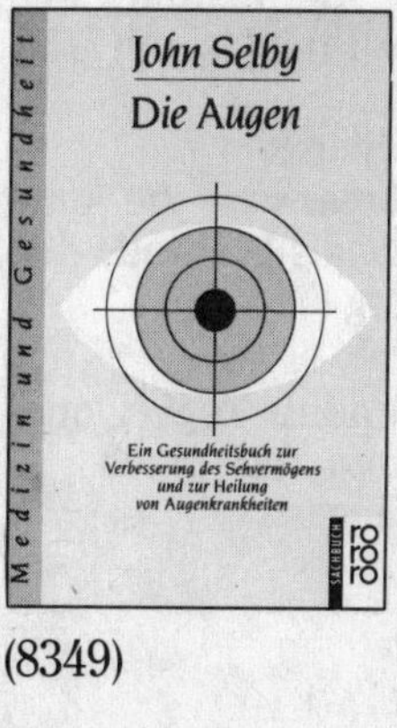

(8349)

(8422)

SACHBUCH rororo

C 2364/1

Körpererfahrung

Nathaniel Branden
Ich liebe mich auch
Selbstvertrauen lernen (8486)

Julius Fast
Typisch Frau! Typisch Mann!
Warum Mann und Frau so verschieden sind und trotzdem harmonisieren können (7102)

Muriel James/Dorothy Jongeward
Spontan leben
Übungen zur Selbstverwirklichung (8301)

Frédérick Leboyer
Weg des Lichts
Yoga für Schwangere – Texte und Übungen (7855)

Else Müller
Hilfe gegen Schulstreß
Übungsanleitungen zu Autogenem Training, Atemgymnastik und Meditation für Kinder und Jugendliche (7877)
Bewußter Leben durch Autogenes Training und richtiges Atmen
Übungsanleitungen zu AT, Atemtraining und meditative Übungen durch gelenkte Phantasien (7753)

Martin Siems
Dein Körper weiß die Antwort
Focusing als Methode der Selbsterfahrung (7968)

Deenbandhu Yogi (Detlef Uhle)
Das rororo Yoga-Buch für Anfänger
(7891)

rororo SACHBUCH
C 2163/6